本书受到云南省哲学社会科学学术著作出版资助专项经费资助出版

本书系国家社会科学基金重大项目“中国行政管理体制现状调查与改革研究”（项目批准号：06&ZD021）阶段性研究成果之一

# 天下为公的钱途

## ——政府理财模式公共化拓展研究

唐东生 著

云南大学出版社
YUNNAN UNIVERSITY PRESS

图书在版编目（CIP）数据

天下为公的钱途：政府理财模式公共化拓展研究/唐东生著. --昆明：云南大学出版社，2011

ISBN 978-7-5482-0459-6

Ⅰ. ①天… Ⅱ. ①唐… Ⅲ. ①财政管理：公共管理—研究—中国 Ⅳ. ①F812.2

中国版本图书馆 CIP 数据核字（2011）第 093378 号

**天下为公的钱途——政府理财模式公共化拓展研究**

唐东生 著

策划编辑：蔡红华
责任编辑：石 可
责任校对：何传玉
封面设计：夏雪梅
出版发行：云南大学出版社
印　　装：昆明宝王印务有限公司
开　　本：889mm×1194mm 1/32
印　　张：19.25
字　　数：280 千
版　　次：2011 年 6 月第 1 版
印　　次：2011 年 6 月第 1 次印刷
书　　号：ISBN 978-7-5482-0459-6
定　　价：25.00 元

地　　址：昆明市翠湖北路 2 号云南大学英华园内
（邮编：650091）
发行电话：0871-5033244 5031071
网　　址：http://www.ynup.com
E-mail：market@ynup.com

# 自　序

天下为公语出《礼记》，其原文为：大道之行也，天下为公。选贤与能，讲信修睦。故人不独亲其亲，不独子其子。使老有所终，壮有所用，幼有所长，矜寡孤独废疾者皆有所养。男人分，女有归。货，恶其弃于地也，而不必藏于己；力，恶其不出于身也，而不必为己。是故谋闭而不兴，盗窃乱贼而不作。故外户而不闭。是谓大同”。[①] 这段话翻译成现代汉语就是：在政治上最高的理想施行的时候，天下是人们所共有的，把品德高尚、能干的人选举出来（给大家办事），（人人）讲求诚信，崇尚和睦。所以人们不只是奉养自己的父母，抚育自己的子女，（而是）使（天下的）老年人都能终其天年，中年人都能为社会效力，幼童都能顺利地成长，使老而无妻的人、老而无夫的人、幼年丧父的孩子、老而无子的人、残疾人都能得到供养。男子要有职业，女子要及时婚配。对于财产，人们憎恶把它抛弃在地上的行为（而要去收贮它），却不一定要自己私藏；人们都愿意为公众之事竭尽全力，而不一定是为自己谋私利。这样一来，奸邪之谋不会发生，盗窃、造反和害人的事情也不会发生，（家家户户）都不用关大门了，这就是理想中“大同”的境界。经历代思想家和政治家的阐发和丰富，天下为公成为中国古代的影响深远的政治思想。天下为公意味着，天下乃天下人之天下，要立君为公，君位为天下之公器；要公天下（君道尚公），君主（即政府）应为天下人服务，选贤举能，以民为本，政府施政

① 西汉·戴圣：《礼记·礼运篇》。

应公心、公平、公正、公义。①

中国近代民主主义革命的先行者孙中山先生最为激赏“天下为公”，这是他题字最多的字幅。可以说，天下为公恰恰是他的毕生追求，即民有、民治、民享的大同社会，他认为应该通过民族、民权和民生三民主义来实现天下为公的大同社会。

中国共产党在新的历史时期提出的以人为本、执政为民、立党为公的执政新理念是新时期对天下为公思想的继承和升华。权为民所用、情为民所系、利为民所谋体现了中国共产党全心全意为人民服务的宗旨，而我们正在建设的民主法治、公平正义、诚信友爱、充满活力、安定有序、人与自然和谐的和谐社会与天下为公的理想其实是相通的。

因此，本书借用天下为公作为书名，聚焦政府理财在构建和谐社会中的意义、困难及路径，为构建和谐社会，实现中华民族伟大复兴添砖加瓦。

改革开放以来，我国各项事业都取得了举世瞩目的成就。但我们也应清醒地看到，国家在发展的过程中还存在诸多不和谐因素，对国家长治久安和可持续发展构成潜在和现实的挑战。我们认为，不和谐现象的财政根源在于政府理财模式公共化滞后。

本书综合运用规范研究、历史研究、比较研究和实证研究方法，以“政府理财模式公共化拓展”为主线，按照“提出问题→理论分析→现实分析→对策研究”即“What→Why→How”这一逻辑思路进行系统分析。根据此思路，全文共包括三个部分，除导论和结论外，共分六章，其主要内容如下：

第一部分（第一、三章），其主要目的是为下文对我国政府理财模式公共化的现状评估以及构建目标模式提供理论和现实的参照

---

① 张分田：《“天下为公”是中国古代的统治思想》，载《阴山月刊》2003年5月（第16卷第3期）；周莉莉，刘桂兰：《天下为公：孙中山毕生追求的理想与实践》，载《文史杂志》2008年第6期；黄叶微：《论“天下为公”思想的传统内涵与现实意义》，载《重庆工学院学报》（哲学社会科学版）2001年8月（第21卷第8期）。

体系。第一章从社会主义民主理论、治理理论、公共财政理论等视角，为政府理财模式公共化拓展的目标、原则、宪政基础、行动策略、支出责任划分等提供理论基础。第三章主要是根据政府理财模式的基本框架，介绍和概括世界各国，特别是发达国家政府理财模式公共化的主要经验。

第二部分（第二、四章），主要论述和分析改革开放以来我国政府理财模式公共化改革的主要历程、主要问题及其根源。

第三部分（第五、六章），其主题是研究中国政府理财模式公共化拓展的目标模式及其进路。这部分以相关理论和国际经验为蓝本，结合我国国情，提出建设公共型理财模式的总体目标、指导思想、基本原则以及实施步骤。根据建设公共型理财模式这一总体目标，在政府治理模式方面，应树立新型理财理念，通过治理结构改革，构建良好的公民偏好显示机制，重理政府职能；在政府资金筹集与运用方面，改革政府收入管理，完善预算决策、执行、监督制度，实现政府收支公共化、规范化；在政府间资金配置方面，应完善政府（财政）层级制度，明确收支划分，构建公平、公正、公开的财政转移支付制度，最终实现各级政府支出责任与财力的匹配一致。

# 目 录

绪 论 …… 1
第一节 选题意义与研究综述 …… 1
一、选题意义 …… 1
二、研究综述 …… 5
第二节 关于政府理财模式相关概念的界定 …… 11
一、政府理财模式的含义 …… 11
二、政府理财模式的内容 …… 15
三、政府的职能结构 …… 17
四、政府理财模式的类型 …… 22
第三节 研究框架与研究方法 …… 30
一、框架思路 …… 30
二、研究方法 …… 33
三、主要创新 …… 35

第一章 政府理财模式公共化拓展的理论分析 …… 38
第一节 公共性与政府理财模式 …… 38
一、公共性的含义 …… 38
二、公共性的主体 …… 42
三、公共性的政治含义 …… 44

四、政府理财模式的公共性或公共型理财模式的基本特征 …… 46
第二节 政府理财模式公共化拓展的理论基础 …… 49
一、社会主义民主理论 …… 49
二、新公共行政理论 …… 50
三、治理理论 …… 51
四、府际关系理论 …… 53
五、公共财政理论 …… 57
第三节 政府理财模式公共化拓展的含义 …… 59
一、政府治理模式公共化拓展 …… 60
二、政府资金筹集模式公共化拓展 …… 60
三、政府资金运用模式公共化拓展 …… 61
四、政府资金配置模式公共化拓展 …… 61
第四节 政府理财模式公共化拓展的动力机制 …… 61
一、完善社会主义市场经济体制 …… 61
二、提升政府行政效能 …… 62
三、推动公民社会成长 …… 63

第二章 政府理财模式公共化的历程回顾 …… 65
第一节 政府治理模式的公共化历程 …… 65
一、政府理财理念的公共化历程 …… 65
二、政府治理结构的公共化历程 …… 67
三、政府职能的公共化历程 …… 71
第二节 政府资金筹集模式的公共化历程 …… 73

一、税收制度改革 …… 73
二、公共收费制度改革 …… 79
第三节 政府资金运用模式的公共化历程 …… 83
一、政府收支分类改革 …… 83
二、部门预算改革 …… 84
三、国库管理制度改革 …… 85
四、政府采购制度改革 …… 87
第四节 政府间资金配置模式的公共化历程 …… 88
一、“划分收支，分级包干”模式 …… 89
二、“划分税种，核定收支，分级包干”模式 …… 90
三、财政包干模式 …… 90
四、分税制模式 …… 92

**第三章 政府理财模式公共化拓展的国际借鉴 …… 97**
第一节 政府治理模式的国际借鉴 …… 97
一、理财理念的国际借鉴 …… 97
二、治理结构的国际借鉴 …… 100
三、政府职能的国际借鉴 …… 106
第二节 政府资金筹集模式的国际借鉴 …… 111
一、倾向公平的税收制度 …… 111
二、以税收为主的政府收入结构 …… 113
三、以直接税为主的税收结构 …… 116
四、严格的非税收入管理 …… 117
第三节 政府资金运用模式的国际借鉴 …… 119
一、以公共服务为主的支出结构 …… 119

二、分工、制衡的预算体制 …………………………… 125
三、民主、科学的预算决策 …………………………… 126
四、刚性、高效的预算执行 …………………………… 129
五、独立、绩效的预算监督 …………………………… 134
第四节 政府间资金配置模式的国际借鉴 …………… 135
一、以公共服务均等化为目标 ………………………… 136
二、明确划分政府职能 ………………………………… 136
三、处理中央与地方关系的政治原则 ………………… 137
四、根据支出责任与财力的匹配性设计转移支付和地方公债制度 ……………………………………………… 139
五、运行机制讲求民主、科学、法治 ………………… 139

第四章 中国政府理财模式公共化的现状分析 ………… 141
第一节 中国政府理财模式公共化的主要成就 ……… 141
一、政府治理模式公共化进展明显 …………………… 141
二、财政实力逐年增长，宏观调控能力逐步加强 …… 145
三、预算制度改革取得突破性进展 …………………… 146
四、财政转移支付制度的功效初步显现 ……………… 148
第二节 中国政府理财模式公共化拓展的主要问题 ……… 149
一、政府治理模式方面的主要问题 …………………… 149
二、政府资金筹集模式方面的主要问题 ……………… 166
三、政府资金运用模式方面的主要问题 ……………… 171
四、政府间资金配置模式方面的主要问题 …………… 181
第三节 中国政府理财模式公共化拓展诸问题的根源 …… 193
一、理论认知偏差 ……………………………………… 193

二、路径依赖惯性 …………………………………………… 196

第五章　中国政府理财模式公共化拓展的目标模式及进路（上） …………………………………………………………………… 204

第一节　中国政府理财模式公共化拓展的目标模式 …………………………………………………………………… 204

一、中国政府理财模式公共化拓展的总体目标：建设公共型理财模式 …………………………………………………… 204

二、中国政府理财模式公共化拓展的指导思想与基本原则 …………………………………………………………………… 210

三、中国政府理财模工公共化拓展的实施步骤 ……… 212

第二节　政府治理模式的公共化拓展：健全公民偏好显示机制 …………………………………………………………………… 214

一、重塑理财理念 …………………………………………… 214

二、重构治理结构 …………………………………………… 216

三、重理政府职能 …………………………………………… 221

第三节　政府资金筹集模式的公共化拓展：公共化与规范化 …………………………………………………………………… 230

一、遵循税制发展规律进行税制改革 …………………… 230

二、构建倾向公平的税收制度 …………………………… 232

三、严格非税收入管理 …………………………………… 236

第六章　中国政府理财模式公共化拓展的目标模式及进路（下） …………………………………………………………………… 238

第一节 政府资金运用模式的公共化拓展：公共化与规范化 …… 238
一、调整政府支出结构 …… 238
二、深化预算决策改革 …… 240
三、深化预算执行改革 …… 243
四、深化预算监督改革 …… 246
第二节 政府间资金配置模式的公共化拓展：公共服务均等化 …… 249
一、政府间资金配置模式公共化拓展的行政生态建设 …… 249
二、改革政府层级与财政层级 …… 251
三、改革政府间的职能与支出责任配置 …… 262
四、完善政府间的财力匹配 …… 265

结 论 …… 270
一、政府理财模式公共化拓展的理论基础与时空坐标 …… 270
二、政府理财模式公共化拓展的目标模式及进路 …… 271

参考文献 …… 273

后 记 …… 293

# 绪　论

## 第一节　选题意义与研究综述

### 一、选题意义

#### （一）理论意义

1. 明确提出政府理财模式概念

虽然国内实务界和学界少数学者已提及政府理财模式这一概念，但都语焉不详，未构成其研究的主题，因而还没有进行系统的研究。本书明确提出政府理财模式概念，并详细分析其含义及其与相关概念的联系与区别，系统分析了政府理财模式的内容、类型和基本特征，从而丰富国内学界对政府理财模式的研究。

2. 提出“政府理财模式公共化拓展”命题

政府理财模式公共化拓展这一命题的提出对我国具有重大的理论价值与实践意义。本书综合运用哲学、政治学、行政学、财政学、法学相关理论对这一命题进行了详细论证，为其提供了有力的理论支撑，而各国政府理财模式公共化的实践则为政府理财模式公共化命题提供了真实的经验支持。根据上述规范研究与现实参照，本书对我国政府理财模式公共化的“来世今生”进行扫描，勾勒其演进轨迹，肯定主要成就，剖析主要问题，并探究这些问题之根源，最终提出我国政府理财模式公共化拓展的目标模式及其进路，使得命题最终落脚于对国家的现实关怀。

3. 提出政府治理模式是政府理财模式的有机组成部分

国内多数财政问题研究专著的一个明显局限就是只见树木，不见森林，仅就财政问题研究财政问题，并未充分意识到财政或政府理财是政治行政体制核心部分的事实，因而提出的解决方案多定格于对政府理财模式的局部的技术改进，虽可治标，却不能治本。本书以政治学和行政学视角审视政府理财模式公共化拓展问题，自然而然地将政府治理模式视为政府理财模式中起着灵魂作用的顶层结构，将政府治理模式作为统领整个政府理财模式，对政府资金筹集、运用及政府间资金配置起着先在性约束的部分来分析，并据此进行公共化的制度设计。这将从根本上提升本书的视野及其策论的可行性。

**（二）实践意义**

1. 增进人民福祉，建设和谐社会

改革开放以来，我国各项事业都取得了辉煌成就。但我们也应清醒地看到，国家在发展的过程中还存在诸多不和谐因素，对国家长治久安和可持续发展构成现实和潜在的挑战。导致不和谐现象的财政根源在于，人民日益增长的公共产品与服务需求与落后的公共产品与服务供给能力的矛盾，即公共产品与服务短缺问题。政府理财模式公共化可以更多、更快、更好地向公民提供公共产品与服务，增进人民福祉，建设和谐社会：第一，更多的公共产品与服务。政府理财模式公共化拓展一方面可促进政府职能调整，政府从生产领域退出后，将有更多财政资金投入民生领域，从而相对增加了公共产品与服务供给；另一方面可促使政府改进管理与服务，提高效能，减少成本与浪费。这意味着政府能够提供更多的公共产品与服务。第二，更快的公共产品与服务。政府理财模式公共化拓展意味着公民将更广泛地参与公共财政过程，并逐步形成一种网状的公共治理结构，具备更强的能力吸收和容纳民意，从而使公共机构具备对公民需求更快的回应能力，缩短了从利益表达到利益实现即公共政策形成的过程与时间，有利于社会福利改进。第三，更好的公共产品与服务。公民在公共决策及其监督中参与程度的提高有助于公民偏好显示机制更加准确和客观，也有力地促进政府加强公共服务的品质管理与监控，使公共产品品质更高，品种、款式、方式等更多，以适应公民个性化、人性化的需求，从而更好地满足公民需要。

2. 改进政府治理，实现善治目标

第一，政府理财模式公共化拓展有利于促进政府职能调整。政府职能变化影响公共财政的建立，政府职能结构决定着财政支出的结构，公共财政本身构成政府职能的重要内容。……深化财税体制改革，建设公共财政本身就是政府职能调整的重要方向和有机组成部分，它首先需要也将直接推动政府职能的调整，并将对各级政府和部门的行为方式产生深刻的影响。① 政府理财模式公共化意味着政府职能结构的革命性转型，即从以经济建设为中心到以公共服务为中心，社会与民生将成为财政支出的主要领域。与此同时，政府职能行使方式也变得多样化，如政府服务、政府出售、政府间协议、合同承包、经营特许、政府补助、凭单制、自由市场、志愿服务和自我服务等。② 换言之，公民所需公共产品的供应与生产方式实现了多样化，如政府以权力运作方式向社会提供公共物品的权威型模式、私人（组织）以市场方式提供公共物品的商业型模式、民间组织以自愿方式提供公共物品的志愿模式及俱乐部组织以内部互益方式提供准公共物品的自主型模式，③ 顾客也有了更多选择，此外，顾客导向和公众对政府公共服务的评议的引入，也为政府职能结构及实现方式的发展、改革注入活力。

第二，政府理财模式公共化拓展有助于理顺府际关系。政府间

---

① 唐东生：《以公共财政改革为切入点，推动新一轮政府改革》，载《上海行政学院学报》2008年第1期。

② ［美］E. S. 萨瓦斯著：《民营化与公私部门的伙伴关系》，中国人民大学出版社2002年版，第69～90页。

③ 唐娟著：《政府治理论》，中国社会科学出版社2006年版，原文作者将第四类模式概括为互益组织以自助方式提供公共物品的自主型模式。笔者将其概括为俱乐部组织以内部互益方式提供准公共物品的自主型模式，认为这样更准确些。

关系主要是政府间政治关系、行政关系、人事关系和财政关系。在这几类关系中，财政关系居于核心的地位，并且与人事关系构成府际关系的“任督二脉”。一方面，政府间财政关系是政府间关系的核心，因为它体现的是政府间的物质利益关系和职能分工关系，这是最根本的。财政关系的科学化可有效促进其他政府间关系良性化，进而促进整体府际关系的良性化。另一方面，其他府际关系包括人事关系与财政关系之间须有科学合理的制衡与匹配，才能使整体的政府间关系达到稳定、和谐和高效状态。

第三，政府理财模式公共化拓展有利于提升政府绩效。政府理财模式公共化本身体现了效率要求，即用尽可能少的钱办成尽可能多和尽可能好的事情。比如，在政府间资金配置模式的制度设计中，对各级政府间职能与支出责任划分、收入划分、转移支付制度等，就充分考虑了中央与地方在提供不同层次公共产品上的绩效差异，并以此为基础进行政府间的分工。事实上，政府理财是加强政府管理、提高效率的一个有用工具箱，比如绩效预算就是这个工具箱中运用广泛的一个工具。

3. 增强执政能力，巩固执政基础

简单地说，执政能力就是政党或执政者、执政集团执掌政府，实现政治纲领，管理和领导国家的能力。政府理财模式公共化拓展对于提高党的执政能力至关重要。首先，从技术层面来看，政府理财模式公共化拓展将带来政府理财水平和行政管理水平的提高。作为执政党，政府理财水平的提高意味着政府管理能力即党对行政体系的领导能力的提升。其次，从社会层面来看，政府理财模式公共化拓展将带来政府运用财政资源解决社会问题的能力即社会管理能力的提高。最后，上述两个层面管理能力的提升带来党对国家的领导能力提升，如巩固执政合法性基础，指引国家发展方向，维持国家团结稳定，应对国际竞争和资源环境挑战，实现国家的可持续发展等。从政府理财的角度而言，要巩固党和政府的合法性基础，妥善解决社会矛盾，亟须各级政府提高理财水平及自我管理能力，加大民生投入，扩大公共产品供给，消除公共产品短缺问题，以维护社会公平正义，帮扶弱势人群，弘扬社会美德，促进社会和谐，巩固党的执政基础。

## 二、研究综述

本书以核心概念为起点，渐次扩展其外延，据此检索相关研究文献，即以三个层次的概念："政府理财模式公共化拓展"、"政府理财"和"财政"为关键词进行文献检索，将政府理财公共化拓展的相关研究文献综述如下：

### （一）以政府理财和政府理财模式公共化（拓展）为题的研究综述

国内直接以政府理财和政府理财模式公共化（拓展）为题的研究成果很少。这些成果对政府理财的含义、内容、问题和改革思路进行了初步的探讨。

首先，国内尚未明确提出"政府理财模式公共化拓展"这一命题。国内是由实务界首先提出了"政府理财模式"这一概念，并基本上停留在自发和零散的探索，理论界似乎还没有作出回应，其根据是，笔者通过对中国期刊网的检索，目前国内还没有一篇是以"政府理财模式"或"政府理财模式公共化"为题的学术论文，虽然有部分论文或专著中出现"政府理财模式"或类似的概念。

其次，有较少的以"政府理财"为题名的研究成果。根据笔者对北京大学图书馆、国家图书馆、中国政法大学图书馆以及中国期刊网的检索，国内以政府理财为题的研究成果仅有寥若晨星的几本著作和少量论文，其研究主题大体包括：一是关于政府理财定义、政府理财模式的定义及其内容，[①] 二是关于政府理财的理念与原则，[②] 三是关于政府理财的问题及其根源的分析，[③] 四是关于政府理财改革的对策建议。一种思路是从动态过程论角度，提出对生财、聚财、用财和管财等环节加强管理，以提高效率、节约成本，改善民生、促进社会和谐。[④] 另一种思路是从结构功能论的角度提出改革创新的建议，即以人为本，量出为入，开源节流并举，明确政府与市场各自职能边界，加强财政支出、收入、预算和体制改

---

① 张海燕：《以绩效为导向的政府理财研究》，博士学位论文，中国人民大学，2006年；梁尚敏等主编：《现代政府理财学》，中国财政经济出版社1998年版，第9~38页；鲁昕，阎伟主编：《政府理财理论与实践》，辽宁人民出版社2001年版，第3页；闫伟著：《地方政府理财论》，经济科学出版社2005年版，第3~8，30~36页；董继华：《略论我国公共财政理财模式的建立》，载《财政监察》2002年第4期；邱慈孙：《欠发达地区税费改革及理财治税策略论》，博士学位论文，厦门大学，2001年。

② 王强，叶姗：《政府理财观的抉择："量入为出"与"以支定收"》，载《法学杂志》2006年第2期；钱海燕：《公共财政制度下理财思想的选择：量出为入》，载《安徽农业大学学报》（社会科学版），2001年6月，总第10卷第2期；罗春梅：《政府预算假设：公共部门科学理财的前提》，载《山东财政学院学报（双月刊）》，2005年第6期（总第80期）；《预算假设、预算申请与政府理财观误区》，载《云南财经大学学报》2009年第3期（总第137期）；刘小川等：《塑立政府发展理财观，开拓财政改革创新路》，载《财政研究》2008年第1期；姜维壮：《适应社会主义市场经济要求树立新的理财观念》，载《财政研究》1994年第12期；杨灿明：《漫谈现代政府理财思想》，载《湖北财税》1998年第1期；陈东，綦建红：《浅析经济体制与政府主导理财原则的选择》，载《烟台大学学报》（哲学社会科学版）2001年1月，总第14卷第1期；刘铭达：《政府理财要坚持公共性原则》，载《中国财经报》2007年7月10日第7版；翁礼华：《政府理财纪要》，载《决策咨询》2004年第4期。

③ 方小桃：《政府理财也应讲求质量》，载《审计与理财》2005年第5期；张木生：《民主理财的公共财政和廉价又廉政的政府》，载《税务研究》2001年第4期；郭庆旺，郭玉清：《现代公共支出管理与依法理财》，载《财政研究》2006年第12期；邱慈孙：《欠发达地区理财治税面临的诸多矛盾》，载《扬州大学税务学院学报》2001年第3期。

④ 方小桃：《政府理财也应讲求质量》，载《审计与理财》2005年第5期。

革，加强监督，依法理财。①

上述研究成果的作者以实务界人士居多，因而实践性、对策性较强，但总体上看，实践的自发探索多过理性的系统分析，因而可为本书直接借鉴的理论成果不多。实务界在研究政府理财时，对效率的重视超过对公共性的关注。虽然有个别学者提出了财政公共化命题，但无论是政府还是学界对政府理财模式公共化问题还缺乏足够的重视。由此可见，国内对政府理财问题的研究似乎是名副其实的冷门。

### （二）主旨接近政府理财模式公共化拓展的相关研究综述

在主旨上接近政府理财模式公共化拓展的相关研究成果比较丰富，对本书研究具有重要参考价值。这些研究具有如下特点：

从研究的学科特点来看，财政学家构成政府理财模式公共化研究的主力军，他们的研究内容比较全面和具体。相比之下，政治学与行政学的研究跟进较晚，相对来说成果也较少，仅有一些零星的研究成果。由于观念、历史等原因，我国大陆行政学界有意无意放弃了政府理财这块应属于行政学的“学术领地”，发生了不应有的集体“缺席”与学术失语。结果，政府理财问题的研究逐渐被经济学（财政学）所占领，以致被国内学术界视为经济学尤其是财政学当然的、“独占”的“领地”。

从研究的主旨与观点来看，相关研究可大体上概括为民主财政论、公共财政论和分权财政论三个方面，分别讨论政府与公民、政府与市场（社会）以及纵向政府间财政关系。民主财政论的核心思想就是对财政权的控制，或者说从根本上处理国家与个人、政府与人民的关系。由于在这对关系中，个人或公民处于弱势的一方，故

---

① 李燕，刘淼：《论政府理财方式转变与公用事业体制改革》，载《现代财经》2006年第8期；梁尚敏等主编：《现代政府理财学》，中国财政经济出版社1998年版；闫伟著：《地方政府理财论》，经济科学出版社2005年版；董继华：《略论我国公共财政理财模式的建立》，载《财政监察》2002年第4期；邴志刚：《推进依法理财 建设法治财政》，载《地方财政研究》2005年第1期；刘小川等：《塑立政府发展理财观，开拓财政改革创新路》，载《财政研究》2008年第1期。

必须以各种可能的方法约束政府权力，包括以主权制约权力，即议会对政府财政权的约束，或以权力制约权力，它既包括司法权对行政权的约束，也包括其他行政权对财政行政权的制衡，或以权利制约权力，即私人产权/财产权利来制衡国家的财政权力；或以社会制约权力，即通过公民的参与来制衡政府财政权力。① 财政透明是实现财政民主的必要条件。② 公共财政论认为市场失灵的领域构成了政府活动的边界，即现代政府或财政的三大职能③：资源配置、收入分配和经济稳定。这就是公共财政。④ 学界有关调整政府职能、改善财政支出结构、加强对民生保障投入诸内容的论文都属于公共财政论的范畴。分权财政论主要探讨政府间资金配置模式，多数学

---

① 徐红：《财权掌控与财政民主——英美议会财政权的政治学分析》，博士学位论文，复旦大学，2006 年；王伟：《关于加强我国财政民主建设的探讨》，载《中国党政干部论坛》2006 年第 8 期；郭小聪，程鹏：《政府预算的民主性：历史与现实》，载《东南学术》2005 年第 1 期；安秀梅著：《公共治理与中国政府预算管理改革》，中国财政经济出版社 2005 年版，第 345 ~ 346 页；马俊著：《中国公共预算改革——理性化与民主化》，中央编译出版社 2005 年版，序言，第 263 ~ 298 页；李凡主编：《中国基层民主发展报告》（2005/2006/2007/2008 书系），知识产权出版社 2006/2007/2008/2009 年版；［美］阿伦·威尔达夫斯基，内奥米·凯顿著：《预算过程中的新政治学》（第四版），上海财经大学出版社 2006 年版；［美］爱伦·鲁宾著：《公共预算中的政治》，中国人民大学出版社 2001 年版；［美］阿尔伯特·C. 海迪著：《公共预算经典（第二卷）——现代预算之路》（第 3 版），上海财经大学出版社 2006 年版；［美］罗伯特·D. 李等著：《公共预算系统》（第 6 版），清华大学出版社 2002 年版；程瑜著：《政府预算契约论——一种委托—代理理论的研究视角》，经济科学出版社 2008 年版，第 1 ~ 4 页；冯俏彬著：《私人产权与公共财政》，中国财政经济出版社 2005 年版。

② 王雍君：《全球视野中的财政透明度：中国的差距与努力方向》，载《国际经济评论》2003 年第 7 ~ 8 期；王满仓，赵守国：《财政透明化背景下的政府治理变革》，载《经济学家》2005 年第 4 期；张咸龙：《略论财政公开》，载《三江论坛》2005 年第 3 期；邴志刚：《纳税人的“知情权”与“阳光财政”》，载《财政研究》2006 年第 11 期。

③ 公共选择理论认为，市场失灵并不构成政府干预市场的充分条件，因为从逻辑上讲，在市场失灵的领域，政府也不一定就是有效的，即政府也可能失灵或者效率并不比市场更高。

④ 张馨著：《公共财政论纲》，经济科学出版社 1999 年版，第 5，23 ~ 268 页。

者倾向按照财政联邦制划分政府间职能与支出责任及财力匹配,[①]包括设计一套公平合理的财政转移支付制度与地方政府发债制度,[②]并进行相应的财政层级暨政府层级体制改革,如中央、省、县这三级加乡这个半级或地、乡两个半级的构成的层级体系,[③]但也有学者对此提出了质疑。[④]从研究观点而言,政府理财研究在总体上具有重效率轻公平倾向。由于财政学以及经济学在学科特质上就是以效率为导向的,因而其研究成果对公共性关注不足。当然也有少数学者涉及政府理财模式公共化的命题,并开展初步的研究与论证,[⑤]此外,宪法与行政法学家提出的财政宪法论或以财政改革促宪政改

---

① 贾康:《地方财政问题研究》,经济科学出版社2004年版,第8,150~154页;贾康:《中国财政改革:政府层级、事权、支出与税收安排的思路》,载卢中原主编:《财政转移支付和政府间事权财权关系研究》,中国财政经济出版社2007年版,第106~109页;李齐云著:《分级财政体制研究》,经济科学出版社2003年版,第96~148,282~421页;安秀梅主编:《中央与地方政府间责任划分与支出分配研究》,中国财政经济出版社2007年版,前言第3~7页。

② 杨之刚,马栓友:《政府间财政转移支付的国际比较》,载《中南财经大学学报》,1996第1期;贾康:《地方财政问题研究》,经济科学出版社2004年版,第160~163页;孙开著:《财政体制改革问题研究》,经济科学出版社2004年版,第196~221页。

③ 贾康:《中国财政改革:政府层级、事权、支出与税收安排的思路》,载卢中原主编:《财政转移支付和政府间事权财权关系研究》,中国财政经济出版社2007年版,第106~109页;孙开,彭健著:《财政管理体制创新研究》,中国社会科学出版社2004年版,第146~150页;阎坤著:《中国县乡财政体制研究》,经济科学出版社2006年版,第121~122页;周士雅著:《财政层级制度研究——中国财政层级制度改革的互动论》,经济科学出版社2007年版。

④ 杨之刚等著:《财政分权理论与基层公共财政改革》,经济科学出版社2006年版,第186~188页。

⑤ 张馨著:《财政公共化改革:理论创新、制度变革、理念更新》,中国财政经济出版社2004年版;高培勇主编:《为中国公共财政建设勾画"路线图":重要战略机遇期的公共财政建设》,中国财政经济出版社2007年版;王志荣著:《税收管理公共化研究:基于新公共管理视角》,中国财政经济出版社2008年版等,这些以财政公共化为题的专著陆续面世。

革的观点、对税权或财政权的立法或宪法控制、[①] 行政学家对预算问题的研究并提出预算改革的策略等等，都构成了政府理财模式公共化拓展研究的重要内容和研究基础。

从研究的视野来看，很多研究还停留在具体制度和技术改进层面，缺乏行政生态观或整体政府观来观照和研究政府理财模式公共化拓展的问题，显得视野不够开阔，结论难免偏狭，其解决方案存在现实性与可操作性不足的局限。

从政府理财模式公共化的条件与策略来看，有少数研究对政府理财模式公共化拓展问题作了一些有益的探索。如有学者提出通过产权改革来推动公共型理财模式的建构，一些学者则提出以宪政改革或政治民主化来实现政府理财模式公共化，甚至还有学者构建出了政府理财模式公共化的路线图。

总之，从相关的意义上来说，国内学界对政府理财模式公共化的研究取得了较丰富的成果，并提出了一些较具体的命题或设想，但这些研究在总体上又显得零散和碎片化，没有统合在政府理财模式公共化这一明确的命题之下进行系统和综合的研究，其理论与经验的支撑不足，在深度和广度上都还有很大拓展空间。

---

① 参见刘剑文主编《财税法学》，高等教育出版社2004年版；刘剑文主编：《民主视野下的财政法治》，北京大学出版社2006年版；刘剑文主编：《财税法学研究述评》，高等教育出版社2004年版；刘剑文等著：《中央与地方财政分权法律问题研究》，人民出版社2009年版；周刚志著：《论公共财政与宪政国家》，北京大学出版社2005年版；朱孔武著：《财政立宪主义研究》，法律出版社2006年版；刘丽著：《税权的宪法控制》，法律出版社2006年版；孙建波著：《财税改革的理想与现实：宪政视角》，经济科学出版社2008年版；施正文著：《税收程序法论——监控征税权运行的法理与立法研究》，北京大学出版社2003年版等学者专著。

## 第二节 关于政府理财模式相关概念的界定

### 一、政府理财模式的含义

#### （一）理财与政府理财

政府理财是指政府受公众委托，从事公共资源筹集、使用和管理的系列活动。我们可以从与其相近的概念——企业理财（私人理财）的比较中深化对政府理财的理解。

一方面，政府理财是一种理财行为，具有理财的一般特征，这意味着：

第一，在政府理财中引入责任理念。比如，在企业委托理财活动中，作为代理人的银行或信托公司要向委托人即资产所有人负责，保证资产的安全和利润最大化。与此类似，政府理财也要像私人或企业理财那样，承担公共受托责任，履行其财务报告责任。因此，政府理财在决策、执行和监督全过程中应有公众的有效参与，因为公众是公共资源的主人（所有人），应切实保障公众对政府理财信息的知情权，不断增强财政透明度，保障公共资源的安全，并使之得到公平、民主、合理、高效的分配与使用。

第二，在政府理财中引入绩效理念。理财的根本目的是实现资产或财产的保值增值，否则就意味着理财的失败。政府理财要像私人或企业理财那样，确立明确的理财目标，在项目周期结束时，应考评其是否达到了预期目标及其达到的程度，以及效率性、效益性和经济性，不浪费公帑，保证公共资源得到最经济合理的利用，最终使社会福利得到最大限度的改进。这就是政府理财的绩效理念。

第三，在政府理财中引入全口径预算理念。企业理财的直接出发点就是盘活闲置资产，实现企业全部资产的效益最大化。这对于政府理财的启示就是，必须将政府所掌控的所有公共资源用好、盘活，做到物尽其用、财尽其利。因此，政府理财应统筹整合预算内外的所有公共资源，交由统一的财政机构筹集、管理和使用。事实上，我国很多基层政府在持续而巨大的财政压力下，自发地开始了整合预算内外资金管理的探索与创新，并取得了较好的理财效果。

第四，在政府理财中引入可持续理念。如何采取有效的理财战略与策略，以实现可持续发展，对于每一个企业来说都是至关重要的。可持续理念对于政府理财的借鉴意义在于，政府理财也应开源与节流并举，积极培育稳定的财源，在税收政策上不可杀鸡取卵、竭泽而渔，更不可以破坏与牺牲资源环境为代价，换取一时一地的财政收入。在财政支出中要对教育、科技、资源和环境保护等方面进行必要的投入。可持续理念对我国某些地方政府的理财行为极具现实意义和警醒意义。

第五，在政府理财中引入流程再造理念。流程再造就是对企业的业务流程进行根本性再思考和彻底性再设计，从而获得成本、质量、服务和速度等方面业绩的显著改善，最终把组织内部的非增值活动压缩到最少，使全体活动都面向顾客需要、满足市场需求。再造就是使流程最优化，从而使成本最低化、利润最大化。我们可以借鉴流程再造理念，改组财政机构，精兵简政，理顺和简化管理流程，提高政府理财的效率。

另一方面，政府理财是一种政府行为，具有公共管理的特征，这意味着：

第一，政府理财的目标应以公益为先。私人和企业理财追求利润最大化，也就是效率为先。与此不同的是，政府理财必须以公共利益最大化为目标。这就是说，政府理财不能将效率作为其主导性行动原则，也不能与民争利。它的行动原则应该是公平优先、兼顾效率。这是处理政府与市场和社会关系的行为准则。

第二，政府理财的主体是政府和公众，政府理财的过程应民主和透明，真正落实人民当家做主的权利。政府理财是一种委托—代理关系：公众是委托人，政府是代理人，二者构成政府理财活动的行动主体。公众即纳税人将自己的税金交付政府管理，政府官员对其进行科学合理的管理和使用，这也是一种专家理财方式。在政府理财过程中，特别要防止委托人缺位情况出现，即纳税人将税金交给政府管理后，公共政策过程就变成一个黑箱，税收收多少、税金如何使用等都由政府（官员）“替人民做主”了，公众无从知晓，也无法监督，变成与民众不相干了。这其实是代理人对委托人权利的剥夺，即政府轻视忽略公共受托责任。

因此，政府要积极推动和保障公众参与政府理财的决策、执行与监督，推进政府信息公开，落实人民当家做主的权利。

**（二）模式与政府理财模式**

“模式”是社会科学研究中被广泛使用乃至被滥用的一个概念工具，因而在使用这个概念时还须费些笔墨进行界定和说明。英国一位著名政治学家认为，民主的模式“是指一种理论架构，这一架构旨在展现和解释某种民主形式的基本要素及其关系的基本结构。公共生活或整套制度的某一方面只有在与其他社会现象的关系中才能得到正确的解释。所以，模式也就是有关政治领域及其确立的经济和社会等诸方面根本条件的概念和通则所组成的复杂的‘网状结构’。”①国内一位法学家认为，“模式是对某类事物或行为特征的概括……是通过揭示该事物与它事物的本质属性来说明或表明此事物与彼事物的差异的。”② 另一位法学家认为，模式就是某一系统的结构特征的高度概括，是对系统内部诸要素和相互作用的特殊方式的抽象。他以历史上刑事审判的来源与发展、核心特征的诉讼控制分配以及基础性价值理念和思想等三个模式构成要素作为区分刑事审判模式的划分标准。③

因此，模式就是对某一特定系统的各种因素及其相互关系的框

---

① ［英］戴维·赫尔德著：《民主的模式》，中央编译出版社2008年版，第6～7页。

② 张卫平：《民事诉讼基本模式：转换和选择根据》，载《现代法学》1996年第6期。

③ 陈瑞华著：《刑事审判原理论》，北京大学出版社1997年版，第298，302页。

架和结构的抽象描述，其内容包括该系统的基本要素、这些要素相互作用构成的基本结构、系统运动的特征、系统的外部环境等。就像人有大脑或思想一样，由人类构成的社会系统还有自然系统所不具有的思想、目标和原则的要素。因此，基于人类社会系统和社会行为的政府理财模式，其构成要素还应包括模式的思想与原则方面的内容。

国内学者对政府理财模式的概念进行了初步界定，如有学者认为，政府理财模式即政府理财的典型结构和活动方式，反映主体内容和形式的统一，指明发展方向和运行轨迹。[①] 还有学者认为，理财治税模式是根据不同国家或相同国家不同历史时期不同的经济体制下政府职能的不同，实行不同的财政收支规模，确定不同的财政收入结构、财政支出结构，通过不同的财政收支体现不同的政策导向，采用不同的财税管理手段和方法，来达到不同的理财治税目标。[②] 上述学者对政府理财模式的定义表明，政府理财模式的要素应该包括理财目标、政府职能、政府收支规模、政府收支结构、政策导向、管理方法等要素。

根据上文对“政府理财”和“模式”的概念分析，并借鉴已有研究成果，本书将政府理财模式界定为某一特定政府或某一特定政府在某一特定时期内，受社会公众委托从事公共资源筹集、使用和管理活动中所体现出的理财理念、政府职能范围与政策导向、政府收支的规模与结构、政府组织结构、理财绩效以及政府的行为特征与管理方法等，使之区别于别的政府或该政府的别的时期。

这一定义或者说政府理财模式包含如下要素：第一，政府理财模式的主体是政府和民众，二者形成委托—代理关系，其中，民众是委托人，政府是代理人；第二，政府理财模式的客体是所有公共资源，包括有形的物质资源和无形资产，也包括所有政府收入与支

① 梁尚敏等主编：《现代政府理财学》，中国财政经济出版社 1998 年版，第 15 页。

② 邱慈孙：《欠发达地区税费改革及理财治税策略论》，博士学位论文，厦门大学，2001 年。

出（含预算内外所有收入与支出）；第三，政府理财模式的直接目标是为履行政府职能筹集、使用和管理公共资源，其根本目标是实现公共利益的最大化；第四，政府理财模式的法律渊源主要是公法，即宪法、行政法、财政法与刑法等，但部分领域事实上还涉及民商法的适用，如政府采购、国资经管等，这些领域中公法与私法适用上的“打架”现象是我国转轨时期在理财事务上政府同时作为“裁判员”和“运动员”导致角色冲突的典型表现；第五，政府理财模式的顶层结构是政府治理模式。政府理财模式基本上属于行政管理范畴，因而对其生成与发展构成决定性、制度性影响的是政府治理，包括政府理财理念、政府治理结构和政府职能配置结构等；第六，政府理财模式在动态上体现为从政府资金筹集、政府资金运用到政府间资金配置的全过程（也就是从财政收入、财政支出到财政体制），并体现为各种量化特征如政府收支规模、结构与占 GDP 的比重等指标。后文所说的政府理财模式的内容就是对上述要素的阐述与演绎。

## 二、政府理财模式的内容

### （一）政府治理模式

政府治理模式是政府理财模式的顶层结构，它一般包括政府理财理念、政府治理结构和政府职能结构三个层面的内容。政府理财理念主要涉及政府目的是建设型政府还是服务型政府；政府理财过程有倾向集中、人治、封闭还是民主、法治、公开之分；财政效能则分为主张效率优先、兼顾公平，还是相反，即公平优先、兼顾效率。政府治理结构亦分政治、行政和部门三个层次，分别涉及政府与公民关系、部门间关系及部门内部财务关系等内容。政府职能则包括政治职能、经济职能和社会职能等内容。

### （二）政府资金筹集模式

相对于传统的财政管理，政府理财关键在于引入了财务流（即资金流）理念，从资金运动的视角考察政府资金从筹集到运用以及纵向政府间资金配置诸环节的资金流向、流量、结构、效益。大体相对应的是，政府理财视野里的“政府资金筹集”相当于财政管理视野中的“财政收入”，具体来说，所谓政府资金筹集应包括所有政府收入：税收收入、收费收入、产权收入（国企利润分红、国有资产出租与出让收入、国有资产使用收费等）、罚没收入、债务收入（公债收入）等，总之，包括预算内、外所有收入。这其中的重点是税制设计，如税种、税目、税率的设计等。税制和税收在政府（所有）收入中的比重差异体现了政府资金筹集模式的个性即特征。

**（三）政府资金运用模式**

从公共预算角度而言，所谓政府资金运用是指从预算决策、预算执行到预算监督的全过程，在内容上包括政府支出结构与规模、政府收支分类、部门预算、预算审批、国库管理、政府采购等，同样包括了预算内与预算外支出的内容。政府资金运用模式代表了政府理财的过程及支出一端，它与政府资金筹集共同构成一个完整的资金运动回路，形成一个不断循环再生的财务流程。

**（四）政府间资金配置模式**

政府间资金配置即财政学所研究的财政体制或纵向政府间财政关系，是指各级政府间在财政权限、政府职能及支出责任上的分工，以及相应的财力匹配等问题。其制度功能在于实现财政的纵向平衡，为实现全体国民公共服务均等化，实现国内各地区均衡协调发展，维护国家的团结、稳定与可持续发展服务。撇开政治制度、中央与地方关系、历史传统、地理疆域、经济发展水平、公民社会发育程度、国家治理水平甚至国际格局等外部环境不论，政府间资金配置模式一般包括各级政府间职权配置划分、收入与支出划分、财力匹配性的转移支付与地方公债制度，以及政府层级与财政层级划分设置等内容。

## 三、政府的职能结构

政府理财是政府为履行其各项职能而筹集、使用和管理所有资源的工具，它直接定义了政府理财的目的、使命与范围。因此，不同政府以及同一政府在不同时期所呈现出来的职能结构及其行为方式等鲜明地体现了政府理财模式的特点，因而构成政府理财模式公共化拓展的重要内容。本书采用三分法，将政府职能划分为政治职能、经济职能和社会职能。

### （一）政府的政治职能

——表达职能，即表达公众对实现公共价值、满足公共需求的期望。公共价值是客体满足公众需要的效用和意义，是公共部门的工作对社会的有用性。它既包括了实物形态的公共产品，也包括诸如自由、民主、法治、安全、秩序、公平、责任、服务、公开、诚信、绩效、参与和廉洁等无形价值。

政府是创造公共价值的部门，公共管理的终极目的是为社会创造公共价值。政府作为管理者，抵抗外敌保卫国家，运用公共权力要求民众达成公共目标，推动社会福利事业的建设，规范公民履行纳税义务，维护公共安全等，都是在为社会创造公共价值。政府应作为战略管理者，要善于发现、定义和创造公共价值，并根据情况的变化和对公共价值的理解，创造新的价值。①

价值既然是一种效用，而政府又是以服务人民为宗旨的，因此，所谓公共价值其实就是公民对政府的公共服务的期望的综合。从这个意义上说，政治管理与行政管理其实就是公共价值管理，它可以图 0.1 来形象表示。

---

① Mark. H. Moore：*Creating Public Values*：*Strategic Management in Government*，清华大学出版社 2003 年版。

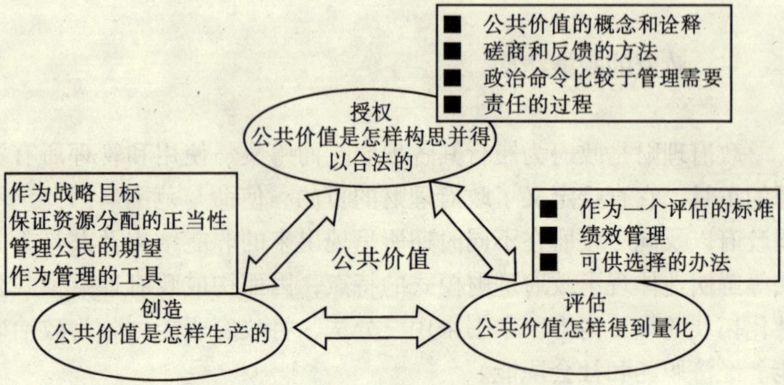


图 0.1 公共价值管理的动态图示①

由于政治是价值的权威性分配，② 故公共价值（物质价值和精神价值）构成了政治的对象物。马克思说，人们所奋斗争取的一切，都同他们的利益有关，③ 而利益就是基于一定生产基础上获得了社会内容和特性的需要，是社会成员政治行为的动因和社会政治组织及其制度的基础。④ 因此，作为物质利益集中体现的财政既是政治体系运行的原动力，也由此催生了现代民主宪政，并构成现代政治体系运作的主要目标、依据和标志。财政作为公共价值和公共需求的物质内容，使其自身构成了二者的对象物，而它作为人民主权或纳税人主权的集中体现，作为民主的政治过程和公民参与对象物，财政本身也创造了其他的公共价值，如民主、参与、公平、责任和透明等等。因此，财政或政府理财可谓公共价值的表达工具与集中象征。

---

① Louise Horner and Stephen Bevan: *Public Value*, *Ars and Humanities Research Council*, 2006.3.15。转引自郭清：《公共价值管理：公共管理的一种新视角》，硕士学位论文，浙江大学，2007 年，第 5 页。

② ［美］戴维·伊斯顿著：《政治生活的系统分析》，华夏出版社 1999 年版，第 25 ~26 页。

③ 《马克思恩格斯全集》（第 1 卷），人民出版社 1974 年版，第 187 页。

④ 王浦劬主编：《政治学基础》，北京大学出版社 1995 年版，第 53 ~71 页。

——支持职能，即政府理财为政治体系运转或者说为政治管理与行政管理提供物质支持。任何一个政治体系的运行都是有物质耗费的。赋税作为政府的奶娘，[1] 或者说提供公共产品的对价，即是这种物质耗费的形式。首先，任何政府，哪怕是最小的政府都需要物质支持，体现为一定程度的财政规模。其次，无论瓦格纳定律是否成立，从长时段看，随着政府职能扩张，其所需的人力物力必然随之膨胀，因之，除去因为大规模的社会计划（福利国家建设）而扩张的支出（最终用之于民，即转移性支出之大部分），单纯用于政府运行的实际支出即行政成本（即购买性支出之行政管理费部分）也会有一定程度的增加，虽然经过一定时期后这个支出会维持稳定，如果政府有有效的自律与他律的话。

——控制职能，即政府理财在政府管理中作为控制地方政府，提高行政效率的工具。首先，在宏观层面，财政在政治管理中经常作为中央政府控制地方政府的一个手段，无论中外，也无论单一制或联邦制，莫若如此。比如中央政府通过财政转移支付来实现对地方的控制，尤其是那些特定条件的转移支付更是直接包含中央政府或联邦政府引导地方政府向其所期望的方向运行的目标。另一方面，在微观层面，即行政管理中，财政经常作为加强对下级部门控制的工具，以期提高行政效率，降低行政成本，更好地实现组织目标，比如绩效预算、零基预算，乃至各种预算技术、程序、制度和具体财政政策、财政支出项目规则等等，无一不是出于管理中控制功能的设计。

### （二）政府的经济职能

按照公共经济学或现代财政学的观点，政府的经济职能是弥补市场失灵。著名财政学家马斯格雷夫将其明确地阐述为三大职能：配置职能、分配职能和稳定职能，它已成现代市场经济国家政府经济职能的“标准配置”。

---

① 《马克思恩格斯全集》（第7卷），人民出版社1974年版，第94页。

——配置职能，即总资源在私人产品与公共产品之间的划分和公共产品内部构成的确定过程，其实就是公共产品的供应。[①] 该职能的基本要求是最佳配置资源于私人与公共两大部门、有效配置归政府支配的资源以及市场效率损失最小化。[②] 其范围包括提供公共产品如公共设施与基础设施等、干预外部性如控制环境污染、修建公园以及介入自然垄断领域如自来水供应等。

——分配职能，即调节收入与财富的分配，使之符合社会上认为“公平”或“公正”的分配状态。[③] 该职能主要研究确定显示公平分配的标准和财政调节收入分配的特殊机制和手段。在技术上，各国一般采用由洛伦茨曲线计算基尼系数来显示公平分配程度，系数越小，越趋于平均，系数处于0.3~0.4之间被视为合理区间。财政实现分配职能的措施主要包括：规范工资制度；通过税收如个人所得税、财产税、遗产与赠与税等调节收入分配；以及转移性支出如社会保障支出、救济金、补贴等，以使每个社会成员能够维持起码的生活水平和福利水平。[④]

——稳定职能，即利用预算政策为手段，以保持高就业率，合意的稳定物价水平，适当的经济增长率，还有国际贸易和国际收支平衡的目标。[⑤] 其基本逻辑是：第一，如果存在非自愿性失业，政府就通过增加支出或减少税收的扩张性财政政策提高需求水平，使总支出增加到与充分就业情况下生产出来的产出相适应的程度；第二，如果存在通货膨胀，政府就采取减少支出或增加税收的紧缩性财政政策降低需求水平，使总支出降低到按现行价格计算的产出相

---

① ［美］理查德·A. 马斯格雷夫，佩吉·B. 马斯格雷夫著：《财政理论与实践》，中国财政经济出版社2003年版，第6页。

② 张馨主编：《财政学》，科学出版社2006年版，第33~34页。

③ ［美］理查德·A. 马斯格雷夫，佩吉·B. 马斯格雷夫著：《财政理论与实践》，中国财政经济出版社2003年版，第6页。

④ 陈共编著：《财政学》（第四版），中国人民大学出版社2004年版，第35页。

⑤ ［美］理查德·A. 马斯格雷夫，佩吉·B. 马斯格雷夫著：《财政理论与实践》，中国财政经济出版社2003年版，第6页。

适应的程度；第三，如果充分就业和价格水平稳定都实现了，政府就保持原有的收支格局（或所谓的中性财政政策），保持这种货币支出总水平。①

（三）政府的社会职能

结构功能主义社会学家帕森斯提出，社会系统为了保证自身的维持和存在，必须满足四种功能条件：第一，环境适应，即系统必须适应环境并从环境中取得资源，使之得以生存和发展；第二，目标实现，即系统必须确立自己的目标及目标轻重缓急，并确定达到目标的手段；第三，功能整合，即系统必须协调内部各部分之间的关系，以维持一定的和谐；第四，模式维持，包括相互联系的两个方面，一是模式维持，即符号、观念、趣味、评价等的文化供应，二是张力处置，即行动者内心紧张和张力的消除，由此而维持社会的共同价值观模式，并使其在社会系统内制度化。在社会系统中，这四种功能分别由经济系统、政治系统、社会共同体系统和文化模式托管系统来执行。对应于政府职能，可大致将前面两个功能归属于政府的经济职能与政治职能，后两个功能归属于其社会职能。笔者进一步将政府社会职能分解为保护与发展两种职能。

——保护职能，顾名思义，是政府理财对实现社会的协调、合作与安全，消除人作为个体面对自然和生理上的挑战、灾难的恐惧，消除人类社会在原初的人与人之间的霍布斯式战争状态，维护人类社会的公共安全等等所发挥的功能作用，它类似于马斯洛的人类需要层次论中人的安全需要与生理需要。它具体体现为构建一个公共安全体系与秩序、构建社会保障体系和公共卫生体系等等，使得人们能够免于匮乏、饥饿、病痛、罪恶和恐惧。

——发展职能，马克思主义再生产理论认为，人类社会的存续其实是一个循环往复、连续不断的再生产过程，它不仅包括物质资料再生产，而且还包括精神产品、人口、生产关系乃至整个自然界

---

① 郭庆旺，赵志耘著：《财政学》，中国人民大学出版社2002年版，第68～69页。

的再生产，这些再生产是一个相互联系、相互制约的有机整体。这意味着一个负责任的现代政府必须在人类自身的发展上进行必要的投入，如教育、科技、文化、体育，使人类在体质、素质、能力、文化诸方面实现可持续的传承，即帕森斯所说的模式维持。与此同时，人类社会是在自然环境中存续的，需要协调人与环境的和谐与亲近，尤其是在当前人口爆炸、资源匮乏和生态恶化的严峻形势面前，决定了人类社会的发展必须实现经济、社会、人口与自然之间的和谐与可持续，因此，必须对生态环境、资源保护与利用等方面进行必要的投资。

## 四、政府理财模式的类型

从目标和行为特征上区分，政府理财模式可大致区分为以下三种模式。

### （一）维持型理财模式

维持型理财模式是指政府理财主要着眼于维持政府自身运转，政府只提供最低限度公共服务的理财模式。其主要特征有三：第一，一般处于自然经济或自由放任市场经济阶段，社会生产力不发达。因此，整个社会财富比较匮乏，无力维持一个类似当代政府的庞大政府体系；因此，第二，政府职能最有限。政府仅能勉力提供国防、治安、秩序、简单公共设施（如道路、河防）、基本公共管理等维持国家和社会安全与运行的最低限度公共服务，因而多强调德治、礼治和社会自治，以降低国家管理成本；第三，政府收支规模很小，理财技术也较粗放。维持型理财模式多实行以收定支原则。由于理财规模小，需求不强烈，加上当时社会发展水平较低，因而未发展出复杂、科学的理财制度、标准与技术体系。

维持型理财模式随着政府诞生而诞生，因而在各种理财模式中存续时间最长、历史最悠久。它主要存续于古代社会，但也广泛存在于现当代各国。维持型理财模式的经济基础是自然经济或不发达的市场经济体制。由于经济落后，社会生产力不发达，国家财政实力相当有限，因而财政收支规模很小，财政资金仅仅足以维持最低限度的政府运转，也即提供最低限度的公共产品与服务。这意味着，政府职能是最有限的，即所谓最小政府，因而对经济社会的干预最小，几乎没有什么干预。它包括了古代政府和近代夜警型政府。

维持型理财模式的理论在中国古代主要来源于“无为而治”的黄老思想，在西方则是反对政府干预的古典自由主义。黄老思想始兴并闻名于西汉初期。汉初重臣陆贾率先提出并清晰完整地表述了无为而治的思想，他说：“道莫大于无为，行莫大于谨敞。”① “君子之为治也，块然若无事，寂然若无声，官府若无吏，亭落若无民，闾里不讼于巷，老幼不愁于庭，近者无所议，远者无所听，邮无夜行之卒，乡无夜召之征”，② 其财政政策的核心就是休养生息。它非常类似罗西瑙的最弱意义政府理念。黄老思想反映在政府理财模式上要求：在财政收入上实行轻徭薄赋，与民休息；在支出上实行量出为入；在目标上仅仅是维持最低限度的政府运转，尽可能削减各种开支。中国古代政府主要有三大支出：官俸、皇室和养兵。为尽可能减少支出，中国古代政府官员官俸多实行低薪或无薪制度；兵役则往往采取寓兵于农策略，平战结合，以民养兵，加上军屯制度等，尽量减少财政负担；最后，开国之君往往带头简朴节约，以减少皇室支出。

西方与黄老之学类似的是古典自由主义，其代表人物是亚当·斯密。他认为，市场在自由竞争中能够对资源进行有效配置，国家干预私人产业不仅违反“自然秩序”，而且缺乏这方面的能力。他主张把政府职能归为三项：“第一，保护社会，使不受其他独立社会的侵犯。第二，尽可能保护社会上各个人，使不受社会上任何其他人的侵害或压迫，这就是说，要设立严正的司法机关。第三，建设并维持某些公共事业及某些公共设施（其建设与维持绝不是为着

---

① 陆贾：《新语·无为》。

② 陆贾：《新语·至德》。

任何个人或任何少数人的利益），这种事业与设施，在由大社会经营时，其利润常能补偿所费而有余，但若由个人或少数人经营，就决不能补偿所费。”① 上述职能是政府存在和运行的最基本要求。亚当·斯密据此提出国防费、司法费、公共工程和公共机关费用三项财政支出项目，税收的作用仅仅是为满足政府基本职能所需的必要经费。显然，这是一种维持型理财模式。

**（二）建设型理财模式**

建设型理财模式是指某一国家或地区政府为实施赶超战略，政府理财主要服务于为生产建设筹集资金，职能上重建设、轻民生的政府理财模式。建设型理财模式的特征：第一，经济落后，经济底子薄，因而国家长期面临发展经济、尽快实现工业化和现代化的压力。市场经济不发达、不完善。第二，政府职能以经济职能为主或作为重点，政府替代市场较为严重。财政支出以生产投资为主，社会职能及其投入受到忽视。经济成分中，国有经济的比重较公共型理财模式中的要大。经济上往往实行计划经济体制，或曾经实行计划经济体制，或强调政府对经济发展的强力干预；政企不分，政市不分，政府对经济的宏观调控不太成熟和完善，使用人治和行政等“硬”手段较多。财政支出结构以经济建设为主，社会等方面的投入较少，社会发展的历史欠账较多。第三，财政收入以国企利润上缴或间接税为主，直接税比重很小。第四，治理结构上，实行议行合一体制或行政主导体制，民主法治建设仍然不完善，因而公民参与比较有限，存在人民和新闻对政府理财监督不力的问题。有的国家曾在政府间资金配置上曾经长期实行统收统支体制，中央与地方政府间资金配置关系远未理顺。

中国曾经长期实行建设型理财模式，时至今日仍然未完成从建设型理财模式向公共型理财模式的彻底转型。新中国成立后，我国在政治和经济制度上实现“一面倒”的战略。在经济制度上全面学

---

① ［英］亚当·斯密著：《国民财富的性质和原因的研究》（下卷），商务印书馆1974年版，第252～253页。

习苏联模式，很快建立起了我国的计划经济体制。计划经济的实质就是通过政府对资源的直接配置以加速实现工业化。政府理财的直接目标就是为生产建设配置资源，因而长期实行高积累、低消费政策，压缩非生产性支出，增大生产性支出，此时政府理财相当于企业财务或企业理财，因为整个国家就是一个巨型企业，政府是直接的生产组织者和资源的最大配置者。

我国长期实行建设型理财模式具有一定的客观必然性：其一，我国要在一穷二白的基础上尽快实现现代化，因而大量的基础设施、公共工程需要政府以财政手段直接投资或加以支持；其二，我国生产资料公有制决定了政府兼具社会管理者和资本所有者双重身份，国家通过财政直接投资于基础产业、新兴产业以及对国民经济发展起关键作用的骨干行业、企业，对整个宏观经济结构的调整发挥重要作用；其三，我国这样一个发展中国家要赶超世界经济强国必须加快经济发展步伐，因此，针对不同时期经济发展特点，制定不同的财税政策优先发展某些产业、某类企业显得十分重要。①

**（三）公共型理财模式**

公共型理财模式是指政府与市场分工较明确，政府理财主要着眼于为市场经济服务，政府职能主要定位于公共服务的政府理财模式。其主要特征是：第一，建立起了较成熟和发达的市场经济体制。第二，政府具备较强的社会、经济职能。政府干预经济的宏观调控都依法进行，较为成熟老练，并且不干预微观经济活动，保证公平竞争。其国有经济比重较维持型理财模式为高，但比建设型理财模式明显要低。建立起了较完备的社会福利体系，其公民从摇篮到坟墓的整个人生过程等都得到该体系的保障。第三，政府收支规模比较大，其收入结构以税收为主，并且是以直接税为主。政府支出结构以社会保障、医疗保障和文教事业为主，经济建设方面的支出比重很小。第四，普遍遵循民主公开的政府理念，建立起了较成

---

① 邱慈孙：《欠发达地区税费改革及理财治税策略论》，博士学位论文，厦门大学，2001年。

熟的宪政民主制度，有较充分的公民参与，实现权力制衡。政府间资金配置比较科学合理。人民和媒体能够较全面地监督政府理财，法治较健全。

公共型理财模式大体经历了萌芽期（第一次世界大战至第二次世界大战）、发展期（第二次世界大战至20世纪70年代末、80年代初）和成熟期（20世纪70年代末、80年代初至今）三个发展时期，并体现出不同的特点。

1. 萌芽期的公共型理财模式

公共型理财模式的萌芽期大体始于第一次世界大战前后的欧洲。在西方近代史上，“政府最好，管得最少”的信条曾长期被各国政府奉为圭臬。第一次世界大战前后，市场经济的内在矛盾暴露无遗，并愈演愈烈，产生和积累了无数的社会矛盾与冲突，整个西欧社会有如一只火药桶，随便一个火星都会将其引爆。其中，作为后发赶超型国家的普鲁士——德意志帝国的社会矛盾尤为尖锐和集中。为应对日益尖锐的社会问题如失业严重、贫富悬殊、社会动荡，“铁血宰相”俾斯麦所领导的政府相继颁布了一系列法令：《残疾社会保险法》、《工伤事故保险法》、《老年和残障社会保险法》等。此为现代社会保障制度诞生的标志。从此，欧美各国纷纷强化社会职能，对社会进程进行大规模干预，这个过程一直持续到20世纪70年代末。

总之，萌芽期的公共型理财模式的特点是政府开始放弃小政府理念，有意无意地增加和强化了社会经济职能，特别是社会职能。社会保障支出的绝对额和相对权重都急剧攀升。此前，人们坚信市场自我调节和修复的能力，认为政府的干预不仅多余，甚至就是罪恶。世界经济危机和第一次世界大战给人类带来了深重的灾难，也促使人们对以往的经济生活原则，对市场经济规律和缺陷，包括对过去奉为神圣原则的小政府理念进行痛苦的反思。英国以格林和霍布豪斯等为代表的新自由主义哲学，以凯恩斯为代表的凯恩斯主义经济理论应运而生，他们提倡积极自由，主张政府对经济、社会进程进行有目的的干预，以更好实现人的自由和全面发展。但上述理论在第二次世界大战之前在欧美各国只泛起一圈不大不小的涟漪，仅有若干国家构建了社会保障体系的雏形，但其力度、广度和深度与当今福利国家社会保障从摇篮到坟墓的完备体系不可同日而语，故属于萌芽期的公共型理财模式。

萌芽期的公共型理财模式最突出的特点是政府社会职能较维持型模式显著加强，这是由其所处的时代所决定的。市场经济内在缺陷暴露最外显的是社会矛盾、社会问题，这是市场经济自身无能为力之处。而19世纪末、20世纪初，正是全球性经济危机时期，就政府应对危机的反应来说，也肯定是先“救火”——处理社会矛盾为先，故相对于维持型理财模式以及成熟和发展期公共型理财模式而言，此阶段的突出实践是各国政府社会职能从无到有式的急剧扩张，而政府对经济的干预还不甚明显。

2. 发展期的公共型理财模式

该模式的形成同样有着强烈的时代背景。一方面，罗斯福总统以凯恩斯主义为指导，推行新政（New Deal），成功地带领美国摆脱大萧条（Great Depression）；奉行计划经济理论的苏联不仅击退了纳粹德国的进攻，取得卫国战争的胜利，还与美国共同成为世界反法西斯同盟的领袖。美苏两国在形式上都主张强化国家干预，虽然在性质、程度上有本质差别。[①] 另一方面，人们也收获了战前自由放任的市场经济带来的危机乃至法西斯主义泛滥这一教训。正反两方面的经验与教训强力推动了公共型理财模式进入其发展期，其表现是政府急剧强化经济、社会职能，即在经济方面推行大规模国有化运动，强化国家对经济的宏观调控，如积极运用货币、财政、价格等政策干预经济；在社会方面则普遍建立起覆盖绝大多数国民从生到死的社会福利体系，建成福利国家。作为政府职能革命性扩

---

① 受此影响，战后在东西方世界和发展中国家即兴起一股政府干预经济、社会生活的全球性潮流：西方各国普遍建立福利国家并实行国有化，以东欧、中国为代表的新兴社会主义国家则纷纷实行苏联式计划经济体制，印度、埃及等发展中国家也兴起了国有化和计划化浪潮。

张的必然结果，政府收支规模也急剧膨胀。

与此同时，政府收入已经逐步转为以直接税如所得税与社会保障税为主，在支出上则是以社会保障、医疗保障、经济建设和文教等为主。政府治理结构也发生了天翻地覆的变化：普遍流行大政府理念，人们毫不怀疑地接受政府对经济、社会生活的全能式干预，政府因而变得庞大而臃肿，以致出现了“行政国家”。绝大多数人包括妇女和底层人民获得了普选权，并扩大了人们的经济、社会权利。其政治象征是欧美发达各国纷纷发生“红色革命”，代表工人和社会主义运动的社会党（工党）等左翼政党纷纷上台执政，甚至长期执政。

3. *成熟期的公共型理财模式*

古语云：盛极而衰。20 世纪 70 年代，西方国家经济持续高速增长的势头发生逆转，疲态尽显，出现所谓“滞胀”，即经济增长停滞与通货膨胀同步发生，这是历史上前所未有的。因为福利过度抑制了经济活力，销蚀了经济增长的可持续性基础。OPEC（石油输出国组织）发动的石油禁运成为引发经济危机的导火线。经济危机导致经济大萧条，失业率猛增，人民购买力急降。它还引发了财政危机：税源流失，人们抗税成风。在增税几无可能情况下，财政赤字像滚雪球般越滚越大，国家财政风险遽然加大。这些不利因素相互交错叠加，人们对政府怨声载道，政府遭遇了信任危机或合法性危机。总之，这是一场具有历史分水岭意义的经济危机。

如果说 30 年代的大萧条是自由放任的市场经济体制下市场失灵导致的矛盾总爆发，由此有了政府开始大规模干预经济、社会生活的肇始，那么现在这场危机却又表明政府也会失灵，政府干预经济、社会进程不一定是正确的。公共型理财模式由此进入它的成熟期。成熟意味着人们对政府与市场的关系的认识更加全面、客观和理性，不再是一面倒的支持政府干预或是市场自由，因为政府与市场都是现代（混合）经济体制中两种基础性资源配置机制，它们居于光谱的左右两端。成熟的公共财政政策应走中庸之道，相机采用政府或市场的方式，或综合运用之。

这是超越传统左与右的全新思维，当代英国思想家吉登斯的第三条道路理论、美国公共行政学家林德布洛姆关于政府与市场关系理论就是这种思维的集中体现。

成熟期的公共型理财模式相较发展期的公共型理财模式，其调整和发展主要体现在以下方面：

一是调整政府与市场、政府与社会边界。其总的趋势是弱化政府对经济社会干预力度，弱化政府经济职能与社会职能，实质是削减政府责任，强化个人责任，为不堪重负的财政减负卸载，如国企民营化和放松管制，提升经济发展活力。

二是转变政府职能行使方式。认为公共产品和服务的提供与生产是两回事。政府虽有提供公共产品与服务之责，但不必自己生产，它可以采用购买服务或服务外包方式，委托企业或第三部门来生产，这样更节省、更有效率，并且能针对不同顾客提供更有针对性和人性化的服务，从而提升品质，改进绩效。

三是在政府内部管理中推行重塑（Re-inventing Government）与重理（Re-engineering Government）运动。主张引入企业管理的精神与技术重塑公共行政，如从划桨到掌舵、从服务到授权、从垄断到竞争、从投入到效果、从官僚到顾客、从集权到分权等十大原则，再造政府内部管理流程，推行执行局改革，最终提升行政效能，改进服务水平。

四是社会保障与医疗保障改革。目标是通过引入市场竞争机制，削减财政支出，降低成本，提高效率；增加顾客选择权，改进服务品质；激励人们勤奋工作，促进家庭和社会和谐。

始于20世纪70年代末的西方政府理财模式改革基本上是围绕上述四个方面进行的。21世纪以来，上述改革趋势还在深化和拓展。虽然2007年源于美国次贷危机的全球金融危机暂时打乱了这一步伐，但其基本特征和发展趋势未发生根本转变。

表 0.1 各类政府理财模式的比较简表

| 类型 | 经济制度 | 职能目标 | 施政重点 | 理论基础 | 支出重点 | 存续时期 |
|---|---|---|---|---|---|---|
| 维持型理财模式 | 自然经济和自由放任市场经济体制 | 维持政府运转即最基本公共服务 | 维持政权稳定 | 黄老思想古典财政理论 | 行政管理与军事支出 | 古代～近代 |
| 建设型理财模式 | 计划经济体制或转轨经济体制 | 推动国家尽快实现工业化与现代化 | 经济建设 | 计划财政理论赶超战略① | 生产领域 | 当代 |
| 公共型理财模式 | 较成熟的市场经济体制 | 弥补市场失灵 | 充分就业、社会公平、经济稳定 | 凯恩斯主义公共财政理论 | 社会福利支出，公共工程、国有化 | 近代～当代 |

## 第三节 研究框架与研究方法

### 一、框架思路

本书以“政府理财模式公共化拓展”为主线，按照“提出问题→理论分析→现实分析→对策研究”即“What→Why→How”这

① 赶超战略是特指后发国家采取扭曲产品和要素价格的办法和以计划制度替代市场机制的制度安排，提高国家动员资源的能力，突破资金稀缺的比较劣势对资金密集型产业发展的制约，使资金密集型产业能够在极低的起点上得到发展并在短期内实现飞跃，进而使产业结构达到先行发达国家水平的发展战略。选择这种发展战略的有两类国家，一是以苏联和中国为代表的社会主义国家；二是以印度、阿根廷为代表的亚洲和中南美洲发展中国家。这些国家实行重工业优先增长和进口替代战略，大力提高国家动员资源的能力，政府用行政手段集中资本投入到资本密集型产业，目的是使本国的产业结构能在较短时期就达到发达国家水平。赶超战略在实践中有成有败，即使成功，其过程也步履维艰，代价高昂。引自 http://philosophy.cass.cn/facu/linxia/xincidian/g－j.htm.

一逻辑思路来展开。根据此思路，全书除绪论和结论外，共分五章，具体结构如下：

绪论。首先，论述本书的研究价值。本书认为政府理财模式公共化拓展这一选题在理论上具有拓展行政学研究领域，深化政府理财研究的意义，在实践上有助于增进人民福祉，建设和谐社会；促进职能调整，理顺府际关系；提升行政效能，指导财政实践；增强执政能力，巩固执政基础的作用。其次，对相关研究进展进行述评。经过文献检索，笔者发现国内相关研究成果较为丰富，但尚未有以政府理财模式公共化为选题的研究成果，故以此为选题的研究尚待开拓和深化。再次，对研究对象的界定，包括对政府理财、政府理财模式的含义、内容、特征、类型等进行分析，为全书的研究确定概念基础。最后，对本书的研究思路和研究方法进行介绍。

第一章。政府理财模式公共化拓展的理论基础。本章从多学科为政府理财模式公共化拓展寻求理论支持。如社会主义民主理论为政府理财模式公共化提供了目标原则、宪政框架和运行机制等方面的理论支持，新公共行政理论则唤起了人们对公共行政的价值追求即民主、参与、法治等公共行政的精神，而治理理论则为政府理财模式公共化提供了组织平台与行动策略。公共产品论及财政联邦制理论为政府履行其公共职能以及这些职能在各级政府间的划分提供了直观的理论支撑与操作指南，当然，政府间职能划分不仅仅是以效率为单一考量，需权衡更多的政治、行政、历史等因素，因而府际关系理论可为此提供更广阔的视野与更现实的思路。

第二章。政府理财模式公共化的历程回顾。本章对我国改革开放以来政府理财模式的公共化改革，包括政府治理模式、政府资金筹集模式、政府资金运用模式及政府间资金配置模式的改革进行粗线条式的梳理、回顾，为其后的现状分析及目标模式设计提供历史背景与参照。

第三章。政府理财模式公共化拓展的国际借鉴。本章主要是根据政府理财模式的基本框架，分别考察和介绍世界各国，特别是已完成政府理财模式公共化或已建立起公共型理财模式的发达国家在政府治理模式、政府资金筹集模式、政府资金运用模式以及政府间资金配置模式的一般特征，为评估我国政府理财模式公共化的现状与问题树立现实参照，为我国政府理财模式公共化改革提供经验借鉴。

第四章。中国政府理财模式公共化拓展的现状分析。本章介绍了改革开放以来我国政府理财公共化主要成就，分析了政府理财模式在政府治理、政府资金筹集、政府资金运用及政府间资金配置等方面的主要问题，并指出这些问题的根源在于理论认知不足和路径依赖等。

第五章和第六章。中国政府理财模式公共化拓展的目标模式及其进路。这两章在前面各章分析研究基础上，以相关理论和国际经验为蓝本，结合我国国情，对症下药，提出建设公共型理财模式的总体目标、指导思想与基本原则以及实施步骤。根据公共型理财模式的理论框架，提出政府理财模式公共化拓展的主要措施：在政府治理模式方面，应树立新型理财理念，进行政治、行政与部门层面治理结构改革，理顺政府各类职能关系，构建良好的公民偏好显示机制；在政府资金筹集与运用方面，改革税制和非税收入管理，完善预算决策、执行、监督制度与机制，实现政府收支公共化、规范化；在政府间资金配置方面，先行完善政府层级制度，以为政府间职能与支出责任划分及财力匹配奠定制度框架。各级政府间收支划分明确后，对那些为履行职责“入不敷出”的地方政府进行资金补助，以实现财政平衡，如通过财政转移支付和发行地方公债，最终实现财力与其职责的匹配一致。

结论。对全书进行总结。

本书各章内容及其逻辑结构如图 0.2 所示：

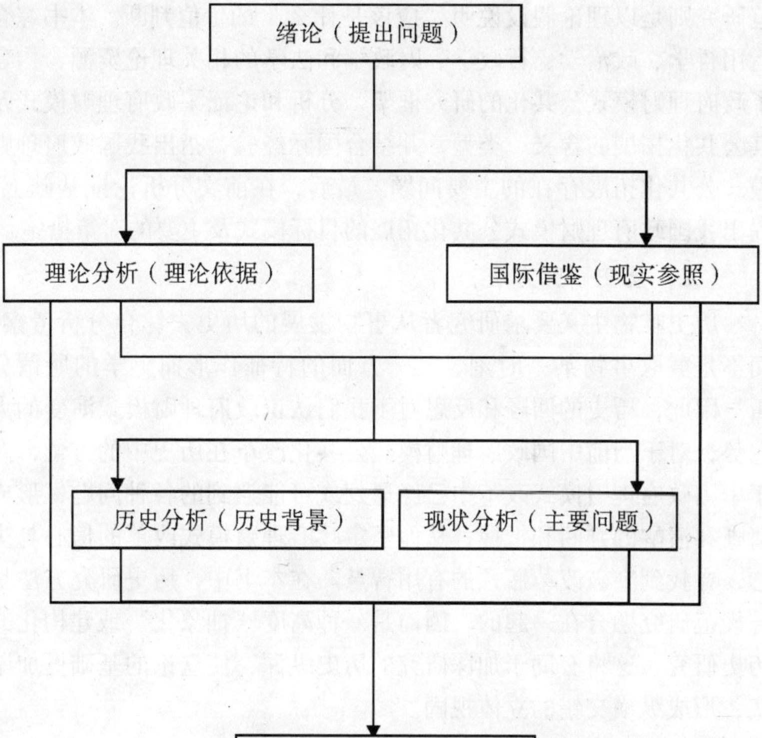


**图 0.2　政府理财模式公共化拓展研究逻辑结构**

## 二、研究方法

### （一）规范研究方法

规范研究方法是基于一定的前提假设和理论立场，通过理性判断和逻辑推理，逐步展开分析并形成新的理论体系的研究方法。[①] 如果说实证研究是以经验材料证明“是什么”的事实判断的话，规

① 谢庆奎主编：《当代中国政府与政治》，高等教育出版社 2003 年版，第 31 页。

范研究则是以理论假设说明“应该是什么”的价值判断。本书综合运用哲学、政治学、行政学、财政学和法学的相关理论资源，构建了政府理财模式公共化的研究框架，分析和论证了政府理财模式及其公共化拓展的含义、类型，并结合国际经验，指出我国政府理财模式公共化拓展存在的主要问题。最后，在前文分析论证基础上，提出我国政府理财模式公共化拓展的目标模式及主要的对策措施。

**（二）历史研究方法**

历史唯物主义要求研究者从事物发展的历史去综合分析考察，而不是截取事物某一时刻、某一方面的特征作形而上学的所谓分析。因此，历史的回顾和反思对于我们认识政府理财模式演变的大趋势，对于当前中国政府理财模式公共化改革在历史中的方位，对于中国政府理财模式改革中已经遇到或可能遇到的各种问题，形成清晰和清醒的判断和把握，从而坚定政府理财模式改革的信心与决心，寻找到突破改革瓶颈的有用智慧。在本书中，历史研究方法是与规范研究融合在一起的，因而是一种高度“抽象化”或建构化的历史研究。这将有助于加深研究的历史纵深，使立论的基础更加厚实，形成纵横交错的立体视阈。

**（三）比较研究方法**

马克思曾指出：“极为相似的事情，但在不同的历史环境中出现就引起了完全不同的结果。如果把这些发展过程中的每一个都分别加以研究，然后再把它们加以比较，我们就会找到理解这种现象的钥匙。”① 如果说历史研究方法是一种纵向回溯研究的话，比较研究方法则是一种横向对比的研究方法。政治学科的开山之作，古希腊思想家亚里士多德所著《政治学》就是比较研究方法的典范，它是在对古希腊各城邦的比较研究基础上得出其结论的。比较研究与历史研究方法相反，它从横向对比中探寻政府理财模式公共化的共同规律，同时将中国政府理财模式置于全球的广阔视阈予以检

---

① 《马克思恩格斯全集》（第2卷），人民出版社1957年版，第163页。

视，找到中国政府理财模式改革的坐标，从而为考察评估我国政府理财模式公共化的实际状态、主要问题与努力方向提供现实的参照系，其中的一些经验可以成为我国政府理财模式改革的有益借鉴。

**（四）实证研究方法**

实证是从基本逻辑和经验证据两方面进行检验，因而构成规范研究的有力支撑。数学模型、案例和经验数据等是常用的实证研究方法。在实务工作中，政府理财最关键的是要拿数据说话。为更全面地分析和把握问题及其实质，本书相关研究中，如对国际经验借鉴，对我国政府理财模式公共化的历史与现状分析等，都大量引用了权威机构和专家学者发布的相关统计数据，特别是国家社会科学基金重大课题“中国行政管理体制现状调查与改革研究”课题组 2007 年、2008 年两次全国性抽样调查的统计分析数据，为各章节论点的论证提供有说服力的数据支持，为全书提供较充实的实证基础。

## 三、主要创新

**（一）提出政府理财模式公共化（拓展）命题，为政府理财研究强化公共性的价值关怀**

公共性乃政府管理包括政府理财的最根本和最核心的价值追求，离开了公共性，政府理财必然失去方向和灵魂。政府理财模式的公共性缺位正是诸多现实矛盾的理论根源。

目前财政学路径主导下的政府理财研究重效率轻公平，技术关注有余而价值关怀不足。这种偏颇在实践中的不良后果就是，政府理财模式改革将埋头于技术层面，对其公共性或公共化有意无意地回避与漠视。这种没有灵魂的改革缺乏公共议程应有的道义支点，因而无法形成广泛的共识。而共识是任何一项改革，尤其是全社会性改革顺利推进并最终成功的前提。换言之，失去公共性关怀的政府理财改革注定无法唤起人民群众的广泛支持，因而注定无法走远，终将因陷于某种困局而有始无终。科学研究首要的是提出问题。爱因斯坦曾说：“提出一个问题往往比解决问题更重要，因为解决一个问题也许仅是一个数学上的或实验上的技能而已，而提出新的问题，新的可能性，从新的角度去看旧的问题，却需要有创造性的想象力，而且标志着科学的真正进步。”从理论上对政府理财模式公共化（拓展）这一紧迫而现实的问题作出回应，本身就具有理论创新的价值。在此基础上，对该问题进行理论分析，如界定研究对象、梳理理论基础、进行纵向梳理与横向比较、对中国政府理财模式的现状分析及其政策建议，落实现实关怀。

本书试图针对政府理财研究中公共性关注不足的现状，赋予政府理财研究以应有的公共性关怀，还原政府理财改革所应具有的价值导向，为实践提供伦理支撑。

**（二）引入行政生态理念，拓展政府理财研究视野**

目前国内政府理财研究缺乏行政生态观，囿于学科特征，鲜少注意体制性因素或环境因素，体现出“只见树木，不见森林”的局限性。事实上，政府理财模式受到行政系统和政治、经济、文化、社会、技术、国际等系统的实质性影响。用不甚精确的表述，行政生态构成了政府理财模式改革的直接约束，结合我国国情，兹举其要者于下：

第一，人大制度是政府理财模式的宪政基础。在我国，人大制度从制度上保障了公民偏好显示的实现，为财政民主奠定了坚实的宪政基础，为政府理财模式的公共性及其公共化拓展提供了制度资源与组织平台。但由于我国社会主义民主还有很多不完善、不完备之处，这就决定了我国政府理财模式公共化拓展还任重道远。如人大代表的非职业化，导致其缺乏足够的动力与压力听取社情民意，代表选民利益发声，从而造成其利益表达和利益综合乃至利益实现的政治功能失灵，从政府理财的角度来看就是公共决策（它们最终体现为财政预算案或财政支出）并不能完全准确、全面地反映公民偏好，导致政府所提供的公共产品与服务有可能数量不足，内容与结构上可能不是公民所需要的，或者其品质不能让公民满意，也不能很好地及时地改进，从而降低了政府理财的绩效水准。

第二，政党制度对政府理财模式构成直接影响。作为执政党，中国共产党的纲领、路线、方针、政策比如党从以阶级斗争为纲到以经济建设为中心，科学发展观与和谐社会理念的提出等等，对政府理财模式的目标、制度、运行等构成直接影响。

第三，政府职能改革与政府理财模式的直接关联。政府理财模式的公共化拓展必须以政府职能的调整为前提，而政府职能本质上即政府与市场、政府与社会的关系问题。改革开放以来，我国政府职能调整取得了历史性的进展。但政府与市场、政府与社会的关系至今未能完全理顺。这直接反映在财政支出结构上，就是经济建设支出居高不下，社会、民生支出不足。此外，人事制度、政府（财政）层级制度、干部考核机制、行政文化等行政生态诸要素都对政府理财模式，包括政府理财的目标、使命、职能设定、运行机制、运行效率等都构成直接、间接的影响。因此，脱离具体行政生态来研究政府理财甚至据此设计改革方案，其针对性和可操作性是大可怀疑的。

因此，本书所倡导的行政生态观有助于更全面、准确地分析、定义我国政府理财的真实情况，为相关研究拓展更广阔的视野。

**（三）提出政府理财模式公共化的研究框架及其实践标准**

首先，提出政府理财模式公共化的研究框架。本书认为，政府理财模式公共化的研究框架应包括研究对象的界定、理论支撑、历史脉络、国际比较、现状分析、目标模式及进路等内容。

其次，概括政府理财模式的内容结构，即包含政府治理模式、政府资金筹集模式、政府资金运用模式、政府间资金配置模式在内的完整体系，其要求应该是分权制衡、精简顺畅。

再次，总结政府理财模式公共化（公共型理财模式）的运行机制，即民主、公开、科学的决策机制，刚性、高效的执行机制和独立、全面的监督机制。

最后，提炼出政府理财模式公共化的实践标准，它其实也是政府理财模式公共化的目标模式及其进路，如政府治理模式应增强公民偏好显示度，真正实现为人民理财；政府资金筹集与运用模式应实现公共化与规范化；政府间资金配置模式应追求公共服务均等化（财力均等化）。

# 第一章　政府理财模式公共化拓展的理论分析

## 第一节　公共性与政府理财模式

### 一、公共性的含义

公共性是一个与公民社会（市民社会）（civil society）紧密相连的概念，也是与私人性（privateness）、个人性（individuality）、私密性（privacy）等相对的概念。它强调某种事物与公众、共同体（集体）相关联的一些性质。①

#### （一）公共性的历史起源

公共性是一个历史的范畴。现代意义上的公共性产生于西欧中世纪末期和近代早期，它与市民社会的形成密不可分，具有时间上的同步性。商人、从事与商业活动相关职业的人们、手工业者、运输业从业者等人构成了最初的市民（阶级）。市民工作、生活在市镇里，而他们的前身大多数是奴隶和农奴（serf or villein）。按照西欧中世纪习惯法，某人只要在市镇（城市）居留一年零一天，即成为市民，有些地方只要 101 天。而在低地国家，有时只要 40 天即

---

① 谢安奎编：《公共性二十讲》，天津人民出版社 2008 年版，第 1 页，括号中的英文为本书作者所加。

可以算数。[①] 每个市镇通过向国王或诸侯交纳一笔赎金（买断）而获得封建诸侯的特许状（charter），从而拥有豁免权（immunity），封建法律因而只行于乡间，市镇之内概不适用，各诸侯不能直接向市民抽税。即使情势需要，封建诸侯向各市镇有所需求时，也要以磋商及自动捐助的名义办理。市民（burgher）相互之间都是自由、平等的，也没有“国王”来统治他们，于是实行自治，自行立法，选举公共团体对市镇的市场秩序及公共事务进行治理。因而逐渐形成了自治的市镇（城市）政府，并最终发展成为城市共和国。这些城市共和国的基本特征是执政官民选，实行任期制，有的城市建立了公民大会、议事会和执政官的三级代表制。到12世纪末，意大利北部各主要城市普遍采用了这种共和自治的政府形式。到14世纪，英格兰的城市也陆续取得了由市民选举市长和市政官的特权。

**（二）公共性意味着特定的公共空间**

亚里士多德在《政治学》开篇就指出，“一切社会团体的建立，其目的总是为了完成某些善业。……所求善业……至高而广涵的社会团体就是所谓‘城邦’，即政治社团（城市社团）”。[②] 因此，从空间上讲，所谓公共性就是人们的城邦。亚里士多德指出，人类在本性上是一个政治动物。因此，就城邦与个人关系而言，城邦先于个人和家庭。那些由于本性或偶然而不归于任何城邦的人，他要么是神，要么是兽，是自然的弃物。[③] 如果说城邦是古希腊人安身立命，从而获得人的社会意义的依托的话，市镇亦为中世纪的市民们的全部生活意义的空间。离开市镇，他们虽不至于为兽，却也只能回到封建庄园里终生为奴，没有任何其他出路。城市让市民与封建庄园隔离开来，他们不必再像从前或先辈那样，在庄园里终生为奴，受领主奴役统治。因为在市镇这些或大或小的独立王国里，没

---

① ［美］黄仁宇著：《资本主义与二十一世纪》，生活·读书·新知三联书店1997年版，第97页。

② ［希腊］亚里士多德著：《政治学》，商务印书馆1996年版，第3页。

③ ［希腊］亚里士多德著：《政治学》，商务印书馆1996年版，第7~9页。

有国王，没有领主来呵斥、统治他们。他们是获得了人身解放的自由人，人人平等。对于市民来说，城镇就是他们的祖国，他们的庇护所。

总之，在中世纪的西欧，公共性是有着特定地理与法律空间限定的，是指那些从封建领主那里赎买到了自治特权（即不受领主直接统治）的一个个市镇或城市。从公共经济学视角观之，公共性的这种空间特征，从理论上就表现为从俱乐部（如市民们最初组织的行会等）到市镇、城市共和国、民族国家、邦联、国际联盟甚至全球社会这样一个排他性逐步降低，而公共性逐步提高的公共团体。

**（三）公共性的本质是公共利益**

公共性是指群体生活中的人①追求一种良善生活的价值追求，其根本目的是为维持人类社会作为一个共同体的存在和发展，本质上是一种公共利益，因此，公共性其实是在人类社会共同体中的理念、制度、组织和行为中所体现出来的对公共利益的关照。这是因为，公共性是一种价值，而所谓价值是指主体和客体之间一种特定的关系，即客体以自身属性满足主体需要或主体需要被客体满足的效益关系。

在价值判断中，主体和中心都是人。人是万物的尺度，当然也是价值判断的尺度，必须用人的眼光去评价某种事物或客体对自身的意义，评价其好坏、善恶、利弊、美丑等价值。因此，价值最终是要以利益为导向的。于是，作为一种公共利益，公共性既要强调社会财富的共同生产和创造，更要强调这种共同生产和创造出来的财富能在全体成员之间得到合理分享，从而形成一个团结稳定的利益共同体，形成共同体意识，这种共同体意识在社区表现为社区文化，在国家与民族层面则表现为国家认同与民族精神。公共利益是公共性的起点和归宿。但接踵而至的问题是，我们必须对公共利益与私人利益或公民权利的区别与边界作出明确的宣示与定义。公共

① 即亚里士多德所说的“人是天生的政治动物”意义上的人，也就是社会生活的人。

利益不能成为侵犯公民权利的借口，更不能以所谓集体利益牺牲个人或少数人的合法合理的利益，公共利益应该是对个人利益的保护，并且是经过公众民主讨论和认可的。因此，公共性与个体性有相对立的一面，但在本质上又是一致的，公共性最终是为社会的个人谋福利的，它的存在体现了社会公众的共同利益，体现了各种社会资源的公平分配。①

公共性反映的是政府与公民的关系问题。以公民角度观之，公共性取决于公民的权利和责任范围的历史演变。从历史的原点观察，公共性源于人的群体性和人的平等性，人的群体性即人类作为一种群居动物的本性构成了公共性的基础，而人的解放程度即平等的程度则决定了公共性的范围与质量，进入阶级社会以后，这个解放的过程也就是政府祛除其非公共性或曰私人性与集团性（也即阶级性）的过程。因此，公共性是历史的范畴，是历史的、动态的、发展的，是不断扩展和丰富的历史过程。随着福利国家的兴起，人类社会的公共性急剧扩大，从政治权利到经济权利再到社会权利，都逐渐被赋予了全体公民，政府为其国民提供了从摇篮到坟墓的全方位服务与保障，与此同时，政府的民主化程度也与时俱进的发展，意味着公民对公共生活的参与和卷入也越来越深了。当然，公民也相应承担了对称的义务与责任，如税收、参与、报告等。

再以政府视角观之，公共性还意味着政府的责任与权力，在现代社会，政府对其公民的承诺或责任急剧扩张，如提供越来越多、越来越全面的服务，“福利国家”就是这种责任扩大的典型表现。与此同时，所谓责任就是权力。政府被赋予越来越多、越来越全面的权力，“行政国家”就是政府权力无所不在的生动概括。因此，政府对公民生活的干预在急剧扩大和深化，因而对公共领域形成挤压，人作为个体，其私人性（privateness）、个人性（individuality）、私密性（privacy）逐渐被国家“利维坦”所侵蚀，人们产生了普

---

① 杨昀：《公共性的哲学反思——我国现阶段的公共性问题及其解决》，硕士学位论文，安徽师范大学，2007年。

遍的无力感，被视为国家机器中没有个性的零件。这是西方国家后现代主义兴起的社会根源。

## 二、公共性的主体

表面上看，公共性的主体就是公众。其实不然，所谓公共性，其实立基于平等的公民身份。公共性之所以产生，是因为市民们之间都拥有平等自由的市民身份或资格。他们获得了人身解放，市镇又实行自治。由此才有了市民们的所谓公共性，即为了公共利益而平等参与管理市镇的公共事务。因此，公共性是相对的，只向特定的地理空间和公民身份的人群开放，就内部来说，该空间内所有具有公民身份的人都是平等的，而对外则具有程度不等的排他性。

首先，人群复杂性。一方面，公共性具有普遍性，是所有人的公共性。所谓公共性，就其原初意义来说，是所有具有某种身份资格的人都能平等享有权利和承担义务。在中世纪的市镇，无论你是富商巨贾还是贩夫走卒，都享有平等参与市镇公共事务管理的权利和义务。这种普遍性还表现为现代国家里所有公民在法律面前一律平等，享有起点、过程和结果的公平。另一方面，公共性具有特定性，是相对于特定人群的公共性。从利益的角度，就是特殊人群的公共利益，表现为某个城市、地区或国家的公共性。就是说，在某个特定时期和空间内，公共性被设定了准入资格。那些不具有所要求身份资格的人，即使他（她）常年生活在某个城镇，为这个城镇作出了贡献并热爱这个城镇，但他（她）仍然没有权利真正成为其中一员。比如古希腊城邦的外邦人、奴隶，中世纪市镇外的农奴，现代国家中的外国人，甚至如南非种族隔离制度下的黑人，都被排斥于某种公共性之外，其公共生活和公共福利仅限于其公民，其他人没有资格参与其事，分享其利。

其次，时代进步性。不同历史阶段分享公共性的人群是不同的，其趋势是越来越开放。从人类的历史来考察，无论哪种社会形态，原始社会、奴隶社会、封建社会、资本主义社会还是社会主义社会，政府都具有起码的公共性。但在私有社会，公共性往往被非公共性，如阶级性、阶层性、集团性、行业性和团体性等人群特征所遮蔽，甚至表现为某一历史时期的突出特征，造成人们以其非公共性如阶级性为主导特征的假象。在脱离原始社会进入所谓文明社会后，人类在相当长时期内，其公共性的人群范围是非常狭窄的。比如公民身份，古希腊公民只限于贵族与极少数的自由民，奴隶与外邦人不在其中，因此古希腊城邦的所谓公共生活是与这些人不相干的，它是极少数人的公共性。古罗马的情况与此类似。在近代，欧美各国对选民的选举权最初也附加了财产、身份、种族、性别等限制，因此公共性是不充分的。随着人类的进步和发展（其实是通过人们的斗争），这些限制逐渐被取消了，大多数国家实现了普选权，联合国还通过了《经济社会权利公约》等人权文件，这些文明进步将公共性逐渐扩展到全人类，比如一些发达国家对外国人也开放其享有部分福利。

第三，地缘差异性。不同国别的人们所享有的公共性也是不同的。因为发展水平和阶段不一，不同国别的人们所理解和享受的公共性彼此相差悬殊。这既与一国的经济发展水平和财政实力有关，也与该国政府能力和民主化进程息息相关，甚至还与该国的意识形态与文化传统相关。一方面，大体来说，发达国家的公共性比发展中国家要广泛和丰富，因为发达国家有高度的物质财富尤其是财政实力为基础，为其公民提供较全面的高质量公共产品与服务，故其公共性范围更广泛，同时，其民主化程度一般较高，因而国民所能享受到的社会福利也较多，其公民权利也能得到较好的保障。另一方面，在同一类型的国家之间，其政府的公共性也是不同的。比如，同为发达国家，美国崇尚市场自由主义，其社会保障体系没有西欧尤其是北欧国家那么全面。因此，美国公民的一些社会福利指标如人均寿命等要低于西欧国家。发达国家社会福利保障全面性程度是北欧最高，美国最低，即北欧 > 西欧 > 日本 > 美国。同样，同为发展中国家，印度与新加坡的公共性无论在范围、方式、构成、特点等方面都有着巨大的差异。

总之，公共性的准入门槛及其程度是考察某种社会结构，包括政府理财模式的公共性有无及其广泛性程度的标志。换言之，政府财政职能或支出的惠泽对象的多寡、是否公平均等是衡量理财公共性（化）程度的客观指标。如果某项公共服务仅限于少数人享有（但其成本却是全民买单，而不是使用者付费），我们就认为它的公共性不充分。比如，过去有一段时间，我国医保体系只覆盖城市居民，甚至只是城市居民的一部分，但维持该体系的财政资源却是全体纳税人支付的。再如城市诸多公共福利、公共服务只向具有城市户口的居民开放，而长年生活在该城市并纳税的流动人口（如农民工）却无权享受这些服务和福利等，这些都是不符合公共性原则的。

## 三、公共性的政治含义

公共性的产生与私人性相反相成，互为依存，不可或缺。就本书主旨所关注的焦点、我国悠久的大国家本位主义传统和我国政府理财模式公共化的现实问题而言，需要特别指出的是，公共性不能损害私人性。从原初意义考察，中世纪晚期的市镇是独立于封建庄园体系的独立王国。市民们都是平等的自由民。公共性的原初意义在于，在政府产生（即社会契约）之前，人们是相互独立的，没有从属与依附关系，是独立的市场主体。人人都拥有同等的政治权利与人格权利，拥有独立的意志和利益。大体类似启蒙思想家们所设想的社会契约模型，为追求公共利益——共同的私人利益，市民们通过平等讨论、协商，达成某种共识，建立公共治理的组织（亚氏所说的“政治团体”），如市政官、收税官，并规定其权力、责任、任期等，市镇自治政府逐渐成形，并不断发展完善，最终形成城市共和国。从制度变迁及其路径依赖的意义上说，西方近代民族国家基本上是这些城市共和国的“放大加强版”。政府从此具备了公共性代表的身份，政府的规模及其强弱与公共性成正比。公共性是政府的目的及其行为标准。因此，政府不能损害私人性，包括私人的空间、私人的经济活动和私人的利益，也不能损害市场经济原则。其职能就是保护私人产权，完成私人（市场）无法完成的事务，即所谓提供公共产品，弥补市场失灵。这就是为什么公共型理财模式是为市场提供公共服务的理财模式的根本原因。

公共性对政府治理的含义。公共性要求构建民主高效的政府治理结构。这要求在政治层面上要确立立法主导和府际关系平衡，构建充分的公民偏好显示机制，使得政府始终能代表人民并受人民控制；在行政层面上分权制衡，高效精简；在部门层面上监督严密，理财有方。公共性要求政府的回应性，政府是公共性的化身，本身就是因应公共需要而生的。因此，政府必须回应公民诉求，提供质优、价廉、及时的公共服务；这要求政府理财在结果上的绩效性，降低成本，提高效率、效益、效果；它还要求政府理财在过程中的参与、透明、规范、稳定和可审查。“公共性只能在理性的争论与讨论中得到具体体现。在公共领域中，人们表达着自己的特殊性，但他们也能从事公共利益的创造并能达到某些共识”。[①] 政府理财的透明性、参与性是其公共性的保障；不仅如此，公共性还要求政府及其工作人员应具备公共伦理精神。“假如一个公共组织不能表明其公共性，那么它就违背了它所应达到的道德标准。以国家为例，国家应促进所有公民的共同利益，假如它只是寻求某些特殊群体甚至政府官员自己的利益，那么它的公共性就受到侵蚀。”[②] 如果说民主、公正、法治、公开、公平是政府施政或理财的准则，廉洁、奉公、守法、敬业、爱国则是对政府工作人员的道德要求，这些都是政府公共性的具体要求与体现。

---

① 詹世友著：《公义与公器——正义论视域中的公共伦理学》，人民出版社2006年版，第78页。

② 詹世友著：《公义与公器——正义论视域中的公共伦理学》，人民出版社2006年版，第78页。

## 四、政府理财模式的公共性或公共型理财模式的基本特征

根据上述理论分析以及发达国家建设公共型理财模式的经验，我们认为政府理财模式的公共性体现为以下六个方面，具备公共性特征的政府理财模式就是公共型理财模式，其一般特征为：

### （一）民主性

民主性是公共型理财模式的首要特征，它主要涉及公民偏好显示问题。民主性具有三个含义。第一，在目标上，政府理财以满足公共需要为归依。反映在政府职能及其支出结构上就是要以公共服务（支出）为主。与此同时，既要尊重多数意见，也要保护少数权益，防止多数的暴政出现。第二，在理财决策中应采取民主的方式。即通过民主投票等方式决定政府收支规模、结构、投向以充分满足公共需要，并实现政府理财的民主管理、民主监督。第三，实行分权制衡。民主性要求立法与行政间，行政中财政决策、执行、监督机构间，中央与地方间以及政府与公民（社会）间的分权制衡，形成分工合作、相互监督制衡的格局。如以财政联邦主义原则划分中央与地方职能支出责任及其财力匹配，落实政府信息公开等。

### （二）绩效性

绩效性有三组考察指标：合法性、公开性和有效性。合法性是指政府行为本身是否符合国家法律法规的规定，是否存在渎职、失职和越权行为，即缺位、越位问题等；公开性是指政府行为的透明度，包括政府是否及时向公民报告其公共责任履行情况，公开的信息是否全面、完整、准确，公民能否方便、充分地参与财政决策监督及评估过程等；有效性是指政府履行职能过程中财政资源利用管理中的经济性、效率性和效果性。经济性是财政成本问题，即是否以最低成本获得特定水平的投入。效率性是否以最小投入获得特定产出，或以既定投入获得最大产出。效果性意味着产出的质量、产

量等达到预期目标或社会效果。绩效性要求政府理财围绕上述三组指标，为确保实现政府各项职能，履行其公共受托责任，通过在政府治理模式、政府资金筹集模式、政府资金运用模式及政府间资金配置模式的诸方面的制度创新与方法改进，提高整体财政绩效。

**（三）非营利性**

政府理财不以营利为目的，不与民争利，这是政府理财与私人理财的根本区别之一，也是公共型理财模式与建设型理财模式的根本区别之一。政府理财之所以应坚持非营利性原则，是因为：第一，作为社会管理者的政府拥有相应的政治权力。如果政府直接进入市场参与竞争，它将很自然地动用政治权力去实现追逐利润的愿望，从而干扰市场正常运行。第二，一旦政府出于营利目的而作为竞争者进入市场，市场与政府的分工原则将被打乱。结果，政府活动偏离公共性轨道，财政资金因用于谋利项目而导致用于公共需要的资金短缺；第三，只要政府活动进入竞争性领域，政府就免不了对各个经济行为主体的差别待遇。这样，着眼于满足公共需要的财政活动会因厚此薄彼而违背市场正常和正当竞争的公平性，甚至给市场经济的有序发展造成障碍。[①] 因此，非营利性特征要求政府投资和国有企业应该按照公共经济学理论，将其职能定位于弥补市场失灵的公共企业，其投向应该是非竞争性领域，不能破坏市场的公平竞争环境。从总体上而言，非营利性应包括两方面的含义：第一，国有经济规模的合理度问题，这体现在国有经济占 GDP 的比重、国有经济固定资产投资占全社会固定资产投资的比重和国有银行对国有企业贷款的规模等指标上；第二，政府投资的非营利性问题，体现为预算内和预算外生产性投资及补贴总额、国企利润和税收占国家财政收入的比重和国有自然垄断企业赢利水平等指标。[②]

---

① 高培勇：《市场经济体制与公共财政框架》，载《税务研究》2000 年第 3 期。

② 高培勇主编：《为中国公共财政建设勾画“路线图”》，中国财政经济出版社 2007 年版，第 108～109 页。

**（四）公平性**

公平性主要涉及社会公平问题，即社会成员间的贫富分布状态及差距问题。公平性之所以是公共型理财模式的重要特征，在应然性上讲，是因为政府的目的是为每个人的自由和全面发展提供起点、过程和结果的公平机会与环境。从实然性来说，是因为市场和政府各自的优劣势所决定的。一方面，由于私人能力禀赋、资本收入甚至出身（遗产和赠与）等差异决定了市场分配不公不可避免，并且市场自身难以克服；另一方面，政府却有能力通过统一、系统和长期的制度与政策，运用公权力强制性力量，进行收入再分配，从而达到缩小贫富差距的目标。因此，“效率经由市场，公平通过政府”，政府是社会公平的保障。一般来说，政府是通过以下途径进行收入再分配的：一是税收调节途径，即通过宏观税负、税制结构、税种设置和各税种的税基以及税率调整；① 二是国债途径，即限定条件下的国债发行；② 三是财政支出途径，即转移支付、社会保障、公共教育、负所得税以及税式支出等。③ 此外，价格补贴、扶贫开发等也具有收入再分配的功能。

**（五）公益性**

“公益”即“公共利益”的缩写。本书所称公益性是指符合《中华人民共和国公益事业捐赠法》所称公益事业的特征。该法所称公益事业是指非营利的下列事项：①救助灾害、救济贫困、扶助残疾人等困难的社会群体和个人的活动；②教育、科学、文化、卫生、体育事业；③环境保护、社会公共设施建设；④促进社会发展和进步的其他社会公共和福利事业。以上四项基本上是属于公共产品的范畴，也是现代政府支出的主要内容。

---

① 吴云飞著：《我国个人收入分配税收调控研究》，复旦大学出版社2001年版。

② 赵兴罗著：《促进收入公平分配的财政制度研究》，经济科学出版社2009年版，第76~83页。

③ 赵兴罗著：《促进收入公平分配的财政制度研究》，经济科学出版社2009年版，第76~83页。

### （六）法治性

法治性是指政府理财模式的宗旨、目标、程序和结构、运行机制、约束与救济制度都要符合现代法治精神与原则理念，如公民权利本位观、财政立宪、财政法定和财政健全等原则。① 从动态角度而言，法治性要求政府理财从生财、聚财、用财、管财全过程都应实现有法可依、有法必依、违法必究、执法必严。第一，财政立法是否健全、完备。包括财政立法机构是否健全、专业，其成员素质和组织结构是否适应现代国家立法的要求，财政基本法律和具体部门法律是否健全，财政立法过程中公民参与度，或立法的民意代表性与科学性如何；第二，财政执法是否严格、公正。包括财政行为的合规与异化度，如预算是否得到严格执行，追加预算是否频繁普遍，预算超收是否普遍以及如何处理？财政机关的自由裁量的范围幅度，财政监督和问责的情况等等；第三，财政司法是否公正、有效。这主要是指财政行政复议。其内容包括纳税人即行政相对人的权利保障如听证制度是否健全，全国司法环境总体状况，地方保护主义对司法公正的影响程度，财政争议如省际关于财政收入与支出责任分配上的争议解决机制及其解决程度等。

## 第二节　政府理财模式公共化拓展的理论基础

### 一、社会主义民主理论

社会主义民主理论对政府理财模式公共化具有基础性指导意义。民主选举制度、人民代表大会制度、党的领导与政治协商制度、民族区域自治制度、基层民主制度及公务员制度等构成我国政

① 丁一：《科学发展观和中国财政法治建设》，载中国法学网，http://www.iolaw.org.cn/showarticle.asp? id=1434

府理财模式的宪政框架。从根本上讲，所谓政府理财模式公共化拓展，就是如何在政府理财过程中实现党的领导、人民当家做主与依法治国的有机统一。因此，政府理财模式公共化成为我国社会主义政治文明建设的重要内容，体现了社会主义政治管理与行政管理体系的自我完善。近年来，党和政府明确提出，要推进人民群众有序的政治参与，落实群众的知情权、参与权和监督权；推动决策科学化、民主化、规范化、透明化；推动权力制衡，以权力制约、监督权力，使权力始终运行在公共性轨道上；实行依法治国、政务公开，并积极创造条件让人民能够批评、监督政府等等，这些理念与实践推动了政府理财理念的更新，促进政府治理结构的民主化改革，推进了政府职能的公共化转型，有助于构建公平型税制，促使政府资金更多地向民生领域倾斜，构建社会安全网，促进基本公共服务均等化等。总之，社会主义民主理论及其实践为政府理财模式公共化拓展规定并提供了政治基础、宪政框架、法治路径和改革方向。

## 二、新公共行政理论

新公共行政学的观点源于20世纪60年代末与70年代初公众关于社会公平与人权的价值观，它放弃了传统行政理论的机械效率观，提出，公共行政追求的效率必须与社会公正的价值取向结合起来才有意义，主张社会正义和社会公平，认为实现社会正义和公平恰恰是公共行政的根本目的。① 简言之，公共行政应追求社会公平、代表性、响应性、参与和社会责任感。② 新公共行政学强调以“社会公平”为核心，鲜明亮出了价值行政论、公平行政论和民主行政

---

① ［美］乔治·弗雷德里克森著：《公共行政的精神》，中国人民大学出版社2003年版，第105页。

② ［美］康特妮，马克·霍哲，张梦中：《新公共行政：寻求社会公平与民主价值》，载《中国行政管理》，2001年第2期。

论的旗帜。[①] 新公共行政理论的公平观直接从当代著名政治哲学家罗尔斯的正义思想吸收了养分，并且从汉密尔顿、麦迪逊、托克维尔等先贤那里找到了理论渊源，还试图通过公共选择理论发展出了多中心治理的主张，以突破公共行政中的民主两难困境。[②] 相较于传统行政学，它认为公共行政不仅要以经济、有效的方式为社会提供高质量服务，而且更强调把社会公平作为公共行政所追求的目标和价值核心，将公平、效率作为现代公共行政的双引擎，推动现代公共行政的发展。新公共行政理论试图对只追求效率的传统官僚制进行彻底的超越，希图为当代人们找到一个在公平和效率之间实现鱼和熊掌兼得的理想公共行政理论与现实。

由于政府理财模式是政治与行政体制的连接轴，行政学的理论资源对政府理财模式有着很好的理论支持。新公共行政理论是对官僚制理论尤其是威尔逊—韦伯范式的批判和反思，指出了价值选择在公共行政中无时不有、无处不在的事实，并因此提出公共行政也不能自毁长城，放弃其价值追求。过去强调行政的技术性倾向，片面追求行政效率，将公务员塑造成为一个个没有思想和感情，甚至没有是非观念和对错判断的执行机器，妨碍了行政对于公平正义的实现，进而影响了公共性的实现。因此，新公共行政理论为政府理财模式在目的、原则、组织、行为、制度等方面的公共化提供了丰富的理论滋养，如对公平正义的追求，强调群众对政府理财过程的参与等等。

### 三、治理理论

国际上，各种背景的学者对治理理解各异，因而治理的内涵非

---

① ［美］乔治·弗雷德里克森著：《公共行政的精神》，中国人民大学出版社 2003 年版；［美］文森特·奥斯特罗姆著：《美国公共行政中的思想危机》，上海三联书店 1999 年版。

② ［美］文森特·奥斯特罗姆著：《美国公共行政中的思想危机》，上海三联书店 1999 年版。

常丰富。[1] 综合各家之言，本书认为，治理的内涵包括：

（1）主体多元性。治理即表示，由来自不同领域、不同层级的公私行为体[2]、力量和运动构成的复杂网络结构在参与从公司到社区再到国家乃至全球范围内的集体行动。

（2）权威发散性。治理意味着除了传统的国家权威，还有各类非国家、类国家或超国家的权威构成治理行动的权威来源，当然，这不排斥国家或政府在其中起主导或者掌舵作用。

（3）双向互动性。治理中的权力运行方向从过去的单一向度、自上而下的线性统治关系，转为上下互动、彼此合作、相互协商的双向协作关系。

（4）策略灵活性。治理强调行动策略的灵活性，既可采取正式的强制管理，也辅之以必要的协商谈判；既有正式的法律规章，也不排斥运用一些非正式途径以达到目的。

（5）利益共享性。治理主张各类相关主体在互信、互利基础上，求同存异，互谅互让，解决问题，实现共赢。

当代治理运动的兴起是现代社会转型与发展的产物，在当代公共管理中发挥了并继续发挥着越来越重要的作用。第一，在一定程度和范围内，发挥弥补政府缺陷、纠正市场失灵的作用。在市场经济条件下，政府与市场各具其长，各有所短（市场失灵和政府失灵）。有鉴于此，越来越多的人呼唤新的管理方式，期望以治理机制应对市场或政府失灵。第二，维护社会安全与稳定，促进法治与廉政。治理体系通过协调政府与公民或公民与公民之间的利益矛盾，加强这些主体之间的沟通与理解，有助于维护社会安全、团结和社会秩序，促进政府官员勤政廉政，奉公守法。第三，提高公共管理效率，增强社会公正与责任性。有效治理要求管理机构设置合

---

① 俞可平主编：《治理与善治》，社会科学文献出版社2000年版，第4~5，31~51，86~96页。

② 如个人、社区、公司、非营利组织、次国家组织、国家、超国家组织等行为主体。

理、管理程序科学，要求公共机构正确管理公共开支，最大限度地降低管理成本，从而提高公共管理的效率。第四，元治理（自组织的组织）能够设计机构制度，提出远景设想，促进各个领域的自组织及其安排的相对协调。第五，促使人们在变化的环境中培养较强的创新和学习能力，通过对话与制度化谈判达成共识，建立互信。第六，推动政府与公民的良性合作，应对现代社会千差万别的决策问题。[①] 第七，治理理论对官僚制理论的超越。治理被认为是实现公共服务效益、效率、公平的基本工具，可以作为构建国家和社会新型关系的分析及解释途径，促进传统政治、行政制度的变革，构建一种分权化、公民参与、多中心的公共治理网络。

治理理论是在当下中国政府理财模式公共化问题上较具现实意义与可操作性的行动性理论，其理论内涵与特征使其能在现实政治生态下为公民参与政府理财过程提供行动空间。治理理论以建设性姿态主张公民及其组织与政府的相互沟通与谅解，达到信任与共识，采取共同行动，共同致力于改善公共治理，实现善治。因而治理有利于建立政府与公民社会之间的互谅与互信；有利于政府逐步接受民主、开放、参与的理念，并据此发展出现实可靠的组织途径以推进政府理财的民主化、公开化、规范化与科学化。与此同时，治理实践锻炼和提高了公民的民主法制意识，使其逐渐养成理性、有序参与公共事务的习惯，并提高参与的技巧与能力，在客观上有利于将公民参与纳入有序参与的轨道。在参与过程中，治理使得政府理财过程更加民主、法治、透明，在理财结果上，因为政府理财决策更加民主、科学，治理有助于引导政府资源投入群众真正需要或最需要的地方，提高理财效率，降低理财成本。

## 四、府际关系理论

府际关系包括纵向与横向政府间关系两个维度。其中，纵向关

---

① 吴志成：《西方治理理论述评》，载《教学与研究》2004 年第 6 期。

系尤其是中央政府与地方政府之间的关系始终是政府间关系的主轴，“在任何一个国家，中央与地方关系都将直接决定整个国内政府间关系的基本格局。因为中央与地方关系决定着地方政府在整个国家机构体系中的地位、权力范围和活动方式，从而也就决定了地方政府体系内部各级政府之间的关系，决定了地方政府之间的关系。”① 其中，政府间财政关系、人事关系和行政关系构成了政府间关系的主要内容。政府间财政关系既是府际关系的重要构成部分，也是府际关系的重要表现形式。

**（一）府际关系的四个视角**

其一是权力集中度视角。如果把集权和分权看做中央与地方之间权力集中度的一条光谱，那么集权主义与分权主义将分居这个光谱带的两端，而均权主义和联邦主义则处于这两者之间的中间地带。② 因此，政治家群体对集权与分权之间度的准确把握与否就对国家兴衰构成了直接的影响，因为过度集权或过度分权都会导致国家的衰亡，关键是要综合考虑地理、政治、历史、文化、经济、民族以及科技等因素，做到张弛有度。一般来说，在现代化起步时期，中央应适当集权，在现代化稳定时期启动分权化进程，在现代化危机时期采取必要的集权以保障国家的安全和团结，在现代化成熟时期基本形成合理的地方分权与自治体制；③ 因此集权或分权与国家结构形式其实没有必然联系，换言之，联邦制或单一制国家都既可能集权也可能分权，这取决于各国及其各个历史时期的具体情况。比如联邦制的美国也曾经历过联邦政府集权的时期，而过去集权的单一制国家如日本、法国也实现了对地方的分权。

其二是权力来源视角，也就是所谓的国家结构理论，它关注中央与地方各自的宪法性权力来源，认为中央与地方的权力要么来自宪法的分权即联邦制，或者将全部权力都授予中央政府，而地方政

---

① 林尚立著：《国内政府间关系》，浙江人民出版社1998年版，第19页。

② 林尚立著：《国内政府间关系》，浙江人民出版社1998年版，第3～40页。

③ 薄贵利著：《集权分权与国家兴衰》，经济科学出版社2001年版，第1～176页。

府来自中央政府以及上级地方政府的层层授权，此即单一制。

其三是组织结构视角，即管理层级与幅度之间的动态调适问题。管理层级与幅度的设置受到组织规模的制约。在组织规模一定的情况下，管理幅度越大，管理层级越少，反之亦然；在管理有效的控制幅度之下，应尽量减少管理层级，以利精简编制，促进信息流通。在公共管理实践中，管理层级与幅度主要涉及政府层级设置与行政区划等问题。

其四是内容视角。从政府间关系的内容上看，主要有权力关系、财政关系和行政关系。权力关系是政府间关系的基础，决定纵向政府的各自地位与职权范围，它受国家结构形式以及宪政制度约束。财政关系是府际关系的核心，直接决定府际关系的现实状况，对现实的府际关系的形成与发展构成决定性影响。而行政关系是各级政府之间建立在权力关系与财政关系基础上，为管理公共事务而形成的业务关系，包括领导、监督、合作与竞争等关系形式。①

**（二）府际关系的四种历史模式**

各国学者对中央与地方间关系模式进行了总结，提出拉焦尔模式、赖特模式、罗斯构想和松村岐夫模式等，② 其中拉焦尔模式对中国府际关系现实较有解释力。

拉焦尔根据分权程度将政府间关系的类型分为三种，其内容见表1.1所示：

---

① 林尚立著：《国内政府间关系》，浙江人民出版社1998年版，第68~101页。

② ［日］松村岐夫著：《地方自治》，经济日报出版社1989年版，第3~128页。

表1.1 拉焦尔的三种分权模式

| | 政治性分权 | 行政性分权 | 行政权转让 |
|---|---|---|---|
| 定义 | 中央当局和与中央当局不存在优劣关系的地方政体之间的权限分离 | 中央当局和与中央当局存在优劣关系的地方政体之间的权限分离 | 向从属中央当局的机关转让中央当局拥有的部分权限 |
| 地方政体权限的司法基础 | 宪法 | 中央当局 | 中央当局 |
| 地方政体与中央当局关系 | 对等 | 地方政体有时从属中央当局 | 地方政体完全从属中央当局 |
| 地方政体财政 | 自主财政 | 有部分自主权 | 财政上依靠中央当局 |
| 地方政体地位 | 相对于中央政府的独立政体 | 在中央领导下拥有某种程度的自治 | 中央政府的派出机构 |
| 地方政治领导人选择方法 | 选举 | 选举或任命 | 任命 |

从现实政治过程来观察，中国当前中央与地方关系在相当程度上属于行政权转让类型，并且具有部分行政性分权特征。行政权转让、行政性分权模式和政治性分权这三种分权模式其实也反映了央地分权的规范性程度。我国府际关系包括政府间资金配置模式的改革方向应该是逐渐从行政权转让模式逐渐向行政性分权模式最后向政治性分权模式依次循序改革发展。

### （三）府际关系的五种控制模型

根据中央控制地方的手段的不同，可分为政党控制（英国）、行政控制（法国）、政治分权（美国）、地方自治（日本和德国）和混合模型（中国）。[①] 这种分析框架其实采取了多元标准，虽有一定的理论解释价值，但局限于表象的分析。事实上，任何一个成熟而稳定的府际关系结构都是由下至上的人事控制机制与由上至下

---

① 朱光磊主编：《现代政府理论》，高等教育出版社2006年版，第319~327页。

的财政控制机制相结合的，即地方官员由选举产生而非上级任命，上级政府则控制主要财政收入，这也是发达国家政府间关系的典型模式。① 事实上，各国政府间纵向关系的稳定结构最终都要还原为人事和财政两个途径来实现。比如，英国的中央与地方关系表面看是所谓政党控制模式，其实是通过一个中央集权型的全国性政党（工党或保守党）控制地方选举中议会议员的政党提名权，间接实现其对地方政府的控制，因此，所谓政党控制模式根本上还是一种人事控制机制。这与当代中国的政治过程有异曲同工之处。

随着我国逐步建立起适应社会主义市场经济体制的政府模式，不同层级政府之间以及同级政府不同部门之间职能划分也越来越多地体现并服务于政府公共性的本质，其对政府理财模式的公共化也就提出了更高的要求。相对于财政联邦制理论，府际关系理论提醒我们，政府间资金配置模式的设计或改革不仅要考虑到效率，同时要从政治、行政、财政、历史、文化甚至国防与国家安全的广阔视野来综合权衡，进行相应的政治与行政体制改革，如推进地方自治，改革人事制度等，或者等待政治、行政环境较成熟时再推动政府间资金配置模式改革。如果仅仅基于财政联邦制理论的技术性考量（即所谓效率）来制订改革方案，其可操作性是很有疑问的，稍有不慎，还可能引发政局不稳等严重后果。

## 五、公共财政理论

现代公共财政理论以公共产品理论和公共选择理论为支柱。

公共产品理论用简约的现代经济学理论论证了政府的职责就是提供公共产品，这对于我们进一步认清政府职能，防止政府越界，即越位、缺位与错位问题有直接指导意义。根据公共产品理论，政

① 张永生：《政府间事权与财权如何划分：国际经验及其对中国的启示》，载卢中原主编《财政转移支付和政府间事权财权关系研究》，中国财政经济出版社 2007 年版，第 157～169 页。

府的职能就是要弥补市场失灵，这是政府的职能边界，越过此“雷池”一步，就是政府的越位。换言之，政府主要在公共领域活动，不能进入微观经济领域从事营利活动，与民争利，亦不能随意干预市场。财政联邦制理论在公共产品的层次理论基础上，提出各级政府间的支出责任暨职能划分的指导性框架模型，即中央政府适宜提供全国性公共产品，地方政府适宜提供地方性公共产品，这是基于二者在提供不同公共产品上的效率比较优势作出的分工。在地方公共产品供应问题上，在自由选举和自由迁徙条件下，居民用脚投票无形中催生了地方政府的财政竞争，最终在客观上有利于地方居民获得更多福利。总体来说，财政联邦制理论在不考虑政治、文化等非效率性因素情况下，为政府间财政关系提供了一个可操作性的量化的指南。

公共选择理论以方法论上的个人主义、经济理性和交易政治为起点，将经济学方法运用于政治科学研究，对国家理论、投票规则、选民行为、政党以及管理体制等进行分析，属于政治学与经济学的交叉学科（即新政治经济学或财政政治学）。公共选择理论假设选民、政治人物以及政府官员都是出于私利而采取行动的个人，并在此基础上研究他们在民主体制或其他类似的社会体制下进行的互动。其中，委托—代理模型主要研究委托人如何设计出一个激励约束结构来诱导和规范代理人为委托人的利益行动。委托人可以选择四种措施来克服代理难题（agency problem）：甄别和遴选代理人、契约设计、监管和告发、制度制约。[①] 当然，这些措施的实施其实都是需要成本的，即代理成本，包括委托人的监督成本、代理人的担保成本和剩余损失。[②] 政府失灵理论是公共选择理论的核心。

---

① D. Roderik Kiewiet & Mathew D. McCubbins, *The Logic of Delegation.* Chicago: University of Chicago Press, 1991，转引自方福前著《公共选择理论——政治的经济学》，中国人民大学出版社2000年版，第164~167页。

② M. Jensen & W. Meekling, *Theory of Firm: Managerial Behavior , Agency Costs and Ownership Structure*, Journal of Financial Economics, 3, 1976, 305~360，转引自方福前著《公共选择理论——政治的经济学》，中国人民大学出版社2000年版，第161页。

所谓政府失灵（government failure）是指政府不能对个人的公共产品需求作出及时或保质保量的回应，政府提供公共产品出现高成本、低效率现象，如公共政策失误、政府工作机构的低效率、政府扩张和政府寻租等。对此，布坎南等公共选择理论家所开补救政府失灵的“药方”是：限制国家权力增长和减少福利国家的浪费。具体来说，前者包括探索新的政治技术以提高社会民主程度、在公共部门引入竞争以提高行政效率、宪政改革等；后者包括财政立宪、税制选择、平衡预算、限制财政收支与货币政策。[①] 公共选择理论用人性自私假设来理解政府的行为，对认识政府的逐利性及其可能对社会造成的恶劣后果有积极意义，同时也为人们采取各种措施监督和约束政府理财过程，从而防止政府行为偏离公共利益轨道，以保证财政决策的科学性和民主性等等，都有现实意义。政府理财是为政府活动提供资源支持的政府行为，难免也会受到政府逐利性的影响。因此，通过加强对权力的监督，提高财政透明度，促进公共部门竞争，减少行政审批以减少官员寻租机会，扩大听证适用范围、推动公民民主参与理财等等，都是克服代理难题、强化监督、克服政府失灵可考虑的措施。

## 第三节 政府理财模式公共化拓展的含义

根据《现代汉语词典》的解释，所谓“化”，乃“后缀，加在名词或形容词之后构成动词，表示转变成某种性质或状态”[②]。因此，所谓政府理财模式公共化是指政府理财模式公共性的实现或非公共型理财模式向公共型理财模式转型的过程。所谓“拓展”是表

---

① 唐兴霖编著：《公共行政学：历史与思想》，中山大学出版社2000年版，第469~484页；［美］丹尼斯·C. 穆勒著：《公共选择理论》，中国社会科学出版社1999年版，第391~420页。

② 中国社会科学院语言研究所词典编辑室编：《现代汉语词典》（第五版），商务印书馆2009年版，第587页。

明，经过改革开放以来30多年的财政改革，我国政府理财模式的公共化进程已经取得了重要进展，但这个过程还远未完成，政府理财模式的公共化在广度、深度和力度上还有待拓展，因而成为下一步行政与财政改革的主要方向与内容。从内容来说，政府理财模式的公共化拓展意味着：

## 一、政府治理模式公共化拓展

政府治理模式公共化拓展意味着，政府理财理念从过去效率优先、兼顾公平的建设型政府转变为公平优先、兼顾效率的服务型政府，政府理财过程从集中、封闭和人治转变为民主、公开和法治；政府治理结构上，应在政治层面上强化政治体系公民偏好表达功能，建构平衡稳定的府际关系；在行政层面上形成集权统一与分权制衡相结合的治理结构；在部门层面上实现部门理财的严密监督与公开透明。政府职能从过去以经济职能为中心转变为以社会职能为中心的格局，职能行使方式上实现公共产品的生产与提供的分离，政府的责任是提供公共产品，但生产者则可以是政府、企业或NPO，政府也鼓励民间提供志愿性的公共产品，政府则在其中担当掌舵的角色。

## 二、政府资金筹集模式公共化拓展

政府资金筹集模式公共化拓展意味着，改革目前政府收入在国民收入分配格局中占比过大的局面，进一步清理和杜绝预算外资金现象，政府所有收入都将纳入财政预算，基本消除预算外资金现象。进一步规范非税收入管理，最终实现政府收入结构以税收为主，杜绝收费泛滥的现象。税收结构则逐步从以间接税为主转换为以直接税为主，开征具有促进社会公平作用的税种或调整税率等，为实现政府理财对收入分配和宏观调控奠定税制基础。

### 三、政府资金运用模式公共化拓展

政府资金运用模式公共化拓展意味着，预算决策实现民主化、法治化和科学化，实现以支定收、量出为入；维护预算执行的严肃性，杜绝追加预算和预算超收问题；国库集中收付制度比较健全，政府采购实现法治化和透明化，建立起全过程、全方位的财政监督与问责体系，建构起财政绩效考评的机制和体系。

### 四、政府资金配置模式公共化拓展

政府资金配置模式公共化拓展意味着，实现城乡和地区间基本公共服务均等化目标，实现政府间财政职权与收支划分的公平化与合理化，即权责对称；转移支付制度将打破既得利益格局，增设政府间财政分配委员会作为中央与地方政府谈判和决定财政转移支付政策方案的平台与机制，重构一个公平、科学合理的转移支付计算公式；改革政府层级和财政层级，以减少财政支出，简化管理流程，理顺上下级之间财政权责关系。

总之，政府理财模式公共化拓展既是政府理财模式改革变迁的事实描述，也是政府理财模式公共化拓展的行动战略。

## 第四节 政府理财模式公共化拓展的动力机制

### 一、完善社会主义市场经济体制

在一些领域或场合，市场机制本身并不能得到有效发挥，或者即使能够充分发挥，也无法达到符合整个社会要求的资源配置结果，这就是市场失灵，它是市场机制固有的自身不可克服的缺陷，主要表现为外部效应、公共产品、市场垄断、不完全市场、不完全信息、收入分配不公和宏观经济失衡等。市场失灵如果任其发展，市场经济体系将无法存续下去。因此，市场失灵需要"有形的手"即政府的介入才能克服，如提供公共品、矫正外部效应、维护有效竞争、提供信息、调节收入分配和维持经济稳定与促进经济增长等。政府矫正市场失灵的工具主要有：一是税收。国家通过设置不同的税种、税目、税基、税率以及减免税等方式达到调节经济和收入分配的目的。二是政府投资。政府通过财政投资来弥补市场失灵，如基础设施、扶贫开发等。三是转移支付。政府可以通过物价补贴、社会救济等转移性支付调节人群、部门、地区间的财政失衡。四是政府管制。包括限制垄断企业的规模和市场占有率，打破垄断造成的进入壁垒等，这其中应包括对因自然垄断和行政垄断形成的国企巨头的规范问题。因此，完善社会主义市场经济体制将在客观上推动政府理财模式的公共化拓展。

## 二、提升政府行政效能

首先，提升行政效能需要有公共化的方向指引，否则，行政效能的提升将迷失方向，偏离正确的方向越远，它就越有可能变成行政负效能。比如，纳粹德国的行政系统是非常职业化和高效率的，从它们高效率地建立集中营、杀人工厂的行动中就可见一斑。但这些官僚被纳粹洗脑后丧失了思考和辨别善恶的能力，成为为虎作伥的帮凶，其所谓行政效能越高，所犯罪行就越多。其次，提升行政效能的治本之策是确立公民本位思想。政府理财模式的公共化有利于公民偏好得以更准确和直接地显示，从而使公民的需求构成提升行政效能的直接压力，以督促政府改进工作，提高效能。再次，行政效能是政府理财模式公共化拓展的题中应有之义。政府理财模式公共化拓展不是空洞的口号，必须落实到为民办实事、办好事，并且是有效率、有效益的。

## 三、推动公民社会成长

公民社会的成熟度象征一国的政治现代化程度，联系政府理财模式的公共化拓展问题，一方面，公民社会的成长提出了政府理财模式公共化的需求。

第一，在政府理财的目标上，公民社会的成长要求公共财政应对公民的各种利益诉求作出及时直接的回应，因此过去高积累、低消费的建设型理财模式将难以为继，迟早为公共型理财模式所取代。

第二，在政府理财的过程中，公民社会的成长要求政府提高财政透明度以及在政府理财过程中容纳更多更广泛的公民参与。这意味着发展民主、有序和有效的公共治理，进而公共治理结构将从过去的单中心金字塔结构向多中心网络结构转变。这种参与压力或将敦促决策层开放、运用和挖掘现有政治行政结构在利益表达、利益综合与利益实现中的功能作用，将公民社会组织稳妥有序地纳入现有结构内，实现公民社会与现有宪政体制的“无缝隙对接”，平滑实现政治现代化和行政现代化的转型。

第三，在政府理财的结果上，公民社会的成长意味着责任政府和绩效财政的理念。政府理财必须对公民负责，要敏锐而准确地反映和执行公共意志，并最终体现为良好的财政绩效，即公开性、合法性和有效性。

另一方面，公民社会的成长也为政府理财模式的公共化提供了更多可能性。

首先，公民社会的成长将为政府理财模式的公共化拓展提供价值理念上的支持。公民社会的成长将潜移默化地影响政府理财理念及其转型。近年来，责任政府、法治政府、效能政府、透明政府、开放政府、参与政府、廉价政府等理念逐渐深入人心，这既是群众对政府的期望，也成为政府的自我期许与改革愿景。

其次，随着政治行政体制改革的逐步推进并取得突破，现有政治行政体系如人大、政府、政党、政协、群众团体等组织将具有更大的代表性、广泛性和包容性，在结构、功能上能够为扩大的公民参与提供更加广泛、便利和有效的组织渠道，增强其利益表达、利益综合和利益实现的政治功能。

再次，公民社会的成长将为政府理财模式公共化拓展提供有效的组织平台。成熟的公民社会组织自身是政治参与的直接行动主体和公共治理的主体，构成多中心治理网状结构的新生力量。听证会、网络问政、讨论会与座谈会、专家咨询与政策建议、公益诉讼等，将是公民参与的渠道。

最后，公民社会的成长还将为政府理财模式公共化提供行为方式转型的参考。公民社会的成长表征着公民民主意识的觉醒和民主参与技能的提高，它将塑造出温和、健康、活泼、有序的公民文化。这种行为方式转型的核心点有三个：一是民主的方式，即非暴力、协商、辩论和选举投票等方式，以此达成共识和集体行动；二是组织化，即通过政治团体的代表进行治理活动，参与不再是民粹的、大鸣大放的混乱方式；三是依法参与，即按照法律程序有序参与，程序正义得到普遍而充分的尊重。

# 第二章　政府理财模式公共化的历程回顾

## 第一节　政府治理模式的公共化历程

### 一、政府理财理念的公共化历程

#### （一）政府目的理念的公共化历程

改革开放以前，我国长期实行计划经济体制，可以说，“在整个计划经济时期，财政的目标主要是为生产建设筹集资金，满足全能型国家的各项职能实现的要求。”① 因此，政府理财呈现出典型的建设型政府特征。在计划经济条件下，国家活动的范围涉及社会的方方面面，而且所有的活动都以国家计划为中心，财政仅仅是贯彻国家计划的账房，充当的是会计和出纳的角色。事实上，财政的收、支、平、管仅仅是庞大的国家计划体系中的一环，甚至不是最重要的一环（计划经济时期，计划委员会比财政部的地位要高得多，权力要大得多）。

改革开放以来，特别是随着社会主义市场经济体制的建立和逐步完善，政府理财也逐步从过去为经济建设筹集资金逐步向市场经济提供公共产品与服务转变，政府目的理念也从建设型政府逐渐向

---

①　杨志勇，杨之刚著：《中国财政制度改革30年》，格致出版社，上海人民出版社2008年版，第19页。

服务型政府转型。如2002年，党的十六大报告把政府职能归结为四个方面：经济调节、市场监管、社会管理和公共服务。2004年2月21日，温家宝总理在省部级主要领导干部“树立和落实科学发展观”专题研究班结业式上的讲话中，明确提出“建设服务型政府”的改革目标。2005年3月5日，“建设服务型政府”被写入了向十届人大第三次会议所作的政府工作报告中。2006年10月，中共十六届六中全会通过的《中共中央关于构建社会主义和谐社会若干重大问题的决定》明确提出“建设服务型政府，强化社会管理和公共服务职能”的目标要求，并就服务型政府的宗旨、职能配置、管理方式、行为模式等方面作出原则性规定。党的十七大报告重申“加快行政管理体制改革，建设服务型政府”。至此，“建设服务型政府”实际上已经上升为国家意志，成为政府改革或政府发展的总目标和总方针。这对促进经济社会协调发展，深化行政管理体制改革和政府理财模式改革，应对经济市场化、国际化要求，促进和谐社会建设，具有重要意义。

**（二）理财过程理念的公共化历程**

在计划经济体制下，全国所有的企业、事业和行政单位，以至每个人都只是计划对象物，没有什么自主性和个性可言，因为高度中央集中、集权的计划体系运作在客观上需要整齐划一，以尽可能简化各个环节和“参数”，尽量减少各种变量（即不确定性），从而减少工作量和误差，实现计划目标。财政活动主要是财政部门的技术专家与官僚的事情，与普通公众无关。结果，财政过程呈现出集中、人治、封闭的特点，如国家预算被列为国家机密，财政决策权力高度集中，即集中于党政首长，集中于上级，最后集中于中央。新中国成立后一段时间我国曾经实行的全国统收统支的财政体制更典型地体现出上述特点。

改革开放以来，我国经济结构发生天翻地覆的变化，过去公有制经济一统天下的格局转变为包括公有、私人、外资、个体等多种经济成分共同发展的混合经济体制，过去直接为政府所有并为其直接领导和支配的全民和集体企业与非公企业一道，成为独立于政府的独立企业法人，政府收入亦从以公有企业利润为主转变为以税收为主的格局。总之，这种产权制度的结构性变革意味着社会主义市场经济体系的各类行为主体获得了法律面前一律平等的主体地位，人治行政逐渐走向依法行政，政府理财过程也相应变得越来越民主和透明，如《政府信息公开条例》的颁布，听证制度的推行，各级各地人大、政协“两会”期间代表、委员们踊跃参政、议政等等，都见证了民主、公开、法治理念日益深入人心的脚步。

### （三）财政效能理念的公共化历程

新中国成立之初，我国经济落后，生产力水平极低。为尽快实现国家的工业化和现代化，我国长期推行赶超战略，“超英赶美”的口号即为生动表述。为此，在理财政策上就是“勒紧裤腰带”搞建设，即长期实行高积累、低消费政策，为国家重工业化积累资金。其主要措施为：一方面，通过农副产品统购统销和工农产品价格剪刀差政策，从农村和农民那里提取资源；另一方面，通过实行城镇职工低工资制，从城市和职工那里提取资源。这样，政府几乎集中了国家所能集中的所有资源用于经济建设。

改革开放以来，我国财政效能理念虽然从整体上还未转变为公平优先战略，但相较计划经济时期仍有巨大变化，即纠正了过去那种饿着肚子搞建设的极端作法，提出既要吃饭，也要搞建设。因此放弃了重工业优先战略，大力发展轻工业、农业和第三产业，使得我国基本解决了温饱问题，现正向全面小康社会迈进。近年来，我国财政转移性支出明显增加，如发放农资和种粮补贴，提高居民工资收入，加大低保支持力度等。与此同时，我国还加大了对社会和公益事业如教育、科技、文化等的投入，促进了经济与社会的协调发展。

## 二、政府治理结构的公共化历程

### （一）政治层面的公共化历程

改革开放前，我国政治建设走过一段较曲折复杂的历程，这与我们对社会主义民主政治建设规律认识不足、不清楚有关，也与意识形态上长期被“左”的思想禁锢也有关。“文化大革命”则是“左”的错误发展到登峰造极的表现，党和政府都曾被“砸烂”了，后来建立的“革命委员会”则更多地是一个政企合一、党政不分的混合体。总的来说，计划经济时期我国政治建设中的特征是党政不分、政企不分、政事不分较严重，权力过分集中，人治现象较突出，人大制度、政协制度、民族区域自治制度及基层民主制度远没有现在健全和完善，存在较多不足，政治功能相对较弱。

改革开放以来，我国政治建设取得了长足的进步。首先，修改通过了1982年宪法，恢复了宪法的国家根本大法地位，从而重建了宪政框架和法制体系，体现了党领导人民实行依法治国的根本方针。撤销革委会和人民公社，建立各级人大和人民政府。政协以及各民主党派、群众团体纷纷重建并逐渐开展工作。此后，各类政治机构的职能、组织结构、人员素质、议政参政意识都在改革开放中逐步得到改进和改善。其次，党的领导方式更加完善和科学。改革开放以来，党不断探索加强党的领导、人民当家做主与依法治国有机统一的方式方法，取得了重要进展。近年来，党要求进一步理顺党政关系，加强党的执政能力建设和党的建设，推进党内民主，加强对权力的制衡和监督，支持人大、政协加强议政、参政能力，加强法治建设，健全法律体系，推进依法治国。再次，基层民主和公民社会得到健康发展。村民自治几乎与改革开放同龄，从最初发源于广西山村到在全国全面推行，它已成为基层民主的基石。四川、云南等地乡镇党委书记、乡镇长公推直选，浙江温岭的参与式公共预算改革等都是基层民主建设的亮点。与此同时，我国公民社会也在改革开放大潮中萌芽生长。以2008年汶川大地震中志愿者广泛而有力的行动为具象，有学者认为2008年为中国公民社会之年。它将同其他政治建设的进步共同推动政府理财模式公共化的进程。

### （二）行政层面的公共化历程

计划经济时期，我国整个国家俨然一个实行事业部制领导体制的巨型生产型企业。如果将中共中央比拟为该企业的董事会，掌握决策权，国务院及其组成部门相当于执行层的经理，其中，国家计划委员会（下文简称国家计委或计委）相当于企划部，掌管全国综合计划，财政部则是账房，部长是账房先生或财务总监，人民银行是出纳，其他政府部门如纺织工业部、化工部、电力部等则是具体执行部门，相当于企业的事业部，部长相当于部门经理，而公安部、国务院办公厅则是这个巨型企业的保卫部与后勤部门。总之，财政不是真正的公共财政或国家财政，更像是企业财务或企业理财。

改革以来，我国政府逐渐从过去的“巨型企业”还原为一个真正的政府，即为经济、社会发展提供公共服务的公共机构。由此带来行政层治理结构的巨大变化。在政府理财模式方面主要体现为以下几个方面：

第一，财经机构与非财经机构的职权格局变化。由于像化工部、电力部之类从事微观经济管理的专业部逐渐退出政府部门序列而还原为企业，财经机构与非财经机构之间过去那种带有企业生产流程分工性质的，甚至有一定主从关系性质的职权关系格局慢慢消失，代之以基本上以社会管理与公共服务为基础的职能分工合作关系。

第二，财经机构内部的权力格局亦发生微妙但重大的变化。包括计委改名为发改委之后，随着职能转为宏观调控为主，其地位有所下降，部分财经权力经重组后被分别赋予财政部、税务总局、审计署、人民银行及国资委，因而整体上是权力更分散更均衡了，其中财政部的地位、权重有较明显提升。

第三，微观管理的专业部逐步被撤销，一些机构的职能进行了重新定位和配置，与此同时，成立了一些新机构，如在省以下成立国税与地税系统，并从财政部分出税务总局；人民银行实行政企分开，不再从事商业银行业务，专职货币管理；成立国资委主管中央企业国有资产等。

**（三）部门层面的公共化历程**

部门层面的治理主要是指行政、事业单位的预算管理与财务管理。改革开放30多年来，行政、事业单位预算管理与财务管理主要经历了统收统支、预算包干和行政事业单位分类管理等三个阶段。

第一，统收统支阶段（1978—1979年）。在改革开放初期，我国行政事业单位财务管理仍然沿袭计划经济时期统收统支的管理模式，即国家核定预算，年终结余收回财政。这种模式的主要缺点是财政统得过多，管得过死，不利于发挥部门理财积极性，经常有年终突击花钱的浪费现象。

第二，预算包干阶段（行政单位为1980—1997年，事业单位为1980—1988年）。从1980年起，国家在政府间资金配置模式上实行"新政"，即"分灶吃饭"。与此相应，财政部出台《文教科学卫生事业单位、行政机关"预算包干"试行办法》，决定同年起，对行政机关和事业单位实行"预算包干"体制，即按国家核定的当年预算包干使用，年终结余全部留归单位支配，超支不补，并可从增收节支中提取职工福利和奖金。

第三，行政事业分类管理阶段（1988年至今）。这又分为三个小的阶段：一是事业单位实行三种预算管理并存阶段（1989—1996年）。从1989年起，事业单位开始实行三种预算管理形式，即对没有稳定的经常性业务收入或收入较少的事业单位，实行全额预算管理。对有一定数量稳定经常性业务收入，但不足以解决本单位经常性支出、需要财政补助的事业单位，实行差额预算管理。对有稳定经常性收入，可解决本单位经常性支出，但不具备企业管理条件的事业单位，实行自收自支管理。实行有条件的全额预算管理单位应逐步向差额预算管理单位过渡，有条件的差额预算管理单位应逐步向自收自支管理单位过渡政策。要求事业单位用结余经费或自有资金中建立事业发展基金和职工福利基金等各类基金。二是事业单位实行核定收支、定额或者定向补助阶段（1997年至今）。包括改革事业单位预算管理形式，实行核定收支、定额或者定项补助的预算管理办法。改革事业单位收支管理，确立事业单位"大收入"、"大支出"概念，实行统一规范的事业基金和专用基金管理。三是行政单位实行收支统管阶段（1998年至今）。1998年，财政部发布了《行政单位财务规则》，明确规定行政单位实行"收支统管"的预算管理办法，即"收支统一管理，定额、定项拨款，超支不补，结余留用”。①

## 三、政府职能的公共化历程

政府职能主要有政治、经济和社会职能。改革开放以前，我国在“左”的思想影响下，搞意识形态挂帅，以阶级斗争为纲，出现国家经济、社会生活政治化现象，政治职能曾经处于较强势地位，虽然在财政支出上不突出，但显然在国家生活中地位重要。计划经济时期，政府的社会职能被隐形化了，也包括在相当程度上被忽视、放弃了。所谓被忽视、放弃是指由于国家实行重工业化战略，极端突出经济职能，国家所有资源主要用于生产建设，即“饿肚子、勒紧裤腰带”搞建设。在所有事业都要给经济建设让路的国策指导下，实行高积累、低消费政策，政府只能选择减少社会需求、牺牲社会发展投入，放慢社会事业建设。所谓被隐形化是指以单位办社会、办学校、办医院等，由这些原子化的微观主体承担国家的社会职能，单位体制成为中国计划经济下社会保障的特色。计划时期政府三大职能中，经济职能是最主要的职能，即生产建设。在政府收入方面，国家财政的主要任务和目的就是尽可能多地集中国家所有资源——从城乡和工农那里提取资源用于建设，为此实行农副产品统购统销、工农产品价格剪刀差、城镇职工低工资政策、口粮布匹配给制、外贸外汇等方式，实现资源配置向生产建设集中。政府支出方面，除去维持政权运转和最低限度文教等支出，财政支出绝大部分用于扩大再生产，如重工业项目、重大基础设施等，使计划时期财政呈现典型建设型理财模式特征。

改革开放以来，我国进行了五次政府改革，政府职能调整是历次政府改革中的核心内容。1988 年政府改革首次明确提出了政府职能转变问题，标志着我国政府机构改革开始突破机构和人员加加减减的局限，向政府职能重新定位延伸。1993 年政府改革提出适

① 谢旭人主编：《中国财政改革三十年》，中国财政经济出版社 2008 年版，第 372 ~379 页。

应社会主义市场经济体制要求，重点转变政府职能，加强宏观调控和监督部门，强化社会管理部门，将一部分专业经济部门转变为行业管理机构或经济实体，减少具体审批事务和对企业的直接管理，宏观上管好，微观上放开。1998 年政府改革把政府职能明确为宏观调控、社会管理和公共服务三项，这是对政府职能定位的进一步科学化，是对传统行政思维的重大突破。2003 年政府改革的重点是深化国有资产管理体制改革，完善宏观调控体系，健全金融监管体系，继续推进流通管理体制改革，加强食品安全和安全生产监管体制建设。2008 年政府改革的亮点是推行大部制，这是对以往四次政府改革在更高层次和视野上的深化与拓展。这也意味着我国政府改革将逐步向“大职能、宽领域、少机构”的方向发展，反映了公众和政府对行政体制改革的普遍愿望，具有广泛的社会基础。[①] 纵观我国 20 世纪 70 年代末以来的历次政府改革，我们发现，随着经济体制市场化改革的推进和深入，政府职能的公共化趋势越来越明显，即逐步向弥补市场失灵或提供公共服务转型。

所以，1978 年以来政府改革的一个根本性变化就是政府职能结构及其行使方式的革命性转型。从结构上看，计划经济时期从经济职能为主的格局逐渐向以公共职能为主转变。因此，政府机构从 1980 年国务院组成部门最多为 100 个逐渐减少到 2008 年机构改革后的 28 个，具有计划经济色彩的纺织工业部、电力部、煤炭部等逐渐从政府组成部门的序列中消失，保留和新增的基本上是公共服务与宏观调控部门。与此同时，政府职能行使方式也从过去的微观具体的行政干预及以行政手段为主向宏观调控、间接引导和以法律、货币、财政等手段为主转变。

① 石亚军，施正文：《探索推行大部制改革的几点思考》，载《中国行政管理》2008 年第 2 期。

## 第二节 政府资金筹集模式的公共化历程

### 一、税收制度改革

#### （一）两步利改税：1978—1993 年的税制改革

1978—1985 年是我国税制恢复与改革的准备时期。在理论上，社会主义有计划的商品经济理论和所有权与经营权相分离理论为即将开始的税制改革提供了所需的理论支持。在法律上，为配合对外开放和吸引外资的需要，全国人大先后通过《中外合资经营企业所得税法》、《个人所得税法》和《外国企业所得税法》等法律法规，初步建立起了一套涉外税收制度，并进行了试点。特别是六届全国人大三次会议通过的《关于授权国务院在经济体制改革和对外开放方面可以制定暂行的规定或者条例的决定》“授权国务院对于有关经济体制改革和对外开放方面的问题，必要时可以根据宪法，在同有关法律和全国人民代表大会及其常务委员会的有关决定的基本原则不相抵触的前提下，制定暂行的规定或者条例，颁布实施，并报全国人民代表大会常务委员会备案。经过实践检验，条件成熟时由全国人民代表大会或者全国人民代表大会常务委员会制定法律。”①由于行政法规和规章在位阶上低于法律，因而立法难度要小很多，其出台和撤销只需经国务院或部门通过即可，便于行政部门根据实际情况与需要灵活掌握运用，这为渐进式改革战略下保障经济体制改革和对外开放工作的顺利进行奠定了便利高效的法制基础。

1. 第一步利改税

1983 年，国务院决定在全国试行国有企业利改税政策，即第一步利改税改革，将国营企业上缴国家的利润改为：大中型企业按

---

① 《人民日报》1985 年 4 月 11 日第 2 版。

55%的比例向国家交纳所得税；小型企业按八级超额累进税率交纳所得税。在保证企业合理留利之后，税后利润按固定比例、定额包干、递增包干和调节税等办法上缴财政。这与利润留成、利润包干等办法相比有较大的进步，在理论上和实践上突破了国有企业向国家上缴利润的窠臼，向公共财政模式下国家通过税收参与国民收入分配的常规做法迈出了关键一步，具有历史转折性意义。相较于利润留成包干等模式，利改税模式更好地处理了国家、企业和职工个人三者的利益关系。在保证国家得大头的前提下，扩大了企业财务自主权，调动了企业和职工的积极性。

2. 第二步利改税

第一步利改税改革取得了巨大成功，但还存在不少问题，如税种比较单一，难以充分发挥税收调节经济的杠杆作用；税后利润的分配办法仍然比较复杂，国家与企业分配关系不规范；部分企业之间税后留利相差悬殊等。因此，国务院决定从1984年10月起在全国实施第二步利改税改革。其基本原则是由“税利并存”逐渐过渡到完全“以税代利”，税后利润归企业自主安排使用。改革的主要内容是：将工商税拆分为产品税、增值税、营业税和盐税；对部分采掘企业开征资源税；恢复和开征房产税、土地使用税、车船使用税和城市维护建设税；对国营企业开征所得税，并对国营大中型企业征收调节税；放宽小型企业标准，对亏损企业和微利企业继续实行盈亏包干等办法。此后，国务院又先后出台各类行政法规与规章，陆续开征集体企业所得税、城乡个体工商户所得税、个人收入调节税、私营企业所得税、国有企业工资调节税、固定资产投资方向调节税等税种。

两步利改税改革表面是国营企业改革，实质上是我国在理论上和实践上推行政府理财模式公共化改革的起点。它在理论认知上冲破计划经济时期对税制的形而上学的思想禁锢，从指导思想上彻底摒弃了“非税论”和“税收无用论”的观念及其残余，逆转了计划经济时期所遵循的“合并税种，简化税制”的税制设计原则，改变了过去税种、税制过于简化粗放的格局，初步建立起一套以流转税和所得税为主体，与其他各税相配合的复合税制，基本上适应我国改革开放后多种经济成分、多种经营方式、多种经济渠道的情况，可以多层次、多环节地发挥经济杠杆作用，为1994年全面税制改革奠定了税制基础。

**（二）确立社会主义市场经济体制下的税制框架：1994年税制改革**

1994年税制改革是新中国成立以来规模最大、内容最全面、影响深远的税制结构性改革。其指导思想是：以复合税制为基础，统一税法、集中税权、公平税负、简化税制，合理分权，规范分配方式，理顺分配关系，保障国家财政收入的稳定增长，建立符合社会主义市场经济要求的税收体系。其主要内容为：

1．建立以增值税为主体的新流转税体系

按照充分体现公平、中性、透明、普遍的原则，在保持总体税负不变的情况下，参照国际上流转税的一般做法，彻底改变原流转税按产品分设税目，按税目制定差别税率的做法，实行在生产和流通环节普遍征收增值税，并实现价外征税的办法。此外，还以增值税为核心，先后开征消费税、营业税，对外资企业停征工商统一税，实行新的流转税制，从而建立起新的流转税体系。

2．统一内资企业所得税

为进一步理顺国家与企业的分配关系，创造各类不同经济性质企业平等竞争的市场环境，这次改革初步取消了按所有制性质征收所得税的做法，对国有企业、集体企业、私营企业以及股份制和各种形式的联营企业，统一实行企业所得税制度，但三资企业仍按《外商投资企业和外国企业所得税法》及其有关规定征收企业所得税。

3．统一个人所得税

新的税收制度将过去的个人收入调节税、适用于外籍人员的个人所得税和城乡个体工商户所得税简并，建立统一的个人所得税。

4．开征、调整和撤并一些税种

开征土地增值税、证券交易印花税；调整资源税、城市维护建设税和城镇土地使用税；将盐税并入资源税，特别消费税并入消费税；取消集市交易税、牲畜交易税、烧油特别税、奖金和工资调节税。

经过 1994 年税制改革，我国基本上形成了以流转税和所得税为主体、其他税种相互配合的多环节、多层次调节的复合税制体系，初步具备了现代税制的基本特征，并初步实现了税制的简化、规范和统一。

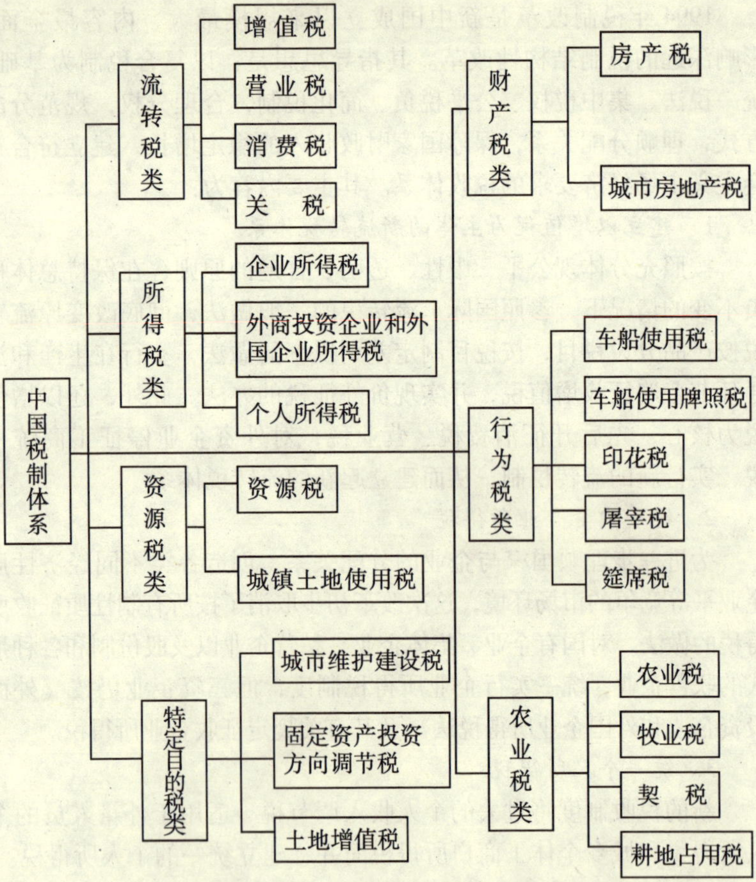


图 2.1 1994 年税改后中国的税制体系

### （三）完善社会主义市场经济体制下的税制体系：1994 年以来的税制改革

1994 年税制改革确定了社会主义市场经济条件下的税制格局。1994 年以来，我国又先后取消农业税、合并内外资企业所得税、转型增值税等，不断完善税制。

1．取消农业税

为了切实减轻农民负担，中央决定从 2000 年开始农村税费改革。从 2000 年起，中央将安徽作为农村税费改革试点，在全省范围内推进农村税费改革。其主要内容即“取消屠宰税，取消乡镇统筹款，取消教育集资等专门面向农民征收的行政事业性收费和政府性基金；用三年时间逐步减少直至全部取消统一规定的劳动积累工和义务工；调整农业税政策、调整农业特产税征收办法，规定新农业税税率上限为 7%；改革村提留征收和使用办法，以农业税额的 20% 为上限征收农业附加税，替代原来的村提留”。安徽的试点改革经验随后逐步在全国范围内推行。从 2004 年起，我国决定全面取消除烟叶以外的农业特产税，推进减征、免征农业税改革试点，5 年内全面取消农业税，进一步减轻农民负担。截至 2005 年底，全国有 28 个省、市和自治区及山东、河北、云南 3 省的 210 个县（市）已经全部取消农业税。2006 年 3 月 14 日，十届人大四次会议通过决议，宣布在全国范围内彻底取消农业税，存续上千年的“皇粮国税”正式退出历史舞台。

2．统一内外资企业所得税

为适应完善社会主义市场经济体制和扩大改革开放的要求，按照统一税法、简化税制、公平税负、促进竞争的原则，我国于 2007 年 3 月 16 日，十届全国人大五次会议审议通过了《企业所得税法》。该法于 2008 年 1 月 1 日正式实施，从而结束了企业所得税法律制度内外有别现象，在全国范围内实施规范、统一、公平、透明的企业所得税制。

3．其他税制改革

2000 年 10 月 22 日，国务院颁布了《车辆购置税暂行条例》，自2001年1月1日起在全国范围内开征车辆购置税，同时取消车辆购置附加费。车辆购置税的开征象征着我国“费改税”改革取得了一定突破，对整个“费改税”改革产生良性影响。2007年1月1日开始，《车船税暂行条例》开始正式实施，1986年通过的《车船使用税暂行条例》废止。此外，《城镇土地使用税暂行条例》、《烟叶税暂行条例》也先后作了修订，调整了纳税人范围，税额标准和税率等，进一步完善了税制，使之更加规范和统一。

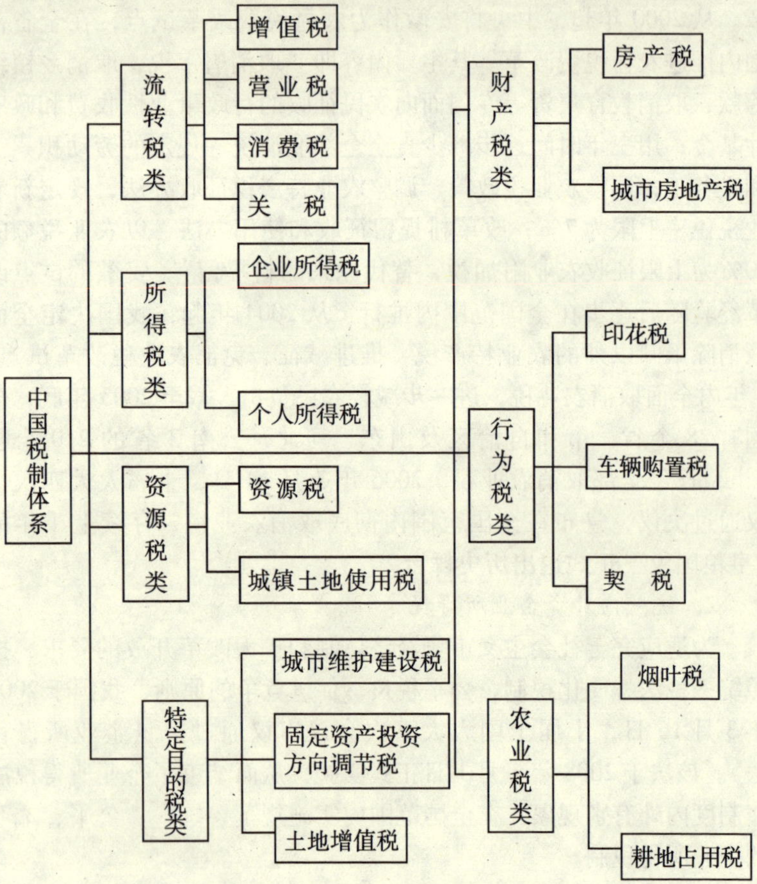


图2.2 2007年底的中国税制体系

## 二、公共收费制度改革

公共收费是公共部门在向社会提供特定服务的过程中，按照成本补偿和非盈利原则向特定服务对象收取的费用。它是受益对象与范围特定，具有较强排他性的准公共产品的成本补偿，即使用者付费。目前，我国公共收费主要有行政事业性收费、政府性基金和罚没收入三类。改革开放以来，我国公共收费制度对经济社会事业发展起到了一定作用，但因管理失控造成的负面效应突出，政府加强了对公共收费的规范与管理，公共收费也逐步纳入了良性发展的轨道。

### （一）公共收费的泛滥

改革开放以前，我国各类收费很少。改革开放初期，为解决财政收支矛盾，搞活经济，提高行政事业单位理财积极性，国家允许甚至鼓励行政事业单位收费或征收各类基金。因此，20 世纪 80 年代初至 90 年代末以前，我国公共收费处于从少到多，从扩张变为泛滥的阶段。

1980 年，《中共中央、国务院关于节约非生产性开支，反对浪费的通知》提出："一切有条件组织收入的事业单位，都要积极挖掘潜力，从扩大服务项目中合理地组织收入，以解决经费不足的问题。"这一规定打破了事业单位由财政统收统支的模式，开了行政事业单位大规模收费和征收基金的先声。养路费、港口费、环境保护费、排污费以至各种名目的管理费、注册登记费、教育费附加等纷纷出笼。

有关征收政府性基金的各种政策文件也随之出台了。1980—1981 年，财政部、国家经委先后发布了征收国营工交企业固定资产、国拨流动资金有偿占用费的暂行办法和补充规定。1982 年，国务院决定开征国家能源交通重点建设基金，1983 年中央工作会议决定提高其征收比例，扩大征收范围。1989 年决定开征国家预算调节基金，1993 年开征三峡工程建设基金。

在农村地区，由于以人民公社为核心的政社合一的集体经济体制逐渐解体，乡村无法像计划体制时期那样从集体经济中直接提取资源用于维持政府运转、公共事业和经济建设，加上改革后实行逐级财政包干体制，税源匮乏的县乡政府只好向农民直接征收以“三提五统”为代表的各项费用。“三提五统”即公积金、公益金和管理费这三项村提留费和乡村两级办学、计划生育、优抚、民兵训练和修建乡村道路这五项乡统筹费。在此之外，各种摊派、收费层出不穷，愈演愈烈，泛滥成灾，沉重的负担使群众怨声载道，严重损害了党和人民群众的血肉联系，破坏了党和政府的形象。

总之，这时期我国各类收费一是滥，据不完全统计，2006 年底，全国的行政事业性收费和政府性基金达 6000 多项，几乎所有政府部门都有收费（基金）项目，甚至每一项公共服务都要收费；二是多，据不完全统计，1998 年全国各类收费（基金）规模达 4500 多亿元，[①] 相当于同期我国财政收入的 46%，这还不包括社保基金收入。

### （二）公共收费的规范与整顿

我国各类收费和基金对特定时期缓解财政困难，促进经济社会发展起过一定作用，但泛滥之后也造成很多负面效应：管理失控，侵蚀税金，加重人民负担，助长腐败与机构膨胀，影响政府形象。因而有了持续的规范和治理整顿。

1996 年前对公共收费的规范。在 1987 年前，我国收费项目极少，并由财政部统管，处于财政监管之下，因而比较规范。收费权力下放到各级政府及各个行政事业单位之后，各种乱收费、乱摊派、乱罚款犹如出笼猛虎，处于失控状态，为害尤烈，逐渐引起相关部门重视，开始对其进行规范。中共中央、国务院及财政部等于 1990 年、1993 年和 1995 年连续出台文件治理“三乱”，取消了一批不合理、不合法的收费和基金项目，减轻人民负担，维护财经

---

① 谢旭人主编：《中国财政改革三十年》，中国财政经济出版社 2008 年版，第 157 ~158 页。

秩序。

1996年后，我国逐步拉开了全面治理整顿公共收费的大幕。其内容大致有三：一是清理取消不合法、不合理项目。通过取消、归并、降低收费标准等方式，在1996—1998年3月，取消中央级收费（基金）项目244项，各省（市、区）取消收费（基金）项目2028项。1998—2003年，全国共取消收费项目1805项，降低收费标准479项，减轻社会负担1417亿元；[①] 二是全面规范收费管理，包括深化“收支两条线”管理，实行收费基金目录制度，对行政事业性收费统一归口管理，强化收费票据管理，杜绝将行政事业性收费擅自改为经营服务性收费等；三是进行费改税，主要是农村税费改革和车辆交通税费改革。20世纪90年代后期，农村税费改革被摆上了重要议程，成立工作小组负责调研和起草《关于农村税费改革的意见》。2000—2003年在全国进行试点。至2003年年底，全国全面取消了屠宰税和乡统筹费、农村教育集资等农民负担项目，降低了农业税税率。2004年，温家宝总理在《政府工作报告》中提出五年内取消农业税的目标。2006年1月，《农业税条例》废止，农业税正式取消。此后，农村税费改革稳步推进，极大减轻了农民负担，促进了农村社会稳定和经济发展。交通和车辆税费改革方面的改革从1998年启动，2000年出台了《交通和车辆税费改革方案》，核心是实施燃油税以取代公路养路费等收费，以车辆购置税取代车辆购置附加费。

**（三）公共收费全面纳入非税收入管理**

进入21世纪以来，我国政府理财模式的公共化改革的重点逐步转移到政府资金运用模式方面，即政府支出领域的改革。政府收支分类、部门预算制度、国库集中收付、政府采购制度等改革相继取得重大进展，为公共收费的进一步改革创造了良好的制度环境。2004年，财政部颁发的《关于加强政府非税收入管理的通知》规

① 谢旭人主编：《中国财政改革三十年》，中国财政经济出版社2008年版，第157~158页。

定，非税收入包括：行政事业性收费、政府性基金、国有资源有偿使用收入、国有资产有偿使用收入、国有资本经营收益、彩票公益金、罚没收入、以政府名义接受的捐赠收入、主管部门集中收入及财政资金产生的利息收入等。此后，对非税收入的界定不断完善。根据财政部制定的《2008年政府收支分类科目》，非税收入包括政府性基金收入、专项收入（如排污费收入，探矿权、采矿权使用费及价款收入等）、彩票资金收入、行政事业性收费收入、罚没收入、国有资本经营收入、国有资本（资源）有偿使用收入和其他收入（如捐赠收入、主管部门集中收入等）。[①]“非税收入”概念正式取代“预算外资金”概念。

2004年以来，非税收入管理改革的内容主要有：一是继续清理和规范收费（基金）项目。2004年以来共计清理、取消不合法、不合理收费330多项，每年减轻社会负担400亿元以上。到2008年全国政府性基金只留下34项，“三乱”问题在全国范围内得到有效清理；二是强化“收支两条线”管理。2004年以来，财政部分批将194项行政事业性收费纳入财政预算管理。到2008年，中央审批的收费项目90%已纳入预算管理，政府性基金和罚没收入已全部纳入预算管理，土地出让收入从2007年起全额纳入预算管理，彩票公益金从2008年起纳入预算管理；三是完善国有资产（资源）有偿使用管理，包括土地出让收入、新增建设用地有偿使用费、矿产、探矿权、采矿权有偿使用、海域使用金及其他公共资源有偿使用制度的改革完善；四是彩票公益金管理改革，包括对彩票资金构成比例、彩票公益金分配办法与投入方向等进行改革和完善。

---

① 中华人民共和国财政部制定：《2008年政府收支分类科目》，中国财政经济出版社2007年版。

# 第三节　政府资金运用模式的公共化历程

## 一、政府收支分类改革

政府收支分类也就是政府预算收支科目的设置，即对政府收入和支出项目进行类别和层次划分，实质上是政府职能的细化列示。它是各级政府编制预算、组织预算执行以及各预算单位进行明细核算的基础条件。政府预算科目设置以政府收支分类为依据。

2007 年之前，我国实行计划经济体制下的政府收支分类体系，这与改革开放近 30 年后政府职能活动已发生巨大变化的现实严重脱节，阻碍了政府理财规范化、科学化、精细化、国际化的发展要求。经多年调研，特别是在其他配套的财政改革取得重大进展的情况下，我国于 2006 年启动了政府收支分类改革，并于 2007 年起施行。改革的主要内容有三项：一是对政府收入进行统一分类。新收入分类按照国际通行做法，将政府收入分为税收收入、社会保障基金收入、非税收入等 6 类，并设类、款、项、目四级（“目”为新增层级）；二是建立新的政府支出功能分类体系。按支出功能设置类、款、项三级科目，共有 17 类、160 多款、800 多项，更加清晰地反映政府职能活动及其支出结构，在一定程度上解决了原来的财政支出预算“外行看不懂，内行说不清”的问题；三是建立了新型支出经济分类体系。支出经济分类科目设类、款两级，共 12 类、90 多款，全面、规范地反映政府各项支出的具体用途。

总之，2007 年政府收支分类改革是我国预算管理制度中与分税制和部门预算改革同等重要的基础性制度创新，对增进财政透明度，保障公民知情权，扩大公民民主参与，推进财政决策民主化、科学化具有重要意义。

## 二、部门预算改革

部门预算是由部门依据国家有关政策及其行使职能的需要，将原来未按支出功能、分散在各类不同预算科目上的资金，由基层预算部门编制，逐级上报、审核、汇总，统一编制到使用这些资金的部门，并经财政部门审核后，由同级立法机关审议通过的，反映部门所有收入和支出的年度财政收支计划，即一个部门一本预算。它是世界大多数国家通行的预算编制模式。

我国在2000年之前一直沿用计划时期收入按类别、支出按功能的传统预算编制模式，因而没有实行部门预算制度。为适应市场经济体制下进一步调整政府职能，构建公共型理财模式的需要，我国于2000财政年度开始，推行部门预算改革试点，随后在中央各部门和各级政府逐渐铺开。至2008年，中央财政对口的163个中央部门已全部实现了“一个部门一本预算”的改革目标。省级及其以下地方政府部门预算改革工作亦稳步推进。截至2007年底，全国已有36个省（市、区）和计划单列市建立了比较规范的部门预算管理制度，全国2882个县（市、区）中，已有2585个实行了部门预算改革，其中2200个全面推行了部门预算。①

部门预算改革的主要内容有以下几点：一是构建科学、规范的部门预算管理体系。包括改革预算编制形式，实现“一个部门一本预算”；采用零基预算、综合预算等方法，构建新型预算分配机制；实行自下而上逐级编制；延长编制时限，改革编制程序，提高预算编制规范性；二是实现预算管理由“重分配”到“分配与管理并重转变”。包括制定财政拨款结余资金管理制度，推进绩效考评制度，严格预算执行与调整以增强预算约束性；三是强化预算监督。包括增加向全国人大报送部门预算的数量，细化报送审议的预算内

① 谢旭人主编：《中国财政改革三十年》，中国财政经济出版社2008年版，第317~318页。

容，推动部门预算公开等。①

三、国库管理制度改革

我国传统国库管理制度形成于计划经济时期，实行的是分级分散收付制度。随着改革的深入，传统国库管理制度越来越不能适应社会主义市场经济和公共型理财模式的发展要求，暴露出“散、乱、差”的缺陷：一是布局散。传统国库账户设置多，收付环节多。据有关方面对某地区的不完全统计，20 世纪 90 年代末其财政部门本身预算内账户 6 个，预算外账户 128 个，其中在国库部门开设 6 个账户，其他均在商业银行开立账户。机关事业单位账户达 1323 个。② 财政收入收缴和预算资金拨付都要经过多道环节，层次复杂，非常繁复。二是管理乱。由于多头开户，多层委托，自然造成财政部门对财政资金流动的失控现象，比如财政收入经常不能及时入库，有些拖延一年半载甚至数年都没缴清。资金拨付的多环节给各种不规范、不合法行为创造了上下其手的空间，各种挤占、挪用、浪费现象层出不穷，屡禁不止。三是绩效差。由于上述散、乱的缺陷，表现在财政绩效上就是大量财政资金沉淀在各个预算单位和银行等中间环节，为腐败浪费大开方便之门，影响了理财的效率性、经济性和效果性。

针对传统国库管理制度的上述弊端，我国启动了国库管理制度改革。它贯穿财政预算执行全过程，是预算执行环节的基础性制度创新。改革大体经历了以下三个阶段：

第一，准备阶段（1998—2001 年）。其主要工作包括：一是建章立制。出台《中央单位财政国库管理改革试点会计核算办法》、

---

① 谢旭人主编：《中国财政改革三十年》，中国财政经济出版社 2008 年版，第 315 ~319 页。

② 贾康，赵全厚编著：《中国经济改革 30 年·财政税收卷》，重庆大学出版社 2008 年版，第 171 页。

《财政国库管理制度改革试点资金银行支付清算办法》等规范性文件，对试点中的国库支付程序、会计核算、银行清算等进行规范。二是清理整顿。由监察部牵头，财政部、中国人民银行、审计署等部门参加，对行政事业单位的银行账户进行清理整顿，并为试点单位设立新的银行帐户，初步改变了预算单位多头开户的局面。三是成立国库。财政部先后成立国库司及国库支付中心，健全了国库管理的组织基础。四是明确职权。进一步理顺了财政部国库司、中国人民银行国库局、预算单位和代理银行的业务关系及其权责。五是技术支持。如开发预算单位用款计划和支付申请管理信息系统、用款计划和支付申请核算及资金拨付管理系统等，并选定了清算系统发达、营业网点较多的中国工商银行和中国建设银行做为代理银行，开展试点前业务培训等。

第二，试点阶段（2001—2005 年）。2001 年 5 月，《财政国库管理制度改革方案》出台，标志着我国国库管理制度改革正式启动。改革的主要内容有三项：建立国库单一账户体系，规范财政收入收缴程序，规范财政支出拨付程序，最终实现国库集中支付。改革选择水利部、财政部、中科院等 6 家中央部门为第一批试点单位。此后，改革试点范围逐步扩大，截至 2005 年年底，所有 160 多个中央部门实施了国库集中支付改革，70 多个中央部门实施了非税收入收缴制度改革，36 个省、直辖市、自治区和计划单列市推行了国库集中支付改革，如期完成了改革的计划目标。

第三，深化阶段（2006 年至今）。在前阶段改革基础上，国库管理制度改革走向深化。截至 2007 年底，所有中央部门、全国 36 个省、直辖市、自治区和计划单列市本级，300 多个地市，1300 多个县实施了国库集中支付制度改革，启动了财税库银税收收入电子缴库横向联网，其在 10 多个省份的试点取得了初步成效。近 50 个中央单位，大多数省本级，近 200 个地市、1000 多个县实施了非税收入收缴制度改革，100 多个中央单位、部分省级开展了公务卡改革试点。建立中央预算稳定调节基金等。

## 四、政府采购制度改革

政府采购，也称公共采购，是指各级政府及其所属机构为了开展日常政务活动或提供社会公共服务，在财政等部门的监督下，以法定方式、方法和程序采购货物、工程和服务的行为。政府采购制度改革贯穿预算编制到资金支付的全过程，与其他财政预算改革密切相关。其中，预算编制细化是推行政府采购制度的前提，采购资金实行财政直接拨付是推行政府采购制度的保障。政府采购制度改革对预算编制和国库集中支付改革具有不可或缺的促进和保障作用。

我国政府采购制度的改革大体经历了三个阶段：

第一，研究试点阶段（1996—1999 年）。该阶段的改革主要包括：对实行政府采购制度进行政策研究，提出改革方案，并赋予财政部拟定和执行政府采购政策职能，发布《政府采购管理暂行办法》。在全国各地如上海、深圳等地进行试点。到 1999 年，政府采购规模达到了 130 亿元。

第二，全面试点阶段（2000—2002 年）。财政部在国库司设立了专职政府采购管理的政府采购管理处。加大了推行政府采购制度的力度，要求从 2001 年起编制政府采购预算和计划，凡是列入政府采购预算的采购项目必须按照政府采购计划的要求实行政府采购。政府采购规范化进一步加强。通过对政府采购招标方法、采购模式、规程和信息发布等制度的改革，加强了政府采购的规范化和透明化。

第三，全面推进阶段（2003 年至今）。2003 年 1 月 1 日，《政府采购法》的实施标志着我国政府采购制度进入了全面推行阶段。这个阶段改革的主要内容有：一是不断扩大政府采购范围和规模。政府采购规模由 2002 年的 1009. 6 亿元增加到 2006 年的 3681 亿元，年均增长达到 39. 5%，2007 年达到 4660. 9 亿元。2002 年至 2007 年我国政府采购资金年节约率在 11% 左右，累计节约财政资金

1800多亿元。二是不断加强政府采购法律制度建设。相继制定了《政府采购货物和服务招标投标管理办法》、《政府采购信息公告管理办法》等30多个配套的行政规章，初步建立起了较完备的政府采购法律制度体系。三是不断加强政府采购管采分离机制建设。到2007年底，中央、省、市、县四级政府基本上在财政部门设立了政府采购管理机构，全国36个省、自治区、直辖市、计划单列市中的30个和大部分地市设置了集中采购机构。政府采购管理机构、采购单位和集中采购机构的职责分工日趋合理，“管采分离、机构分设、政事分开、相互制约”的工作机制基本形成。四是积极探索政府采购的政策功能。近年来，政府采购在促进节能环保、自主创新等方面取得了重要成效，推动了科学发展观的贯彻落实。五是努力形成了以集中采购为主要实施形式的采购格局。2006年，全国集中采购规模为2187.5亿元，占全国采购总规模的59%，部门集中采购规模占全国采购总规模的22%，分散采购规模占全国采购总规模的19%，已经形成以集中采购为主、部门集中采购和分散采购为辅，3种采购实施形式并行、相互补充的采购格局。①

## 第四节 政府间资金配置模式的公共化历程

政府间资金配置模式的核心问题是明确各级政府之间支出责任和收入划分，以及相应的财力匹配即转移支付制度与地方公债制度等。我国30年来的政府间资金配置模式的变革路径大致经历了如下几个阶段：

① 聂月：《开拓进取 政府采购改革成就凸现》，载中国政府采购网，http://www.ccgp.gov.cn/llsj/llts/671204.shtml

## 一、"划分收支，分级包干"模式

根据中共十一届三中全会以后中央的有关决定精神，国务院于1980年2月颁发了《关于实行"划分收支、分级包干"的财政管理体制的暂行规定》，决定从1980年起实行"划分收支，分级包干"的办法，俗称"分灶吃饭"。其主要内容为：划分中央和地方的收支范围，收入实行分类分成，分为中央固定收入、地方固定收入、固定比例分成收入和调剂收入，中央和地方的支出范围按企事业单位的隶属关系划分；地方的预算支出首先用地方的固定收入和固定比例分成收入抵补，有余者上缴中央，不足者从调剂收入中解决，并确定相应的调剂分成比例，若三项收入仍不足以平衡地方预算支出的，由中央按差额给予定额补助；中央与地方对收入的各项分成比例或补助定额确定后，一定五年不变，地方在划定的收支范围内，自求平衡。1980年财政包干模式见表2.1。

**表2.1 1980年财政包干模式一览表**

| 包干内容 | 实行省份（简称） |
|---|---|
| 收支挂钩，总额分成，一年一定 | 京、津、沪 |
| 划分收支，定额上缴 | 粤 |
| 划分收支，定额补助 | 闽 |
| 划分收支，分级包干 | 川、陕、甘、豫、辽、黑、吉、浙、鄂、湘、皖、鲁、晋、冀、赣 |
| 民族自治，包干一定五年，地方收入增长全留，中央补助年增10% | 内、新、藏、宁、桂、滇、青、贵 |
| 固定比例上缴 | 苏 |

实践证明，"分灶吃饭"模式显示了比之原体制的优越性，增强了地方财力和理财积极性，促进了地方经济发展，加快了经济结构调整步伐，但也导致中央预算收支难以平衡、地方固定收入减

少、全国投资规模失控、重复建设严重等问题。

## 二、“划分税种，核定收支，分级包干”模式

随着经济体制改革的推进，特别是两步利改税后，税收逐渐成为财政收入的主要形式。为了适应新形势的需要，根据党的十二届三中全会《关于经济体制改革的决定》精神，中央决定从1985年起实行“划分税种，核定收支，分级包干”的预算管理体制，其主要内容包括：按税种将收入分为中央固定收入、地方固定收入、中央和地方共享收入；按隶属关系划分中央财政支出和地方财政支出，对不宜实行包干的专项支出，由中央专项拨款安排；按基数核定的地方预算收支，凡固定收入大于支出的，定额上解中央，固定收入小于支出的，从中央和地方共享收入中确定一个分成比例留给地方，地方固定收入和中央地方共享收入全留地方仍不足以抵补其支出的，由中央定额补助。收入分配办法确定以后，一定五年不变，地方多收多支、少收少支、自求平衡。此外，广东、福建两省继续实行财政大包干办法，民族自治区和视同民族自治区的省，中央给予的定额补助数每年递增10%。

## 三、财政包干模式

1986年以后，中央和地方都对政府间资金配置模式提出了意见。沿海发达地区认为1985年体制“鞭打快牛”，不利于调动地方积极性。中央亦认为，财权下放后，中央收入减少而支出又增加，中央财政有困难。针对这些问题，1988年7月28日，国务院发布《关于地方实行财政包干办法的决定》，决定从1988年起实行新的包干办法，包括收入递增包干、总额分成、上解额递增包干、定额上解等，详见表2.2。

表 2.2 1988 年财政包干模式一览表①

| 包干方式 | 内容 | 适用省份 |
| --- | --- | --- |
| 收入递增包干 | 以 1987 年决算收入和地方应得的支出财力为基数，参照各地近几年的收入增长情况，确定地方收入递增率（环比）和留成、上解比例 | 北京 4% 和 50%；<br>河北 4.5% 和 70%；<br>辽宁（不包括沈阳和大连）3.5% 和 58.25%；<br>沈阳 4% 和 30.29%<br>哈尔滨 5% 和 45%；<br>江苏 5% 和 41%；<br>浙江（不包括宁波）6.5% 和 61.47%；<br>宁波 5.3% 和 27.93%；<br>河南 5% 和 80%；<br>重庆 4% 和 33.5% |
| 总额分成 | 根据前两年的财政收支情况，核定收支基数，以地方支出占总收入的比重，确定地方的留成和上解中央比例 | 天津 46.5%；<br>山西 87.55%；<br>安徽 77.5% |
| 总额分成加增长分成 | 在“总额分成”办法的基础上，收入比上年增长的部分，另定分成比例，即每年以上年实际收入为基数，基数部分按总额分成比例分成，增长部分除按总额分成比例分成外，另加“增长分成”比例 | 大连 27.74% 和 27.26%；<br>青岛 16% 和 34%；<br>武汉 17% 和 25% |
| 上解额递增包干 | 以 1987 年上解中央的收入为基数，每年按一定比例递增上交 | 广东 14.13 亿元和 9%；<br>湖南 8 亿元和 7% |

① 贾康，赵全厚编著：《中国经济改革 30 年·财政税收卷》，重庆大学出版社 2008 年版，第 61～62 页。

续 表

| 包干方式 | 内容 | 适用省份 |
| --- | --- | --- |
| 定额上解 | 按原来核定的收支基数，收大于支的部分，确定固定的上解数额 | 上海 105 亿元；<br>山东（不包括青岛市）289 亿元；<br>黑龙江（不包括哈尔滨市）2.99 亿元 |
| 定额补助 | 按原来核定的收支基数，支大于收的部分，实行固定数额补助 | 吉林 1.07 亿元；<br>江西 0.45 亿元；<br>福建 0.5 亿元（1989 年开始执行）；<br>陕西 1.2 亿元；<br>甘肃 1.25 亿元；<br>海南 1.38 亿元；<br>内蒙 18.42 亿元；<br>广西 6.08 亿元；<br>贵州 7.42 亿元；<br>云南 6.73 亿元；<br>西藏 8.98 亿元；<br>青海 6.56 亿元；<br>宁夏 5.33 亿元；<br>新疆 15.29 亿元；<br>湖北（不包括武汉）4.78%；<br>四川（不包括重庆）10.7% |

## 四、分税制模式

“分灶吃饭”的财政包干制虽然部分调动了地方政府理财积极性，却还存在较多弊端：第一，束缚企业活力；第二，强化地方保护主义，助长了低水平重复建设和投资膨胀；第三，向地方倾斜过多，相应弱化了中央的宏观调控能力，如财政“两个比重”连年下降等，见图 2.3。

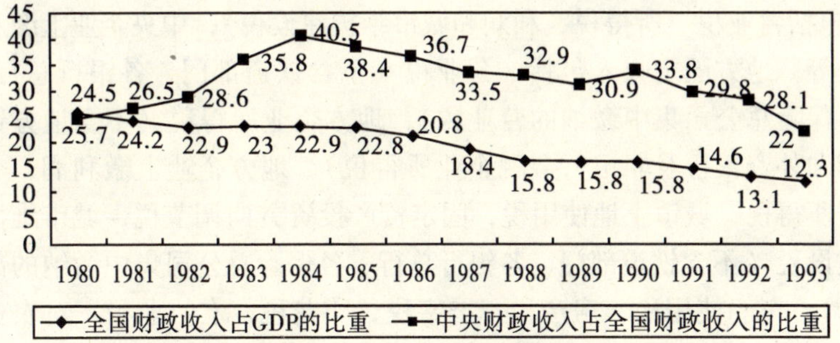


图 2.3 1980—1992 年"两个比重"变化示意图

## (一) 划分中央与地方支出

根据现行中央政府与地方政府事权的划分，中央财政主要承担国家安全、外交和中央行政管理经费，实施宏观调控支出和涉及由中央直接管理的事业发展支出等。具体包括：国防费，武警经费，外交和援外支出，中央级行政管理费，中央统管的基本建设投资，中央直属企业的技术改造和新产品试制费，地质勘探费，由中央财政安排的支农支出，由中央负担的公检法支出和文化、教育、卫生、科学等各项事业费支出。

地方财政主要承担本级机关运转经费以及本地区经济、社会、事业发展所需支出，具体包括：地方行政管理费，公检法支出，部分武警经费，民兵事业费，地方统筹的基本建设投资，地方企业的技术改造和新产品试制经费，支农支出，城市维护和建设经费，地方文化、教育、卫生等各项事业费，价格补贴支出以及其他支出。

## (二) 划分中央与地方收入

根据职能及支出责任与财力相匹配原则，按税种划分中央与地方的收入，将维护国家利益、实现宏观调控所必需的税种划分为中央税；将同经济发展直接相关的主要税种划为中央与地方共享税；将适合地方征管的税种划为地方税，并补充地方税税种，增加税种收入。中央固定收入包括：关税，海关代征的增值税和消费税，消费税，中央企业所得税，地方银行和外资银行及非银行金融企业所得税，铁道部门、各银行总行、各保险总公司等集中缴纳的收入

(包括营业税、所得税、利润和城市维护建设税)，中央企业上缴利润等。地方固定收入包括：营业税（不含铁道部门、各银行总行、各保险总公司集中缴纳的营业税)，地方企业所得税（不含地方银行和外资银行及非银行金融企业所得税)，地方企业上缴利润，个人所得税，城镇土地使用税，固定资产投资方向调节税，城市维护建设税（不含铁道部门、各银行总行、各保险总公司集中缴纳的部分)，车船使用税，房产税，屠宰税，印花税，农牧业税，对农业特产收入征收的农业税，耕地占用税，契税，遗产和赠予税，土地增值税，国有土地有偿使用收入等。中央与地方共享收入包括：增值税、资源税、证券交易税（即证券交易印花税)。增值税中央分享75%，地方分享25%。1994年以后，根据分税制运行情况和宏观调控的需要，增加或提高了中央在证券交易（印花）税、金融保险业营业税、所得税收入中的分享比例，并建立中央和地方共同负担出口退税的机制。2002年开始，企业所得税和个人所得税改为中央与地方共享税，中央分享60%，地方分享40%。

### （三）设立国税和地税两套税务机构

1993年之前我国只有一套税务征收机构，中央税收主要依靠地方税务机构代为征收。按照分税制规定，建立中央和地方两套税务机构，国家税务局和海关系统负责征收中央固定收入和中央与地方共享收入，地方税务局负责征收地方固定收入。

### （四）确定过渡时期的转移支付办法和一般性转移支付办法

为了减少改革阻力，保持地方既得利益格局，稳定增长中央财力，中央决定将净上划中央收入返还地方。以1993年为基期年，中央财政对地方财政返还数额按照1993年地方实际收入以及税制改革和中央与地方收入划分情况，核定1993年中央从地方净上划的收入数额（即消费税+75%的增值税-中央下划收入)。1993年中央净上划收入全额返还地方，并以此作为以后税收返还基数；1994年以后，税收返还基数在1993年基数上逐年递增，递增率按本地区增值税和消费税的平均增长率的1:0.3系数确定。1994年分税制改革初步形成了由体制补助、专项补助和税收返还等构成的转移支付体系。但它还很不规范、不合理，均等化效果差。1996年初，财政部下发了《过渡时期转移支付办法》，首次采用公式估算地方财政能力和支出需求，根据地方财政能力和支出需求之间的差额确定转移支付额。2002年所得税收入分享改革后不再沿用原过渡期转移支付的概念，其资金合并到一般性转移支付中。此后，我国财政转移支付制度不断改革完善，在平衡地方财政差距等方面所起的作用越来越大。

**表 2.3 新中国成立以来我国政府间资金配置模式的变迁**

| 内容 | 实行年份 | 政府间资金配置模式 |
|---|---|---|
| 统收统支阶段 | 1950 | 高度集中、统收统支 |
| | 1951—1957 | 划分收支，分级管理 |
| | 1958 | 以收定支，五年不变 |
| | 1959—1970 | 收支下放，计划包干，地区调剂，总额分成，一年一变 |
| | 1971—1973 | 定支定收，收支包干，保证上缴（或差额补贴），结余留用，一年一定 |
| | 1974—1975 | 收入按固定比例留成，超收另定分成比例，支出按指标包干 |
| | 1976—1979 | 定收定支，收支挂钩，总额分成，一年一变；部分省（市）试行“收支挂钩，增收分成” |
| 分灶吃饭阶段 | 1980—1985 | 划分收支，分级包干 |
| | 1986—1988 | 划分税种、核定收支、分级包干 |
| | 1989—1993 | 财政包干 |
| 分税制 | 1994年至今 | 按照统一规范的基本原则，划分中央地方收支范围，建立并逐步完善中央对地方财政转移支付制度 |

改革开放以前，我国政府间资金配置模式的基本特征是统收统支。十一届三中全会后，我国开始了波澜壮阔的经济体制改革，这是一种“摸着石头过河”的渐进式战略与进程。这就是说，最初的

改革并没有充分的理论准备和战略规划，其直接的出发点就是探索在体制内增强经济活力和地方积极性的方式。因此，在改革早期（1980—1993 年），我国选择的是行政性放权的改革策略，因为“高度集中的计划经济体制离不开财政上的财力集中和财权集中。放权则使各地方、部门、企业和个人解除了束缚，有了发挥主动性和创造性的空间”①。这就是 1980 年开始的以“分灶吃饭”为特征的财政改革。它仍没有脱离政府财力与职权在中央与地方之间不断“收”——“放”循环的窠臼。1992 年邓小平南方讲话标志着我国经济体制改革从渐进改革战略转向建构性改革战略。在思想大解放和建立社会主义市场经济体制的大背景下，财政体制改革进入以法治性分权为实质的分税制改革阶段。此后，以分税制为基础，辅以税费改革、预算和财政支出制度诸项改革的跟进，到 21 世纪初，我国已初步构建起了公共型理财模式下政府间资金配置模式的基本框架。

① 刘尚希，邢丽：《中国财政改革的历史与逻辑》，载中国（海南）改革发展研究院编《强国之路：中国改革步入 30 年》，中国经济出版社 2008 年版，第 124 页。

# 第三章　政府理财模式公共化拓展的国际借鉴

他山之石，可以攻玉。作为一个后发国家，我国要在较短的时间内走完发达国家曾经花了几百年才走完的发展历程，建立起符合市场经济要求的现代政治、经济、社会制度，实现国家的现代化，就应充分吸收和借鉴人类文明史上的一切优秀成果。发达国家已经历几百年的探索并已建立起较成熟的公共型理财模式，即实现了政府理财模式的公共化。各国尤其发达国家在政府理财模式公共化的成功经验是我国政府理财模式公共化拓展的有益借鉴。

## 第一节　政府治理模式的国际借鉴

### 一、理财理念的国际借鉴

发达国家关于政府理财理念体现于政府目的、过程到结果的全过程，分别体现了服务型政府理念，民主、法治、公开理念和公平优先理念。

#### （一）服务型政府理念

发达国家关于政府目的的理念可以概括为服务型政府理念，这是处理政府与公民、政府与市场以及政府与社会关系的根本原则，它主要体现为几个方面：

一是责任政府理念。发达国家都秉持主权在民思想，认为政府来自人民的委托，政府一切行动包括政府理财活动都是履行其公共受托责任，最终指向是为人民谋福利，创造公共价值。它在实践上表现为责任政治，包括政府（广义）对选民负责，行政机关由议会产生并对其负责（即责任内阁制政府），公务员对民选官员、上级和选民负责。总之，政府应迅速有效地回应社会和公众的要求，并积极采取行动加以满足。

二是有限政府理念。当代各国理性地认识到，政府应是有限政府，即政府不干预私人领域如经济生活的事务，但又有所作为，即为市场失灵的领域提供公共产品与服务。因此，当代政府自身在规模、职能、权力和行为方式上受到社会和法律的严格限制和有效制约，而不是无限权力、无限责任、任性而为、不受约制。

三是平等政府理念。政府是人民的公仆，是由纳税人缴纳的税金供养的。因此，政府应致力于为所有公民提供平等的服务，而不能实行差别待遇，即韦伯所说——非人格化的行政理性主义。政府应为保障、实现和发展公民权利，实现人的自由、全面发展提供人性化的服务。这在政府理财中就体现为为不同地区、性别、种族、宗教、代际的人群提供均等化的公共服务，保证每一位国民获得在起点、过程和结果上的公平正义。

**（二）民主、公开和法治理念**

服务型政府理念化为具体的政府理财过程就体现为民主、公开、法治的理念或原则。

所谓民主，是要求政府理财过程应在制度、机制、程序上保障公民充分、便利地参与理财决策、执行及监督。因为政府理财归根结底是做为公仆的政府在替公民理财，做为主人或委托人的公民是政府理财过程的当然主体。公民缺席政府理财过程意味着政府抛弃了其公共受托责任，极有可能发生道德风险，异化为寻租。因此，在公共生活中，选举、听证等都是公民参与财政决策的形式。议会是人民的看门狗，其主要职责就是替人民看好财政这个钱袋子，因而财政预算编制、调整、执行以及最终的绩效评估都应处于其监督、控制之下，否则就是失职渎职。

所谓公开，是为保障公民对财政过程的参与而要求财政决策、执行、评估全过程的重大信息应向公众开放、出示。政府信息公开、透明是实现财政民主的前提和基础性工作。新闻媒体的报道和监督是沟通政府信息公开与公民知情权的桥梁与纽带。公民个体依靠单独的行为去获取政府各类信息（假定政府愿意公开，并且无障碍地便利地提供，如依申请公开信息之类服务）成本过于高昂，媒体因而承担起公开政府信息的主要职能。

所谓法治，主要是指法律面前，人人平等，并尊重程序正义。法治在根本上是对政府权力、职能和行为方式的规范和约束，最终目的是保障公民权利得到最大化的实现，防止政府侵害、损害公民和社会权益的行为发生。程序正义同样是政府理财过程中不可丢弃的理念。它意味着政府理财过程是稳定、有序、平等、透明、可预期的。

**（三）公平优先理念**

发达国家的市场经济经过几百年发展，人们对市场经济的认识及其实践经历了从主张市场自由放任到主张政府全面干预这两个极端。因此，当代西方各国对市场与政府之间相互关系得出一个更客观理性的认识，并付诸政府理财的实践，即市场和政府都是资源配置的两种基础性机制，两者各有优劣与长短；市场有失灵，政府同样会失灵。因此，当代混合经济体制下市场与政府的分工大致应是这样的：市场以效率为主，兼及公平；政府以公平优先，兼顾效率。这既是二者活动的边界，也是其活动准则。因此，政府应尽可能少地干预微观经济活动，它能做也应该做的是市场自身无法做好的事情：维护市场公平竞争的环境，监管市场，提供公共产品与服务。具体到政府理财问题，政府应承担起解决市场必然产生而又无法解决的社会公平即收入分配问题。政府可以从财政收入和财政支出两端来促进社会公平，在收入一端，政府理财可以通过征收个人所得税、遗产税与赠与税等税种、税率设置以及宏观税负、税制等税收手段调节收入分配；在支出一端，政府理财可以通过社会保障、转移性支出、公共教育等途径实现调节分配的目的。从更宽泛的意义上讲，政府对基础设施、公益事业（如文化、教育、科技、卫生等公共事业）的投入同样体现了公平优先的理念，体现了当代各国政府理财在财政效能理念上的共同趋势。

## 二、治理结构的国际借鉴

### （一）政治层面上坚持立法主导与府际平衡相结合

1. 立法主导

人民主权原则是现代各国政府合法性的终极源泉，其要旨是，政府应始终代表人民并受人民控制。议会是主权者（即人民）的代表机构，代表了“公意”，具有最高地位。因此，各国在处理议会与政府关系（议行关系）上一般实行议会主导原则，或至少议会与政府权力平衡，使议会能始终代表人民发出自己的声音，并督促政府为人民利益而工作。代议制体现了主权在民的原则，它是世界主要国家实行的政治原则与制度，在西方体现为议会制度，在我国则主要是指人民代表大会制度。发展中国家议会多采用一院制。发达国家议会多采用两院制，其目的是使议会在代表多数人的同时，能尊重和保护少数人的利益，同时也使两院之间相互制衡，保证立法、决策更为公正、科学、周密。

议会一般拥有立法权、财政权和监督权。在政治过程中，议会发挥了利益表达、利益整合和利益保护三大功能：

第一，利益表达功能。在民主制度下，作为主权者的人民要行使其权力有两个途径，即直接民主和间接民主方式。从财力、物力、技术条件和必要性等方面来说，在大国大规模持续性实行直接民主都是不现实的。密尔、孟德斯鸠、潘恩和托克维尔等人从理论和实践上为大国民主的实现找到可行的途径，那就是代议制，即选民选举自己认可的代表来管理国家，为公众服务。这就是间接民主。代议制的核心是选举产生议会或国会。当然，担负着挑选在政府体制中表达国家意志即立法人员的责任，而且担负起了挑选执行这种意志的人员即执行官员的责任的是政党。①

第二，利益整合功能。议会作为民意机关，首要的任务是民意的表达、凝聚和整合问题。在一个多元化的社会里，必然有着多元化的利益诉求。原本纷乱冲突的利益诉求将得到有序的、有组织的表达，其平台就是议会，因为议员的职能就是代表人民的（不同）的利益。

第三，利益保护功能。通过对西方财政史的考察，我们发现，正是公民与政府之间的财政博弈催生了现代西方宪政体制。因此，财政审议权自始至终都是议会的一项基本职能，也是其控制与监督政府的重要手段与职能领域。我们以英国宪政史上几个著名的宪法文件说明财政与议会产生的关系。1215 年的《自由大宪章》规定国王征税必须征得御前会议（英国国会前身）的同意，并且征收时务求适当；1258 年，英王亨利三世为筹集军费而召开御前会议，愤怒的贵族们全副武装出席会议并拒绝了国王的要求，史称“疯狂的国会”（国会遂由此得名）。此次会议迫使英王通过了新的政治改革条例（《牛津条例》），它除了重申大宪章的主要条款外，还确立了国会的最高立法权威、限制王权等；1628 年的《权利请愿书》是查理一世为解决财政匮乏迫于贵族压力而制定的，其中主要确立了保护私有财产的原则，再次强调了未经议会批准不得征税的原则。②

此外，各国以议会制度为核心，发展和完善了相关的制度与组织，如普选制度、政党与社团制度、听证制度、新闻制度等，起到代表人民的作用，共同构建起较完善的公民偏好显示机制，为政府理财确定了目标与原则，真正实现为人民生财、聚财、用财、管财。

---

① ［美］古德诺著：《政治与行政》，华夏出版社 1987 年版，第 57 页。

② 马啸原著：《西方政治制度史》，高等教育出版社 2000 年版，第 80～83，109 页。

2. 府际平衡

发达国家处理府际关系的原则是力求根据经济、社会发展要求实现动态平衡，它主要体现在集分平衡和纵横平衡两个方面。此处讨论的府际关系主要是指中央与地方政府关系。地方上下级政府间关系与此类似，故略而不论。

集分平衡。对于任何一个国家来说，选择集权多一点还是分权多一点，从根本上讲是适应经济社会发展的要求所进行的或自觉或自发的适应性调整。从直接的原因来说，集权或分权的选择要服从并服务于某一时期政府职能转换、调整的需要。如实行联邦制的美国，在立国之初及其后相当长一段时间内，奉行二元联邦主义，主张分权的体制，以适应经济上的自由放任主义。到罗斯福新政时期，为适应联邦政府干预经济社会以对抗经济危机的需要，提出合作联邦主义口号，其实质就是强化联邦集权。到了20世纪80年代，针对此前半个多世纪的集权化乃至过度的弊端，代表保守主义思潮的理论家与政治家提出新联邦主义主张。里根政府因而明确打出了“还权于州”的口号，推动政府权力从联邦向各州分散。单一制的英国却与美国背道而驰，在同期启动了中央集权化运动。但与此同时，同样有高度中央集权传统的法国和日本却开启了地方自治运动，实现中央向地方的分权。因此，无论单一制还是联邦制国家，也无论其经济、社会发展状况及政治文化差异有多大，它们在集权与分权问题上都坚持在“充分保证中央政府对地方政府的有效控制和协调的前提下，力求集权和分权的适度平衡”。[①] 具体体现为“在不破坏现有的政府间关系格局和结构的基础上进行集权和分权”。“在单一制国家，集权与分权都是在可控的条件下进行的。”[②] 也就是说，在进行集权或分权时，必定有相应的法律、政治或行政

---

① 林尚立著：《国内政府间关系》，浙江人民出版社1998年版，第164，166~167页。

② 林尚立著：《国内政府间关系》，浙江人民出版社1998年版，第164，166~167页。

机制予以弥补，使其在可控的范围内运行。它还体现为“加强相互间的依赖关系”，① 如全国性计划（社保、医保体系等）就将中央和地方政府紧密联系在一起，谁也离不开谁。

纵横平衡。发达国家处理府际关系的一个经验是，对政府尤其是地方政府的纵向控制机制与横向控制机制的平衡协调。所谓纵向控制机制是指中央政府对地方政府的控制。其机制在联邦制国家有立法、财政和司法等，其中，尤其看重立法与财政手段，这是行政机关可较方便运用的手段。如美国联邦政府就主要是运用财政补贴来影响、制约州和地方政府。在单一制国家，除上述手段之外，还有行政、人事和政策手段。一般来说，单一制国家可灵活运用上述工具，其中，行政、人事、财政是运用最为广泛的工具。所谓横向控制机制，是指立法机关对各级政府的控制或制约，这是政府治理结构的根本，也是一个稳定、平衡的纵向府际关系格局的基础。在联邦制国家，之所以府际关系相对比较分权化，除去联邦与州之间关系有宪法的根本约束之外，最根本也最基础的是这些国家州和地方政府都处于完备的自治体制的监控之中。换言之，联邦制国家是先有自治的地方政府，才有州政府，最后才有联邦政府。地方自治的轴心就是立法机关对政府的控制。在单一制国家，法理上是先有中央政府，才有地方政府。中央政府才具备最基础的法律根据。因此，当法国、日本等高度中央集权的单一制国家开始推行地方分权运动时，其重要的配套机制是逐步发展地方自治，在来自中央的纵向控制机制弱化的同时，由同步强化的横向的地方自治填补对地方政府控制机制的真空，使其始终处于受控状态，不至于偏离公共性轨道。总之，联邦制和单一制国家在处理府际关系中都兼顾了纵横控制机制的动态平衡。

### （二）行政层面坚持集权统一与分权制衡相结合

如果说以代议制为核心的政治层面的治理结构为政府理财公共

---

① 林尚立著：《国内政府间关系》，浙江人民出版社 1998 年版，第 164，166 ~ 167 页。

性的实现提供了根本保障及可能性的话，其最终落实还需行政层面的治理结构相呼应。一些发展中国家政府的腐败和低效，在相当程度上是肇因于其行政治理结构的失效与无能，因为行政制度设计不合理，无法保障政府的廉洁、勤政、高效，致使公共利益无法实现。一般来说，成功建立起公共型理财模式的国家政府在行政层面上的财经机构之间以及财经机构与职能部门之间都实行集权统一与分权制衡相结合原则。

集权统一是指行政层面有关财政、经济、贸易甚至金融的决策权、执行权、监督权主要集中于财政部门，特别是预算编制权、监督权、分配权都无一例外是由财政部门独断，以保证决策权的统一，避免政出多门和财经纪律的混乱，有利于精简机构与管理流程，便于推行大部制。这要求明确财政部门与其他职能部门之间的职能分工，即除财政部外，各部门的主要职能就是执行预算（履行其部门职能），财政部（门）专职为政府履职筹集、分配、管理资金，并监督其运用。

分权制衡是指政府财经部门内部及其与职能部门之间实行决策、执行、监督分立，形成既分工合作，又监督制衡的权力格局与运行机制。这在宏观上是指，财政部门专职负责预算决策（此处指预算编制。严格地说，预算决策是指议会的预算审查与批准行为），非财政各职能部门负责预算执行（根据立法机关批准的预算履行本部门职责）；审计部门（包括议会、财政部门以及民众）负责监督。在微观上，分权制衡原则还体现于财政部门内部的分工上，如发达国家财政部门内部职能分工是预算司负责预算编制，国库司负责预算执行（此处指政府资金筹集与拨付即政府资金收付业务），监察司负责预算执行的监督。虽然各国相关机构名称、机构各异，但一般都如此进行内部职能分工。美国在行政层面的分权制衡方面做得更彻底，由预算与管理署负责预算编制及监督，财政部（直译为国库部）负责预算执行。

### （三）部门层面坚持部门理财严格周密、公开透明

各国政府，尤其发达国家政府对预算单位的财政、财务管理也

有很多值得我们借鉴的成功经验，主要有以下四个方面：

一是职能分工明确。公共型理财模式建设比较成熟的国家都对财政部门与非财政职能部门之间的职能划分非常明确，所有有关财政、经济事务的职责、权力一般都集中归口财政部（各国名称各异，如法国、西班牙等国称财政经济部、经济财政部，美国分别为预算与管理署、财政部），有关政府资金筹集、运用、管理、分配都属于财政部专有职权，其他职能部委只负责预算执行，即完成本部门职能任务，不像中国一样，各部委都有小金库，掌握或大或小的财政权。

二是严格执行预算。发达国家普遍遵循依法治国方针，年度财政预算一经议会批准即成为法律，必须严格执行。因此，预算单位如果不能按照批准、下达的预算执行，比如多花了钱或钱没花完，相关公务人员都要负法律责任，甚至有牢狱之灾。

三是监督严密周到。为保证预算得到严格执行，各国都制定详细完备的法律，对各部门从预算编制、执行到绩效评估的整个过程都有周密的监控机制。比如法国，部门预算在提交内阁讨论之前，应先经驻部财政专员审查。在执行阶段，所有财政支出事项都受财政专员和公共会计的监督。年度预算执行结束后，各部委都要接受审计法院的审查，该审计报告还要交一份给财政专员备案。美国亦有驻部财政总监，承担类似职能。

四是财务公开。发达国家都实行财务公开制度。部门预算首先是经过议会公开辩论、质询后通过的，批准后的部门预算也通过各种媒体、渠道予以公开，方便全社会的监督。由于每一笔支出都具体规定了用途、金额、标准等，并且是以法律形式颁布，必须不折不扣地执行，因而部门领导在预算执行中的弹性空间即自由裁量权很小；加上预算是公开的，这大大减少了部门领导在财经问题上腐败违纪的机会，促进了部门廉政建设。

## 三、政府职能的国际借鉴

### （一）政治职能

1. *以顺畅的民意表达渠道，构建充分的公民偏好显示机制*

发达国家历经数百年的现代化运动，政治发展比较成熟，因而形成了较丰富和顺畅的民意表达渠道。一般来说，具有利益表达与整合功能的组织有议会、行政、法院、政党、各种非营利组织（包括教会、行业协会、工会、慈善组织、环保组织、社区团体、社会服务团体、教育组织等等，它们被学界统称为第三部门）、研究机构等等，它们代表或整合了各方面的利益诉求与主张，并积极发声。从其活动的方式与策略来看，主要有选举、听证、诉讼、游行、舆论、院外活动（接近立法、行政机构及官员）以及学术研究等。由于有这么多活跃的参与主体与渠道，特别是在政党之外能量超人的各类利益集团，在利益表达中起着巨大的作用，以致美国著名政治学家罗伯特·达尔称西方特别是美国的政治模式其实是多元主义政治，即利益集团政治。它固然有其阴暗的一面，但我们亦不能否认，它确实在客观上丰富了公民利益表达渠道，有利于尽可能充分地显示公民偏好，从而推动政府理财确定明晰的目标与评价标准。

2. *以全方位的制衡方式，构建严密的监控机制*

政府应始终处于人民的控制之下。不受人民控制的政府是不可能真正始终代表人民利益的。就国际经验而言，人民可以通过以下五条途径实现对政府的控制：一是通过选举控制政府。选民通过选举立法机关代表、行政首长（总统）以及部分公职实现对政府授权的定期更新和根本控制。二是通过自己所选举的代表，如议员、总统，实现对政府（行政）的控制。而不信任案、质询、国政调查、弹劾、罢免等都是议会监督、控制政府以保护公民权利的有效机制。总统及其政治任命的政务官则可对行政系统在政策议程、施政方略乃至政府规模、行为方式进行监控。三是通过法治和宪政实现对政府的控制。法治和宪政规定了政府的产生依据、目的使命、行动范围与方式等，保证政府不背叛人民的委托，依法行政。四是通过政府内部机制控制政府自身。比如通过科层制实现对政府各个部门的领导以及中央政府对全国的领导，还通过构建完善的府际关系（在政府理财模式中即体现为政府间资金配置模式）实现中央政府对地方政府的控制等等。政府治理结构在制度设计中能使民意得到全面、客观、及时地表达，政府的运行、存废始终受人民控制，这就从根本上保障政府理财公共性的实现。

值得指出的是，各国特别是发达国家，无论是实行典型的联邦制的美国、德国、澳大利亚，抑或是实行单一制中央集权的英、法、日等国，都普遍运用财政手段作为中央政府控制地方政府的不可或缺的重要工具。因此，在这些国家中，中央政府在政府间资金配置模式中始终居于主导地位，如中央或联邦政府集中全国大部分或较大份额的政府收入，中央政府主导税权、税种划分，税率、税目的调整等等，中央或联邦政府虽然不干涉地方人事，却可以通过专项或一揽子的大规模财政转移支付，通过财政调整等，影响和约束地方政府的行为选择。这一点在单一制中央集权国家中表现得更为明显，因为财权财力向中央集中，中央也有更多的政策工具可以选择与组合，如业务指导、财政监察等。当然，在集权趋势不可阻挡的同时，我们亦须承认，各国中央与地方关系（府际关系）也发生着相反的趋势，即多中心、地方分权、合作主义的趋势。[①] 但这不影响上述判断，并且可以认为，这是相辅相成的，共同发挥着政府政治职能之表达与控制职能。

**（二）经济职能**

发达国家都实行市场经济体制，将政府经济职能定位于弥补市场失灵，即资源配置、收入分配和经济稳定。但各国以及各国在各个历史时期经济职能还有变化与不同。人们对政府经济职能即公共

---

① 杨宏山：《论府际关系的多中心合作趋势》，载《政治改革与政府转型》2003年。

产品的内容和范围的理解具有明显的时代特征。从市场经济的发育来分期，发达国家经历了自由放任市场经济时代、国家干预市场经济时代以及混合市场经济时代。以大萧条之后的罗斯福新政为标志，发达国家政府职能经历了一轮长达半个世纪左右的急剧扩张阶段，其政府职能相比自由放任时期的几乎无所作为（仅仅保有维持治安、秩序、极有限的公共工程等），无疑扩张增加了很多职能，在20世纪六七十年代达到顶峰，表现为席卷全球的福利国家建设和国有化运动，这些职能也因之逐步固化。伴随着20世纪70年代到21世纪初的新公共管理运动，发达国家政府经济职能有所弱化，表现为放松管制和私有化运动。2008年，发源于美国的金融危机席卷全球，并愈演愈烈。面对空前经济危机，各发达国家采取强力措施干预经济，尤以美国力度最大，乃至有人惊呼“美国大步迈向美国特色社会主义”，戏谑美利坚合众国（USA）也将演变成美利坚社会主义合众国（USSA，the United Socialist States of America）。[①] 但发达国家政府经济职能在总体上没有其社会职能突出，因为后者才是其“中心工作”，是主要的职能。即使在其顶峰时期，其经济职能与中国建设型理财模式下的经济职能不可同日而语。与中国相比，其经济职能很有特点：

在职能结构方面，第一，发达国家政府的资源配置职能以配置（提供）公共产品为主，让市场起资源配置的基础性作用，政府绝不干预市场正常运行，不涉入微观竞争性领域，以免破坏公平竞争环境。相比之下，中国各级政府将相当部分资源用于配置私人产品，表现为竞争性国企数量过多，政府在经济生活各行业过于活跃，而用于公共产品的投入长期严重不足，造成公共产品短缺。第二，在分配职能方面，发达国家十分重视分配职能，并已建构起一套成熟的理财模式，主要体现为：一方面采用以直接税（所得税、社保税和财产税）为主体的税制结构，实行综合扣税制与福利照顾

---

① 《外媒称美国大步迈向美国特色社会主义》，来源：《环球时报》2008年09月24日，转引自 http://news.xinhuanet.com/world/2008-09/24/content_10100107.htm

（税收减免）政策。另一方面，建成福利国家，为公民提供全面福利保障。因此，从技术上，政府可以非常便利、直接地运用增减税或增减福利等财政政策调控收入分配。当然，其难点在于，由于涉及各方面利益，尤其涉及增税与减少福利的项目，很难推行全面性、结构性的改革，难以达成共识并集体行动。第三，在稳定职能方面，应该说中西方都较重视，但效果不一样。必须承认，发达国家在充分就业、稳定物价和国际收支平衡方面比我们有更成熟的经验。

在职能方式方面，相较于我国在职能行使方式上以行政方式居多，手段比较单一，发达国家经济职能行使方式主张综合运用货币、财政、法律等多种手段，以间接调控为主，并且始终坚持以市场为基础，不是十分紧急情况，政府尽量不予干预，即使紧急干预，也尽量选择对市场机制“副作用”最小、震荡最小的方式，并且一旦达到政策目标，政府应立即撤出。

**（三）社会职能**

在社会保护职能方面，发达国家普遍构建起了覆盖全社会所有人群的安全网络——公共安全、社会保障与公共卫生体系，并逐渐成为公民的社会权利，实现了劳有所得、住有所居、学有所教、病有所医、老有所养，使得社会文明程度达到一个崭新的高度。在社会发展职能方面，以雷切尔·卡逊（Rachel Carson）发表《寂静的春天》和嗣后罗马俱乐部发表的《增长的极限》为标志，发达国家在20世纪70年代后逐渐开始重视生态环境治理与保护以及资源的可持续利用。积极实施环境治理与干预，一些遭受污染的河流湖泊，如欧洲的莱茵河和美国的五大湖经过重金治理后重新变得清澈干净了。随之而来的新公共管理运动，掀起了全球政府改革的浪潮，它直接促使发达国家试图减轻政府责任或卸载一些社会职能，相应强化公民的责任，因此同时也促进了第三部门或公民社会的兴起。加上民营化改革、执行局改革等，公共产品的生产与提供模式日益多样化、多元化，政府、企业和非营利组织以及个人都变成了公共产品生产者或提供者。这也带来政府理财模式的一次革命，即志愿提供模式与自主（俱乐部）提供模式的出现并走向成熟，加上第三部门还介入公共产品的生产与监督，彻底打破了过去公共产品由政府“独家开店”，即政府垄断公共产品的提供和生产，其多寡好坏则在很大程度上由政府说了算的局面，有利于政府治理模式的转型和政府理财模式公共化的深化和拓展。

各国政府职能演变趋势见图 3.1。

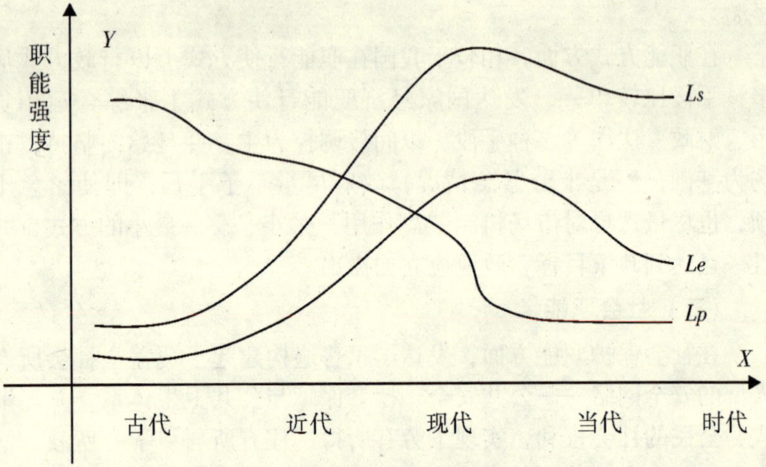


**图 3.1 各国政府职能演变示意图**

坐标说明：横轴（*x* 轴）表示各国政府从古代到当代的历时顺序，纵轴（*y* 轴）表示各个历史时期政府职能的重心或强度，*Lp*（Line - politics）代表政治职能发展趋势，*Le*（Line - economy）代表经济职能发展趋势，*Ls*（Line - society）代表社会职能发展趋势。这些都是大体的趋势性描述，较难以某个具体的时间点来定义。从这个形象的示意图上我们可以大体上看出，政府职能的变化趋势，即政治职能是古代各国政府的主要职能，并量化表现为各国的军事、官僚体系以及皇家的支出总和占据了政府财政支出的绝大部分，这个趋势到近代开始改变，其在财政支出结构中的重要性开始缓慢而稳定地下降，到现当代，这项支出在整个财政支出结构中显得越来越不突出了。与之相反的是，经济和社会职能在古代政府的职能结构中都是微不足道的，进入近代后，这两项职能开始显著而急剧地强化了，并表现出越来越成为政府主要职能的趋势，在现代这两项职能都达到了其巅峰状态，但两相比较，社会职能似乎比经济职能更能占据政府的职能核心与大头的位置，这一点在西方发达国家更为明显。20世纪70年代以后，也就是凯恩斯主义失宠之后，西方各国的经济职能有一个明显弱化的阶段。社会职能虽然也受新自由主义思潮的影响而有所弱化，但没有经济职能的弱化那么明显，因此社会职能支出在财政支出中的比重更大了。

## 第二节　政府资金筹集模式的国际借鉴

### 一、倾向公平的税收制度

一个国家的税制设计首先必定是在一定税收原则指导下制定的，西方国家也不例外。税收原则是政府在税制设计和实施方面所应遵循的理论准则，也是评价税制优劣、考核税务行政管理状况的基本标准。西方经济学家对税收原则进行了长期而卓有成效的探索，提出了很多税收原则的理论，现代理论界将这些原则总结为效率与公平两大原则。

所谓效率原则是指既定税收收入下使税收的额外负担最小化。税收额外负担是指征税所引起市场相对价格的改变，干扰了私人部门的选择，进而导致市场机制扭曲变形。因此，如何使税收额外负担最小化，就成为提高税收效率的基本思路。为使税收的社会成本最小化，就要使税收体系的额外负担最小化。而要实现该目标，就应选择对供给或需求弹性较小的商品课税。

公平原则一般包括受益原则与纳税能力原则。受益原则是依纳税人受益多少来分配税负。其理论依据是，政府之所以要向纳税人课税，是因为它向纳税人提供了公共产品，纳税人之所以要向政府纳税，是因为他们从政府提供的公共产品中获得了利益。故税负在纳税人之间的分配，只能以他们享受到的利益多少为依据，受益多者多缴税，受益少者少缴税，受益相同者缴纳相同的税。能力原则是指以支付能力作为征税依据，能力强的多纳税，能力弱的少纳税。从实践角度而言，能力原则较受益原则更具有可操作性而被广为接受为指导税制建设的理论。其衡量的标准有收入、支出和财产，由此设计了所得税、消费税和财产税。①

20 世纪初叶以来，各国为强化收入分配，维护社会公平，纷纷开征带有调节收入分配性质的所得税、社会保障税和财产税，特别是在建设福利国家阶段，所得税与社保税急剧扩张并成为主体税种。因此，在 20 世纪六、七十年代前后，西方各国大体完成了从以间接税为主转型为以直接税为主的税制的转型。历史总是波浪式前进和螺旋式上升。因此，也是从 20 世纪 70 年代以来，西方各国涌动着一股税制改革和调整的暗流。1985 年 5 月 29 日，美国总统里根向国会提交了一份关于税制改革的咨文，由此掀起西方国家税制改革的浪潮，也是半个世纪以来西方国家税制原则的一次重大调整。在税收的经济效率原则上，由全面干预转向适度干预；在税收公平与效率原则的权衡上，由偏向公平转向突出效率；在税收公平原则的贯彻上，由偏重纵向公平转向追求横向公平；在税收效率原则的贯彻上，由注重经济效率转向经济效率与税制效率并重。

具体内容主要包括：大幅降低所得税税率，特别是减少个人所得税的税率档次、降低边际税率；提高增值税在整个税收收入中的比重，扭转了长期以来重视所得税，忽视商品税的状况；强调应该通过减税与增税“双向”调节社会经济活动，努力促进各原则目标的协调，注重“次优状态”的获取。②

---

① 张馨主编：《财政学》，科学出版社 2006 年版，第 170 ~ 179 页。

② 施本植、梁柯：《西方国家税制结构的演变及启示》，《经济视角（中国纳税人）》，2007 年第 11 期。

总的来说，这场税制改革运动是20世纪70年代末、80年代初西方政府改革浪潮的重要组成部分，反映了以新保守主义思潮为代表的西方各国对过去半个世纪以来福利国家模式的反思，即政府对经济、社会干预过度，过于偏向公平，国民过度福利，造成财政负担过重，经济活力丧失。因此，要让财政卸载减负，强调公民责任，提升经济活力，提高整体经济效率，因而有了增值税和公共收费（使用者付费）的引入。但即使经过20多年的改革，西方各国税制仍然是以倾向公平的直接税（所得税、社保税、财产税等）为主体税种和主要收入来源。这是世界税制改革的大格局、大趋势，认清这一点有利于我们在税制设计和改革中少走弯路。

## 二、以税收为主的政府收入结构

一般而言，发达国家政府收入结构以税收为主，非税收入为辅。而越是发展中国家，其非税收入的比重越大，其规范性也越低。从表3.1、表3.2和表3.3这三组表格反映的情况可知，发达国家中央政府非税收入占经常性收入的比重相对较低，而经济发展水平和市场化程度较低的国家，非税收入所占的比重比较高，说明政府收入结构与该国（地区）经济发展水平和市场化程度有较高关联度。

**表3.1 发达国家政府收入结构①**

| 国家（年度） | 经常性收入总额 | 税收收入 | | 非税收入 | |
|---|---|---|---|---|---|
| | | 数 额 | 所占比重（%） | 数 额 | 所占比重（%） |
| 美国（1999） | 32535.0（亿美元） | 26116.3（亿美元） | 80.3 | 6418.7（亿美元） | 19.7 |
| 澳大利亚（1999） | 2230.7（亿澳元） | 1798.3（亿澳元） | 80.6 | 432.4（亿澳元） | 19.4 |
| 加拿大（2000） | 4689.3（亿加元） | 3865.4（亿加元） | 82.4 | 823.9（亿加元） | 17.6 |
| 德国（1998） | 17020.8（亿马克） | 14096.3（亿马克） | 82.8 | 2924.5（亿马克） | 17.2 |
| 法国（1997） | 39328.0（亿法郎） | 35755.0（亿法郎） | 90.9 | 3573.0（亿法郎） | 9.1 |
| 英国（1998） | 3406.7（亿英镑） | 3118.8（亿英镑） | 91.5 | 287.9（亿英镑） | 8.5 |

① IMF, *Government Finance Statistics Yearbook*, Washington, D. C.: International Monetary Fund, 2001，转引自郭庆旺，赵志耘著：《财政学》，中国人民大学出版社2002年版，第308~309页。

表 3.2　代表性国家中央政府非税收入占经常性收入总额的比重①

| 国别 | 年份 | 货币单位 | 非税收入总额 | 经常性收入总额 | 占比（%） |
|---|---|---|---|---|---|
| 美国 | 2000 | 亿美元 | 1315 | 21093 | 6.23 |
| 加拿大 | 2000 | 亿加元 | 195 | 2251 | 8.66 |
| 德国 | 1998 | 亿马克 | 1894 | 11829 | 16.01 |
| 英国 | 1999 | 亿英镑 | 159 | 3246 | 4.90 |
| 法国 | 1997 | 亿法郎 | 2089 | 33978 | 6.15 |
| 意大利 | 1998 | 亿里拉 | 152430 | 8861050 | 1.72 |
| 西班牙 | 1997 | 亿比塞塔 | 15018 | 235389 | 6.38 |
| 荷兰 | 1997 | 亿荷兰盾 | 213 | 3237 | 6.58 |
| 日本 | 1993 | 亿日元 | 154290 | 992770 | 15.54 |
| 韩国 | 1997 | 亿韩元 | 123060 | 907400 | 13.56 |
| 澳大利亚 | 1998 | 亿澳元 | 90 | 1400 | 6.43 |
| 南非 | 2000 | 亿兰特 | 125 | 2384 | 5.24 |
| 墨西哥 | 1999 | 亿比索 | 711 | 6341 | 11.21 |
| 阿根廷 | 2000 | 亿比索 | 35 | 403 | 8.68 |
| 巴西 | 1998 | 亿雷亚尔 | 386 | 2272 | 16.99 |
| 俄罗斯 | 2000 | 亿卢布 | 2731 | 17955 | 15.21 |
| 波兰 | 2000 | 亿兹罗提 | 208 | 2127 | 9.78 |
| 罗马尼亚 | 1999 | 亿列伊 | 195010 | 1651850 | 11.81 |

① 国际货币基金组织《政府财政统计年鉴》2001 年，转引自《世界经济年鉴》2002 年。

表 3.3 亚洲国家税收与非税收入占全国财政收入的比重①

| 国家 | 财政年度 | 税收收入比重（%） | 非税收入比重（%） |
|---|---|---|---|
| 1. 孟加拉国 | 1995—1996 | 79 | 21 |
| 2. 塞浦路斯 | 1995 | 83.52 | 16.48 |
| 3. 印度 | 1995—1996 | 65.43 | 34.57 |
| 4. 印度尼西亚 | 1996—1997 | 64.3 | 35.7 |
| 5. 约旦 | 1995 | 54.1 | 45.9 |
| 6. 马来西亚 | 1996 | 81 | 19 |
| 7. 尼泊尔 | 1994—1995 | 80 | 20 |
| 8. 新西兰 | 1996—1997 | 93.9 | 6.1 |
| 9. 巴基斯坦 | 1995—1996 | 79.9 | 20.1 |
| 10. 巴布亚新几内亚 | 1995 | 83.5 | 16.5 |
| 11. 泰国 | 1997（estimated） | 90.3 | 9.7 |
| 12. 也门 | 1993 | 61 | 39 |

## 三、以直接税为主的税收结构

税制结构是指一个税收体系中的税种构成及不同税种的地位和相互关系，其完善程度关系到一国政府能否简便地取得适量的税收收入，它直接影响该国国民收入分配格局乃至整个国民经济的发展，进而影响该国社会公平正义的状况。欧美发达国家在过去的近百年里，基本完成了由商品劳务税等间接税为主向所得税、社会保障税等直接税为主的转换，直接税占税收总额的比重在60%～80%

---

① 根据亚洲最高审计机构组织（ASOSA I，Asian Organization of Supreme Audit Institutions）的“*Government Revenues - Accountability and Audit*”报告整理而得。网址：http://www.asosai.org/researchprojects/index4.htm，转引自贾康，刘军民《非税收入规范化管理研究》，载《公共经济评论》2003年第2期，http://www.frc.com.cn/sp/pe/2003.12/2003.2.doc。

之间。在税种设置方面，发达国家的税种主要包括所得税、社会保障税、商品劳务税、财产税、关税和其他税六类；个人所得税和社会保障税在一国税收地位举足轻重，个人所得税占税收总额比重在30%～40%之间，而社会保障税占税收总额的比重普遍上升，多在25%～30%之间，在不少国家已超过个人所得税成为第一号税种；财产税是发达国家的地方主要税种，占税收总额10%左右，财产税成为继所得税、社会保障税之后的三大税制体系之一，成为越来越多国家政府的主要收入来源。以直接税为主的收入结构构成发达国家公共型理财模式的税制基础。因为直接税如所得税在税收中性上具有对市场干预度小，税收额外负担较轻等特点，加上覆盖绝大多数国民，作用直接、迅速，因而成为发达国家调节收入分配、促进社会公平的最重要工具。同时，政府还可通过增税或减免税政策，用来刺激经济增长或抑制经济过热，因而成为宏观调控，稳定经济的一把利器。

## 四、严格的非税收入管理

发达国家政府的财政政策是纯公共产品须以税收来保障，准公共产品或混合公共产品则可以收费方式筹集收入。在总体上，各国政府以税收为主，收费为辅。其非税收入来源主要有公共财产收入、公共企业收入、行政收入、公共设施使用费收入等。根据有关资料显示，高收入的发达国家非税收入占财政收入比重为5%～15%，中等收入国家为15%～25%，低收入的发展中国家为20%～30%。一般来说，非税收入在各国中央财政收入中所占比重大多为10%～20%左右，但在地方财政收入中有的可高达50%～60%。[①] 总体而言，发达国家非税收入管理严格，构建了较完善的治理结构，其特点有四个方面：

---

① 贾康，刘军民：《非税收入规范化管理研究》，载《公共经济学评论》2003年第2期，http://www.frc.com.cn/sp/pe/2003.12/2003.2.doc。

一是主权在民。收费的最终决定权在议会和公民手中，任何部门无权自行制定收费计划、核定收费标准和范围。如美国关于收费等非税收入的项目及其标准等，要通过议会或选民投票来决定，并订有附加条款，达到条件，法案才能生效。政府机构只是执行收费法规和指令的办事部门。

二是公共性标准。各国政府一般都根据某项公共服务的外部性和非排他性等公共产品标准来确定非税收入，其原则有二：一是对私人成本进行社会调整，包括将社会认为过高的私人成本降下来，如旨在反垄断的收费限制；将社会认为过低的私人成本提上去，如消除负外部效应的惩罚性收费和为消除拥挤的准入性收费。二是将社会成本向私人分摊，如为生产公共产品和公共服务的集资性收费；又如非营利组织的补偿性收费。收费标准一般采用完全成本定价和边际成本定价两种方式，前者是基于按需求量确定的平均成本来定价，着眼于补偿成本耗费；后者基于资源最优配置要求，按达到供需量相等时的边际成本来确定收费标准。

三是预算管理。各国政府都将非税收入纳入统一的预算管理体系，也要反映在政府预算文件之内，通过严格的审议批准程序，因而规范程度高，管理严格。例如，法国国家预算包括一般预算、国库专用收支和附属预算，其中一般预算用于国家经常性支出、投资支出和军费支出，其收入主要来源于税收；国库专用的收入来源主要为收费、基金和其他收入，用于专款支出；附属预算则是不具备法人资格而进行经营的有关产业和服务事业的财务计划，其收支相抵后，盈余转入总预算收入，亏损则列入总预算支出。

四是依法开征。各国所有非税收入项目包括收费均须有法律依据。政府出台任何非税收入项目都要求有严格的法律依据，收费标准的变更也须经过严格法律或行政审议程序（如听证会形式）。

## 第三节　政府资金运用模式的国际借鉴

发达国家政府资金运用模式较集中地体现为以公共服务为主的支出结构以及成熟的预算体制、机制与过程，并体现出统一完整、民主法治、分权制衡、公开透明、精细高效的特点。发达国家政府资金运用模式有以下特点：

### 一、以公共服务为主的支出结构

在过去一个世纪里，政府扩张始终伴随着发达国家公共支出结构的巨大变化，它其实反映了政府理财模式的巨大变化。1870 年到 1960 年前后，公共支出的增长带来了政府服务的扩展和基本社会保险体系的形成。直到 1960 年前后，政府直接支出或实际支出一直是主导力量。而 1960 年以来，政府支出增长的绝大部分被日益扩张的社会计划所吸收，且一般采取现金转移支付的形式。这使得有限的社会安全网变成了普及性的社会福利。① 一个世纪前，政府职能主要限于维护法治与秩序、对外安全以及非常有限的政府服务与投资。随后几十年间，政府支出大幅度增长，但我们对这种增长的结构认真分析后发现，这种增长主要是由于建设现代福利国家所导致的增长，真正由政府自身所耗费的支出（即上述统计中的“政府实际支出”）其实并没有增长多少。这表明，政府扩张本质上是政府责任的扩大，因而财政支出的扩张基本上是取之于民，用之于民的。同时也表明，行政成本是可控的，如果有一个意志坚定的政府的话。公共支出结构的变化反映了政府职能结构的变迁。表 3.4、表 3.5、表 3.6、表 3.7、表 3.8、表 3.9、表 3.10 和表 3.11 基本勾勒出了近代以来发达国家政府支出结构暨职能结构的变迁轨迹。

---

① ［美］维托·坦齐，［德］卢德格尔·舒克内希特著：《20 世纪的公共支出：全球视野》，商务印书馆 2005 年版，第 61 页。

表 3.4 1870—1995 年各国政府实际支出（占 GDP 的百分比）①②

| | 1870 年前后③ | 1937 | 1960 | 1980 | 1990 | 1995 |
|---|---|---|---|---|---|---|
| 法国 | 5.4 | 15.0 | 14.2 | 18.1 | 18.0 | 19.3 |
| 德国 | — | 21.0 | 13.4 | 20.2 | 18.4 | 19.5 |
| 日本 | — | 12.4 | 8.0 | 9.8 | 9.1 | 9.7 |
| 英国 | — | 11.7 | 16.4 | 21.6 | 20.6 | 21.4 |
| 美国 | 2.5 | 12.9 | 19.4 | 18.7 | 18.9 | 16.2 |
| 平均 | 4.6 | 11.4 | 12.6 | 17.9 | 17.4 | 17.3 |

表 3.5 1870—1995 年各国政府在补贴和转移支付上的支出（占 GDP 百分比）④

| | 1870 年前后⑤ | 1937 | 1960 | 1970 | 1980 | 1995 |
|---|---|---|---|---|---|---|
| 法国⑥ | 1.1 | 7.2 | 11.4 | 21.0 | 24.6 | 29.9 |
| 德国 | 0.5 | 7.0 | 13.5 | 12.7 | 16.8 | 19.4 |
| 日本 | 1.1 | 1.4 | 5.5 | 6.1 | 12.0 | 13.5 |
| 英国 | 2.2 | 10.3 | 9.2 | 15.3 | 20.2 | 23.6 |
| 美国⑦ | 2.3 | 2.1 | 6.2 | 9.8 | 12.2 | 13.1 |
| 平均 | 1.1 | 4.5 | 9.7 | 15.1 | 21.4 | 23.2 |

① ［美］维托·坦齐，［德］卢德格尔·舒克内希特著：《20 世纪的公共支出：全球视野》，商务印书馆 2005 年版，第 31 ~ 32 页。

② 政府实际支出定义为政府工资和薪金支出、政府物资和设备采购支出的总和，是政府花在直接吸收或使用经济资源上的支出。这样一个经济学上的定义并没有指明这笔支出的功能。因此，它包括以实物形式提供的社会支出（如公共住房或公共教育），但不包括现金形式的支出。

③ 各栏中的数据或者是可以得到的最接近年份的数据。

④ ［美］维托·坦齐，［德］卢德格尔·舒克内希特著：《20 世纪的公共支出：全球视野》，商务印书馆 2005 年版，第 39 ~ 40 页。

⑤ 各栏中的数据或者是可以得到的最接近年份的数据。除日本之外，1970—1995 年为各国中央政府数据。

⑥ 法国和德国 1937 年的历史数据只包括转移支付。

⑦ 美国 1870 年的数据只包括失业、养老金、医疗和住房方面的福利支出。

**表 3.6　1870—1993 年各国公共教育支出（占 GDP 百分比）①**

| | 教育总支出② | | | | | | 高等教育支出 | |
|---|---|---|---|---|---|---|---|---|
| | 1870 年前后③ | 1913 | 1937 | 1960 | 1980 | 1993—1994 | 1970—1972 | 1993 |
| 法国 | 0.3 | 1.5 | 1.3 | 2.4 | 5.0 | 5.8 | 0.7 | 0.9 |
| 德国 | 1.3 | 2.7 | — | 2.9 | 4.7 | 4.8 | 0.6 | 0.9 |
| 日本 | 1.0 | 1.6 | 2.1 | 4.1 | 5.8 | 4.7 | 0.5 | 0.4 |
| 英国 | 0.1 | 1.1 | 4.0 | 4.3 | 5.6 | 5.4 | 1.4 | 0.9 |
| 美国 | — | — | — | 4.0 | — | 5.5 | 1.3 | 1.3 |
| 平均 | 0.6 | 1.3 | 2.1 | 3.5 | 5.8 | 6.1 | 1.1 | 1.1 |

**表 3.7　1910—1975 年西欧社会保险覆盖面：**
**养老、失业和医疗保险（占劳动力百分比）④**

| | 养老保险 | | | | | 医疗保险 | | | | |
|---|---|---|---|---|---|---|---|---|---|---|
| | 建立年份 | | 覆盖劳动力百分比 | | | 建立年份 | | 覆盖劳动力百分比 | | |
| | 自愿⑤ | 强制⑥ | 1910 | 1935 | 1975 | 自愿 | 强制 | 1910 | 1935 | 1975 |
| 奥地利 | | 1972 | 2 | 36 | 81 | | 1888 | 24 | 49 | 88 |
| 比利时 | 1990 | 1924 | 29 | 44 | 100 | 1894 | 1944 | 12 | 31 | 96 |
| 法国 | 1895 | 1910 | 13 | 36 | 98 | 1898 | 1930 | 18 | 36 | 94 |
| 德国 | | 1889 | 53 | 68 | 86 | | 1883 | 44 | 52 | 72 |
| 爱尔兰 | 1908 | 1960 | — | 44 | 85 | | 1911 | — | 38 | 71 |

① ［美］维托·坦齐，［德］卢德格尔·舒克内希特著：《20 世纪的公共支出：全球视野》，商务印书馆 2005 年版，第 44 页。

② 法国 1937 年的教育支出均为中央政府支出。

③ 各栏的数据或者是可以得到的最接近年份的数据。

④ ［美］维托·坦齐，［德］卢德格尔·舒克内希特著：《20 世纪的公共支出：全球视野》，商务印书馆 2005 年版，第 46～47 页。

⑤ “自愿”表示资源型保险如劳动补偿金、收入调查型养老金，该栏年份指建立保险计划的年份，续表同。

⑥ “强制”指强制性保险，续表同。

续　表

| | 养老保险 | | | | | 医疗保险 | | | | |
|---|---|---|---|---|---|---|---|---|---|---|
| | 建立年份 | | 覆盖劳动力百分比 | | | 建立年份 | | 覆盖劳动力百分比 | | |
| | 自愿 | 强制 | 1910 | 1935 | 1975 | 自愿 | 强制 | 1910 | 1935 | 1975 |
| 意大利 | 1898 | 1919 | 2 | 38 | 94 | 1886 | 1928 | 6 | 22 | 91 |
| 荷兰 | | 1913 | NA① | 56 | 100 | | 1929 | NA | 42 | 74 |
| 挪威 | | 1936 | NA | NA | 100 | | 1909 | NA | 56 | 100 |
| 瑞典 | | 1913 | NA | NA | 100 | 1891 | 1953 | 27 | 35 | 100 |
| 瑞士 | | 1946 | NA | NA | 100 | 1911 | | NA | 69 | 100 |
| 英国 | 1908 | 1925 | NA | 79 | 80 | | 1911 | NA | 82 | 100 |
| 平均 | | | 20 | 56 | 93 | | | 22 | 47 | 90 |

**续表 3.7　1910—1975 年西欧社会保险覆盖面：养老、失业和医疗保险（占劳动力百分比）**

| | 失业保险 | | | | |
|---|---|---|---|---|---|
| | 建立年份 | | 覆盖劳动力百分比 | | |
| | 自愿 | 强制 | 1910 | 1935 | 1975 |
| 奥地利 | 1920 | 1920 | NA | 25 | 65 |
| 比利时 | 1920 | 1944 | NA | 23 | 67 |
| 法国 | 1905 | 1967 | NA | 1 | 65 |
| 德国 | | 1927 | NA | 35 | 76 |
| 爱尔兰 | | 1911 | NA | 30 | 71 |
| 意大利 | | 1919 | NA | 31 | 52 |
| 荷兰 | 1916 | 1949 | NA | 16 | 78 |
| 挪威 | 1906 | 1938 | NA | 5 | 82 |
| 瑞典 | 1934 | | NA | 2 | 67 |
| 瑞士 | 1924 | 1976 | NA | 28 | 29 |
| 英国 | | 1911 | NA | 63 | 73 |
| 平均 | | | | 24 | 66 |

① NA 表示没有公共保险计划，续表同。

表 3.8 1910—1990 年各国公共医疗支出（占 GDP 百分比）①

| | 1910 年前后② | 1930 年前后 | 1960 | 1980 | 1990 |
|---|---|---|---|---|---|
| 法国 | 0.3 | 0.3 | 2.5 | 6.1 | 7.6 |
| 德国 | 0.5 | 0.7 | 3.2 | 6.5 | 7.0 |
| 日本 | 0.1 | 0.1 | 1.8 | 4.6 | 5.5 |
| 英国 | 0.3 | 0.6 | 3.3 | 5.2 | 5.8 |
| 美国 | 0.3 | 0.3 | 1.3 | 4.1 | 6.3 |
| 平均 | 0.3 | 0.4 | 2.4 | 5.8 | 6.4 |

表 3.9 1913—1993 年各国公共养老金支出（占 GDP 百分比）③

| | 1913 年前后④ | 1920⑤ | 1937 | 1960 | 1980⑥ | 1990 | 1993 |
|---|---|---|---|---|---|---|---|
| 法国 | — | 1.6 | — | 6.0 | 10.5 | 11.3 | 12.3 |
| 德国 | — | 2.1 | — | 9.7 | 12.8 | 11.3 | 12.4 |
| 日本 | 0.6 | 0.3 | 0.8 | 1.3 | 4.5 | 5.9 | 6.0 |
| 英国 | — | 2.2 | 1.0 | 4.0 | 5.9 | 6.3 | 7.3 |
| 美国 | — | 0.7 | — | 4.1 | 7.0 | 7.0 | 7.5 |
| 平均 | 0.4 | 1.2 | 1.9 | 4.5 | 8.4 | 8.9 | 9.6 |

① ［美］维托·坦齐，［德］卢德格尔·舒克内希特著：《20 世纪的公共支出：全球视野》，商务印书馆 2005 年版，第 47~48 页。

② 各栏中的数据或者是可以得到的最接近年份的数据。

③ ［美］维托·坦齐，［德］卢德格尔·舒克内希特著：《20 世纪的公共支出：全球视野》，商务印书馆 2005 年版，第 52 页。

④ 各栏中的数据或者是可以得到的最接近年份的数据。

⑤ 1920 年和 1937 年的数据只包括中央政府养老金支出。

⑥ 1980、1990 和 1993 年数据为老年现金津贴、残疾人养老金、伤残养老金。

表 3.10　1937—1996 年各国公共失业支出（占 GDP 百分比）①

| | 失业补偿 | | | | 所有劳动力市场计划 |
|---|---|---|---|---|---|
| | 1937② | 1960 | 1980 | 1996 | 1996 |
| 法国 | — | 0.2 | 1.5 | 1.4 | 3.1 |
| 德国 | — | 0.1 | 0.9 | 2.4 | 3.8 |
| 日本 | — | 0.3 | 0.4 | 0.4 | 0.5 |
| 英国 | 3.2 | 0.2 | 0.9 | 1.3 | 1.8 |
| 美国 | 2.2 | 0.6 | 0.6 | 0.3 | 0.5 |
| 平均 | 1.3 | 0.3 | 0.9 | 1.6 | 2.7 |

表 3.11　OECD 国家公共支出结构（1999—2000 年）③

单位：%

| | 国防 | 治安 | 服务 | 教育 | 健康 | 住房 | 社保 | 文化 | 交通 | 农林 | 工矿 | 利息 |
|---|---|---|---|---|---|---|---|---|---|---|---|---|
| 比例 | 3.9 | 2.7 | 6.8 | 12.5 | 12.7 | 3.4 | 36.7 | 0.8 | 5.1 | 2.0 | 0.7 | 10.8 |

从上述各表中可以看出，OECD 国家政府职能以民生即公共服务为主，其教育、健康、住房、社保和文化四项支出占总支出的 66.1%。我们还可以从购买性支出与转移性支出的比重看出大致端倪。比如，发达国家购买性支出的比重为 45.2%，而转移性支出为 41.0%。该比例说明发达国家政府职能偏重于收入分配和经济稳定，故转移性支出占总支出比重较大，从而与购买性支出二者旗鼓相当。④ 事实上，以美国为典型，公民权利性支出⑤不仅构成了预

① ［美］维托·坦齐，［德］卢德格尔·舒克内希特著：《20 世纪的公共支出：全球视野》，商务印书馆 2005 年版，第 55 页。

② 各栏中的数据或者是可以得到的最接近年份的数据。

③ WB, *Tax Systems in Transition*, *Policy Research Working Paper*（2947），2003. 转引自王德祥主编《现代外国财政制度》，武汉大学出版社 2005 年版，第 88 页。

④ 陈共编著：《财政学》（第四版），中国人民大学出版社 2004 年版，第 92 页。

⑤ 公民权利性支出一般包括社会保障和相关项目、医疗保险、公共医疗补助、联邦雇员退休基金、事物和营养援助项目、失业保险、公共援助项目、退伍军人津贴、教育培训等和农业。每一个公民权利性支出都起因于特殊的紧急情况，都被当时的政治环境所推动，并最终形成。参见［美］阿伦·威尔达夫斯基等著《预算过程中的新政治学》（第 4 版），上海财经大学出版社 2006 年版，第 224，229，237 页。

算支出的大头——占预算总额的57%——而且其增长明显快于其他支出项目，1962年为32%，1998年为55%以上，预计2002年将达到63%，到2009年甚至高达75%。[①] 这是一个非常惊人的比例。

## 二、分工、制衡的预算体制

发达国家在预算体制设计上较突出地体现了决策、执行、监督机构合理分工、相互制衡的思想与原则：立法机关（议会或国会等）执掌预算审批权，即最终决策权，并可对预算案进行不同程度的修改；行政机关负责预算执行，其内部普遍实行预算编制与执行分离的原则，比如美国是由管理与预算署（OMB，Office of Management and Budget）编制预算和监督预算执行，财政部负责执行，即组织财政收入和管理国债。另一些国家如法国、比利时则是由设在财政部内部的预算司编制预算，国库司负责执行。预算编制完成后，由财政部长提交行政首长如总统或总理、首相，行政首长则召集主要阁员组成的专门委员会或全体阁员会议，讨论通过即成预算草案，由行政首长提交立法机关审议。因此行政机关事实上享有相当程度的预算决策权，为区别于议会预算决策权（审议权）可称之为预算建议权。各国还普遍设置独立的审计机关专职对预算执行进行监督。发达国家已发展出较成熟的预算监督体系，即由立法机关的监督、财政部门的监督和审计部门的监督构成的多层次立体监督体系。其中，审计部门设置都遵循独立、专业的原则：或像法国，设独立于议会和政府的审计法院，或像美国，在国会设审计署，从而能不受干扰地开展对预算执行的事后审计。无论是议会（国会）、政府和审计机关三者之间，还是政府（行政机关）内部的预算司（管理与预算署）与国库司（财政部、国库部）之间的机构设置都

① Congressional Budget Office, *The Economic and Budget Outlook* 2002 ~ 2009, January 1999, p. 68. 转引自［美］阿伦·威尔达夫斯基等著《预算过程中的新政治学》（第4版），上海财经大学出版社2006年版，第224 ~ 225页。

体现了决策、执行、监督相互分离、合理分工、相互制衡的原则。

## 三、民主、科学的预算决策

预算决策包括预算编制和审批两个环节。发达国家预算决策体现出民主性、科学性的特点。

### （一）预算决策的科学性

发达国家预算决策科学性体现在以下几个方面：

一是作预测。各国在编制预算之前，都进行相关经济预测分析，如法国财政部设预测司，美国管理与预算署设预测司。他们都在编制预算前三个月进行经济和财政形势预测，其内容包括前三年经济形势、前一年预算执行情况、前一年预算执行与预测的偏差情况、当年前三个月经济形势和预算执行情况等。在此基础上，财政部长等负责预算编制的阁员向总统（总理、首相）提出修改年度或多年度预算，控制财政开支、总预算收入和总支出的建议。

二是用时长。为进一步提高预算质量，除了进行前期的经济与财政形势预测分析外，各国预算编制时限（正式编制加上国会审批的时间）都较长，如美国、法国为18个月，加拿大为15个月，英国为14个月，其他大多数国家为12个月。这还不算在行政部门各部委之间的协商时间。

三是类别多。各国为增进预算科学性，提高财政绩效，纷纷探索编制各种类型的预算，比如除年度预算外，美国、德国、法国等都编制多年度滚动预算或中期预算（英国）、零基预算（美国）、绩效预算（美国）、资源预算（英国、新西兰、澳大利亚）、税式预算（OECD国家）等。

四是规程严。各国都建立起了严密、完善的预算法律体系与规程，对预算的主体、时限、要求、步骤等都有着具体、详细的规定，如美国法律规定，总统预算案的起草工作至少要在向国会提交前9个月或至少在财政年度起始前18个月开始。总统要在2月份的第一个星期一前向国会提交联邦预算草案，国会的预算提案要在

4月15日前通过。我们以1995财政年度美国联邦预算程序表来说明美国联邦预算草案形成过程的严格程序。

表3.12　1995财政年度美国联邦预算程序表①

| 时　间 | 内　容 |
|---|---|
| 1993年3—6月 | 准备预算框架，制定初步财政政策 |
| 1993年7—9月 | 各机构向OMB提交本部门详细报告 |
| 1993年10—12月 | OMB审定部门预算，形成综合行政预算案 |
| 1994年1月 | 完成并印刷行政预算案 |
| 1994年2月 | 总统在2月第1个周一前向国会提交总统预算案 |
| 1994年3月15日 | 国会各委员会就预算案向预算委员会提交意见和估算数据 |
| 1994年4月15日 | 国会通过1995财政年度预算提案的最后期限 |
| 1994年5月15—7月 | 众议院开始审议具体拨款方案 |
| 1994年7—9月 | 参议院开始审议具体拨款方案 |
| 1994年10月1日 | 1995财政年度开始 |
| 1994年10—11月 | CBO和OMB分别公布国会最终决议 |
| 1944年10月—1995年9月 | 各联邦有关机构按法律规定支出款项并行使职能 |
| 1995年1—9月 | 国会可以对正在执行的1995财政年度预算案作出补充修订 |
| 1995年9月30日 | 1995财政年度结束 |
| 1995年10月1日 | 1996财政年度开始 |
| 1995年10月—1995年12月 | 各机构、财政部、管理与预算署（OMB）总结1995年度有关数据 |
| 1996年2月 | 将1995财政年度实际数据列入1997财政年度预算 |
| 1996年1—12月 | 各机构准备1995财政年度财务报告，对预算执行情况进行审计和评价 |

① 财政部《财政制度国际比较》课题组编著：《美国财政制度》，中国财政经济出版社1998年版，第25页。

### （二）预算决策的民主性

发达国家预算决策的民主性主要体现在以下几个方面：一是议会审查与辩论。议会是民意代表机关和最高权力机关，代表公民督促政府完成公民授权和委托的各项事务。作为公共利益最主要物质体现的财政议案交由议会审查、辩论和批准，这个行为本身就是从宪政和法律层面落实主权在民原则的行为，是财政民主的根本保障和宪政基础，也是财政民主的最主要、最基础的制度平台，其他如听证制度都是围绕这个轴心搭建的。二是立法听证。即预算草案提交到国会（议会）后，国会要就预算案举行听证会，听取公众、相关利益团体和专家的意见，保障预算立法的民主性。三是充分的协商与咨询。预算草案在提交议会之前，即行政机关编制预算阶段，预算编制部门与各预算单位要反复进行多轮谈判，不断磋商，以确定部门支出限额。在此阶段以及议会审批阶段，都要组织众多的协商与咨询，以便让预算案充分听取各方意见，更准确、全面地反映民意，协调各方面的利益。

我们以纽约市为例来说明预算听证的主要运作过程。纽约是吸收公众参与预算听证的先行者，公众参加预算草案听证在当时是纽约市编制预算的独有特征。纽约市相关部门在举行有关预算草案的公众听证会之前，事先公布预算草案，目的在于允许利益受预算草案影响的纳税人和市民分析和讨论预算草案。因此，纽约市政府必须通过报刊、《预算新闻公报》和《市政档案》公布部门估算。此外，还必须通过预算展览进行宣传。例如，1910 年和 1911 年，在预算草案听众听证会前四周，纽约市举行了预算展览，把市政开支公之于众。这种展览在提高市民研究市政状况和分析市政费用的能力方面，被证明是一种有价值的捷径。在宣传和展览之后，将举行预算草案听证会，“市民组织和纳税人联合会为赞成或反对预算草案进行辩论。当证明部门估算或许会超过预算时，论证的担子落在纳税人身上；但是，当讨论临时预算时，论证的担子落在投票赞同这种预算的政府官员身上，因为他们必须要提出投赞成票的理由。”在听取所有的赞同和反对预算草案的辩论并进行必要的修改之后，纽约市政府遂将草案交付有关部门表决。①

在协商咨询方面，我们以加拿大的预算过程为个案进行介绍。加拿大参与联邦预算制定的有三个方面的人员和机构：一是主要的参与者，包括总理、财政部长、内阁和内阁政策委员会以及特别委员会。二是一些重要的参与机构，包括财政部、枢密院办公室、国库委员会秘书处。其中枢密院办公室的职责是管理内阁日常事务、政府部门间协调、向总理和内阁提出建议以及对内阁的决定进行记录等；国库委员会秘书处的职责是监督各部门现有项目支出、建立运行制度、协调部门对议会的报告、管理内阁国库委员会。三是咨询机构，包括议会财政委员会及其他机构。②

## 四、刚性、高效的预算执行

为了保证预算的严格执行，通过长期的政府理财实践经验积累，发达国家普遍以严格的立法约束、严密的行政控制、集中的国库资金管理以及高效的政府采购制度来确保预算执行圆满完成，财政资金得到合法有效的利用，政府职能得以行使，施政目标得以实现。

### （一）严格的立法约束

在发达国家，预算及其拨款法案一旦在国会或议会获得通过就成为法律，必须严格执行，非经国会或议会不得修改和变更。因此，拨款法案拨付的资金超支或者没有花完都是违法的，行政官员要承担相应法律责任。总之，立法机关掌握着“钱袋子”的绝对控制权，举凡征税、举债等增减开支都必须征得其同意，以保障公民财产权益不受侵害。其控制机制举要如下：

---

① 徐阳光：《预算国家：财政法治的理想——源自美国的经验与启示》，载《环球法律评论》2009 年第 3 期。

② 佚名：《加拿大政府预算管理》，载财政部网站，http：//www. mof. gov. cn/yusuansi/zhengwuxinxi/guojijiejian/200909/t20090929_ 214438. html

一是预算审批权控制。即政府任何财政收入支出行为都须有立法机关同意或授权，否则即为非法。这可从制度上杜绝政府随意征税、举债、乱摊派、乱收费和乱罚款的行为。比如美国只有众议院可以提出征税和举债法案，政府和其他机构均无权提出征税、增税或者减税和举债。美国国会两院拨款委员会作为政府开支控制权行使的主体，是国会中最有实权的委员会。拨款委员会要举行一系列公开听证会，使政府的每一笔开支的拨付都必须获得足够理由，尽可能避免不必要开支的出现。由于采用授权和拨款阶段分开这种两步式的拨款机制，这为动员最大多数人的力量完成拨款的民主控制过程创造了条件，使得每一位议员都能直接参与拨款法案制定过程，从而真正地实现财政资源配置问题上多种社会利益与诉求的整合过程，在规则和程序上保障纳税人主权得到最大限度的体现。①

二是程序控制。立法机关往往通过预算和拨款的程序机制实现对行政机关预算执行的监控。国会在预算执行阶段最有效的监督途径是对拨款的控制。按照美国预算程序，授权是预算监督的第一关，拨款是预算监督的第二关。国会通过了授权法案只是同意立项，政府拿到钱还需要通过拨款程序。即使在预算法案生效以后，要完成拨款程序，仍需国会批准。除非根据拨款法案，否则谁也不能从国库提取款项。又如，为了对行政机关执行预算的情况进行经常性的监督，拨款委员会中主管某一行政部门的小组委员会，要充分了解受其管辖的行政机关的活动。其监督的范围不仅限于财政方面，也包括行政机关执行的政策、计划、工作方法和成绩。其目的主要是作为决定下年度拨款的基础，但决定如何拨款也可用做制裁行政机关的手段。行政机关在作出重大决定以前，或准备采取某种特殊措施以前，往往先和拨款委员会协商，以免事后发生问题。拨款委员会认为行政机关的活动有缺陷时，可以采取下列措施：在向

---

① 徐红：《论英美两国议会对政府开支的立法监控机制》，载朱春奎，侯一麟，马俊主编：《复旦公共行政评论第四辑·公共财政与政府改革》，世纪出版集团上海人民出版社2008年版，第94~95页。

国会提出的拨款报告中，公开发表对行政机关的批评，监督行政机关改进；在拨款的条款中附加限制，或直接削减或停止对该行政机关的拨款，强迫行政机关进行改革，制止行政机关滥用权力；也可以要求行政机关对某一事项进行调查，向国会提出报告或改进措施。①

三是预算调整权控制。西方各国立法机关都控制了预算调整权，非经议会同意，任何预算调整都不得进行。比如，英国对追加支出有严格规定。遇有突发事件，政府需要紧急款项时要向下院提出紧急补充预算，议会下院全院大会对紧急补充预算进行表决。

四是定期审查预算执行情况。为加强预算执行控制，各国法律都要求财政部长定期向国会报告预算执行情况。比如，荷兰法律规定，各部应提交月度预算执行情况报告。如果分析报告反映预算执行将超过安排的预算，就必须确定补充的标准，但最后将受到预算惩罚。财政部长还需要按照政府会计法案规定，向议会提交每年度春季、半年、秋季和2月份分析评论，以报告有关预算实施过程中的预算执行总体情况。② 美国国会委员会可以要求有关单位提交进展报告或者陈述工作，检查预算执行情况，获满意后才能获得进一步的拨款。预算执行中的开支必须经过总审计署的核准，证明开支款项经过国会立法并符合国会批准的拨款限额。③

### （二）严密的行政控制

在发达国家，预算和拨款法案生效后，接下来就交由行政系统（狭义政府）执行，准确地说是由各个部委等职能部门来执行。为确保各个部门执行预算法案的合法性和进度，财政部门比如美国管理与预算署承担了对政府职能部门预算执行的控制职责。其工作大

---

① 孙翠雯：《美国国会的预算监督制度》，载《学习时报》，http：//www.china.com.cn/xxsb/txt/2008－03/03/content_ 11461373.htm。

② 佚名：《荷兰中央政府预算周期》，载财政部网站，http：//www.mof.gov.cn/yusuansi/zhengwuxinxi/guojijiejian/200810/t20081010_ 81242.html。

③ 孙翠雯：《美国国会的预算监督制度》，载《学习时报》，http：//www.china.com.cn/xxsb/txt/2008－03/03/content_ 11461373.htm

体上包括两个部分。

一是对部门支出进行事前控制。在一些国家，部门财政支出要先由财政部门授权，然后再支出。比如，法国财政部向各部委都派出财政监察员和公共会计，他们都是财政部的代表。各部门所有支出须经财政监察员签字同意。财政监察员主要是对部委支出的合法性、有效性、准确性进行审核。如有不妥，财政监察员有权推迟拨款。但若财政监察员自己违反了预算条例，他可能会被诉至预算纪律法院，交纳数额不等的罚金。在情况严重的时候，他还可能被诉诸法律，承担更严重的法律责任。公共会计如果在支付时发生错误，会计部门会要求他（她）等额赔付财政资金。因此，财政监察员和公共会计的责任风险很大，因而他们大多将工资收入的一部分买了保险。二是预算执行报告制度。为及时、全面掌握财政预算执行情况，大多数国家的财政部门都要求各个部委向财政部门定期报告预算执行情况。如日本 2002 年修订的《财务省设置法》规定，财务省的任务及所管事务之一包括“就中央预算的执行，要求相关单位提交报告，派员现场检查，以及发布指示的事务”，2003 年修订的《国库法》规定，“为了确保预算严格合理执行，财务大臣可以要求各省厅报告其收支情况或资金出入库情况，或者亲自对预算执行状况进行实地监督，必要时可经内阁会议决定后下达有关预算执行的指示”等。①

**（三）集中的国库管理**

为强化对财政资金运行的监控，发达国家普遍实行国库集中收付制度，以设立国库单一账户为基础，规范财政资金收付。国库集中收支便于有效监控资金流动，既落实了支出机构的支出责任，又保证资金运行的规范性、安全性和效率性。发达国家国库管理制度的主要经验有：

一是单一化、集权化的国库管理运作机制。设立国库单一账

---

① 王朝才编译：《日本财政法》，经济科学出版社 2007 年版，第 1～3，40 页。

户，统一核算所有政府资金，并以国库单一账户为基础，建立国库分类账册体系，并实行集权化支出模式，各预算单位支出都必须通过单一账户。与此相适应，在财政部门设立专门履行国库现金管理和支付职能的执行机构，实现对财政资金流向全过程监控。

二是效率化、透明化的国库资金使用原则。西方国家纷纷采用“成本—效益分析法”和“最低费用选择法”，尽量降低国库资金运用成本，发挥最好效益，防止资金运转中的挤占、挪用、沉淀现象发生，当国库出现现金余额的时候，允许国库现金进入货币市场进行日常运作，实现国库资金的增值目标。法律规定，财政部门必须向社会公开财政资金的具体使用情况，以便政府财政监督部门、审计机构和全民的监督。

三是债券化、货币化的国库现金管理模式。在成熟市场经济国家，国库现金管理通常是国家财政部门通过定期发行短期债券和每天运作国库现金等方式，实现熨平国库现金流量波动和提高国库现金使用效率的目标。四是可控化、责任化的国库监督控制系统。市场经济国家一般都设立了专门的审计监督机构对国库资金的运作全程实施严格的监督控制，形成严密的监督体系。同时，法律明文规定国库支付机构和各部门、各单位的财务责任、监督程序和奖惩措施，来保证责任的履行和权利的实现。①

**（四）高效的政府采购**

政府采购是政府执行预算、履行其职能的重要方式，有利于节约财政资金，因而构成政府理财的重要内容。发达国家在政府理财方面的主要经验有：

一是合适的政府采购管理体制。这方面，各国通行两种体制：一种是委员会制，如新西兰的政府物资委员会，其职能是制定与修改政府采购制度、制定政府采购政策、审定政府采购的标准合同、培训政府采购专业人员。另一种是部门管理制（主要是财政部门），

---

① 宋凤轩，宋超：《西方国家国库管理制度特点及借鉴》，载《经济研究参考》2003年第90期。

其职能是预算审查、批准拨款、制定政府采购法规、管理招标事务、制定财政支出政策、实施具体采购工作。如美国联邦政府总务管理局负责民品采购，国防部负责军品采购。为了保证公平性和有效性，很多国家成立了中介组织，负责实施或监督政府采购工作，其组织形式亦多种多样，如韩国的国家采购厅等机关法人，或如丹麦的国家采购有限责任公司等国有的企业法人。

二是确定的政府采购范围。政府采购的范围包罗万象，国际上一般按性质将采购对象分为货物、工程和服务三大类。

三是多样的政府采购方法。政府采购的方法有招标、谈判以及招标与谈判相结合三种。招标又分为公开招标、有限招标和单一招标三种。采购方法的选择一般取决于以下因素：政府采购的规章与程序、采购金额与数量、产品技术特征等。如韩国规定，中央部门20亿韩元以上和地方100亿韩元以上的采购项目由采购厅集中进行，其他项目则可自行采购。[①]

## 五、独立、绩效的预算监督

### （一）完备的法律保障

发达国家都强调依法治国，这个理念同样体现在财政监督之中，比如在《宪法》中设置财政监督的专门条款，或可以引用有关条款作为财政监督的依据，颁布《财政法》和相关财政监督法律法规，如《预算法》、《国库法》、《财政监督法》等，从而构建起比较健全的财政监督法制体系。因而发达国家预算从形成、审批、划拨、执行、调整到决算的全过程都有可操作的规定和程序。

### （二）独立的财政监督体系

发达国家财政监督理论认为，财政监督机构的独立性是有效监督的重要前提，甚至是“监督的生命之水”。所谓独立性主要强调

---

① 小月：《政府采购制度比较研究》（下），载中国政府采购网，http://www.ccgp.gov.cn/llsj/llts/682835.shtml

三个方面的内容：一是财政监督机构独立于财政部门及其他资金使用单位之外；二是财政监督机构不接受外部的行政指令，只服从法律；三是财政监督机构的人员拥有独立行使职责的权力。发达国家预算监督机构的设立普遍遵循了独立性的原则，构筑起了各监督主体相互制衡、相互监督，多层次、全过程的财政监督体系。从监控的主体来看，既有财政部门、国库部门的内部监督，又有议会、审计部门等外部监督；从监控的时间范围来看，既有预算制定、审批过程中的事前监督，也有财政部门的日常业务监督和独立审计部门的事后监督；从监控的手段来看，既有法律监督，也利用经济手段以及先进的科技手段进行监督；从监控的内容上看，不仅有财政资金数量上的监督，而且有资金投向、使用效果等方面的监督。①

### （三）强调财政绩效

20 世纪 70 年代以来，在欧美国家兴起一股主张重塑政府的新公共管理运动，其重要观点之一就是强调政府绩效。与这股政府改革运动潮流相呼应，近年来，发达国家政府理财纷纷引入绩效预算理念，并在财政监督中有着鲜明的体现。如各类监督机构以财政绩效为导向，在监督中审查预算执行的合法性、公开性和有效性，其中有效性包括了经济性、效率性和结果性，从而将财政监督引入更丰富全面的要求。

## 第四节　政府间资金配置模式的国际借鉴

政府间资金配置模式亦称财政体制或纵向政府间财政关系，是指政府为完成其公共受托责任，履行各项政府职能，在各级政府间进行职权与层级划分，并相应作出财政收入与支出的划分，以及为下级进行财力匹配（即财政转移支付和地方公债）。各国在长期的

---

① 刘晓凤，吴胜泽：《美、日、法财政监督制度变迁及启示》，载财政部网站，http：//www.mof.gov.cn/mof/zhengwuxinxi/diaochayanjiu/200808/t20080827_67774.html。

政府理财实践中，逐渐发展出一套公平合理、稳定高效的政府间资金配置模式，其主要经验有：

## 一、以公共服务均等化为目标

各国政府间资金配置模式制度设计的根本目标是在政府与公民关系上实现全体国民公共服务均等化。政府间资金配置模式的构建、调整从根本上要服从于政府履行其公共受托责任，更好地为人民服务这一根本目的。作为政府理财模式的重要组成部分，政府整体，尤其是代表国家和全体国民的中央政府在进行有关政府间配置模式的制度设计时，首要考虑的是公平目标，即实现全体国民不分地区、性别、种族、出身、年龄等因素而享有均等的公共服务。政府在财政收入和支出如税收、转移性支出、社会保障等环节可实现社会公平的目标，但若要消除地区间发展水平和公共服务的差距，财政转移支付体系无疑是最直接而有效的途径。作为财政分配的体系与机制，各国政府间资金配置模式更直接地体现了政府理财模式的政治性，即民主性。

## 二、明确划分政府职能

各国均按照公共产品理论界定政府经济职能。虽然各国在政治体制、经济发展水平与模式、历史与文化习惯千差万别，但市场经济国家，尤其是建立成熟市场经济国家政府经济职能仅限于弥补市场失灵，如国防、社会保障、基础设施、公共卫生、义务教育等领域，很少介入微观经济活动，以充分尊重市场的基础性配置作用。

各国均按照财政联邦制理论划分中央与地方政府职能。市场经济各国对政府职能及其在各级政府间的配置在理论上的认识是一致和连贯的，即根据公共产品（公共财政）理论，政府主要致力于弥补市场失灵，也就是提供公共产品与服务。同样，根据公共产品层次理论，中央政府提供全国性公共产品，地方政府提供地方性、区域性公共产品，以利于中央与地方政府各自发挥其比较优势。因此，事关全局的国防、外交属于中央政府职能。在一个自由流动的国度，社会保障、公共卫生与医疗保障等公共产品的外溢性（外部性）往往是全国性的，因而其资金亦需要中央政府来提供或统筹，并制定统一的政策与标准。其他诸如市政工程，消防等具有明显地域性的公共产品则由地方政府负责，故而属于地方政府职能。

### 三、处理中央与地方关系的政治原则

中央政府在政府间资金配置模式中居于主导地位。政府间资金配置模式是确立中央在中央与地方关系中主导性的一种工具。恩格斯指出："集权是国家的本质、国家的生命基础，而集权之不无道理正在于此。每个国家必然要力求实现集权，每个国家，从专制君主政体起到共和政体止，都是集权的。美国是这样，俄国也是这样。没有一个国家可以不要集权，联邦制国家需要集权，丝毫也不亚于已经发达的集权国家。""国家集权的实质并不意味着某个孤家寡人就是国家的中心，就像共和国中的总统那样。就是说，别忘记这里主要的不是身居中央的个人，而是中央本身。"[①] 因此，集权代表每一个国家中央政府的本质。这是国家在竞争中生存、发展的需要，也是其国民安全、幸福、发展的需要。

表面上看，发达国家，尤其是联邦制国家地方财政分权是一个较普遍的现象或趋势，但我们还应看到，分权背后还有一个更强大、更持久的趋势，即中央集权。各国政府间资金配置模式的一个共同演化趋势是财权财力逐渐向中央集中，财权财力下放较为审慎和有限，并且是以地方自治的充分发展即横向民主控制机制的完善为前提的。其原因有：一是中央保持对全国政治经济的宏观控制能力，需要集中全国较多份额的财政资源；二是中央为消除地区间发

---

① 恩格斯：《集权与自由》，载《马克思恩格斯全集》第41卷，人民出版社1982年版，第396页。

展差距，促进国家稳定、社会和谐，最终实现全体国民享有同等水平的公共服务与福利，需要通过财政再分配如转移支付制度来抚平地区间发展失衡的鸿沟。

（财政）地方分权以地方自治的充分发展为前提。在联邦制国家，政府间资金配置模式实行地方分权，地方有独立的预算及其收入来源，并自主进行支出安排。20 世纪六七十年代以来，传统的中央集权的单一制国家，如英国、法国、日本等纷纷出现了财政地方分权的趋势，表现为地方政府职能扩大，财政支出责任或范围扩大，相应的税权、财力亦随之扩张。但无论是联邦制下的地方分权，抑或是单一制集权国家推动的地方分权改革（趋势），其背后的制度背景是发展或构建起较完善的地方的自治机制，比如美国，其建国之前就已普遍发展起了以市镇为基础的地方自治体系，托克维尔当年在美国乡村考察时亦发现了这一点，并认为这是美国的民主基础。[①] 因此，美国是先有自治的地方，再有美利坚合众国及联邦政府。

相反，托克维尔的老家——法国却更多的是中央集权的传统，地方自治从来不太发达，其原因之一是缺乏英美的普通法传统，因而地方自治从来未获充分发展，始终是马克思所说的一堆独立、分散的“土豆”，是中央集权国家这个“麻袋”将这些小“土豆”整合成一袋“土豆”，从而构建起一个共同体——国家。20 世纪末期法国推动地方财政分权运动是其发展地方自治的政治改革的重要内容，并且是以地方自治的构建与完善为前提的。日本亦如是。

因此，地方，尤其是地方议会逐步发展成熟，能够对地方政府形成有效的民主控制是地方分权包括财政分权的政治前提。这一点，对于中国一些学者主张无条件推行地方分权包括财政分权的主观想象来说，是不得不察的一个重大问题，否则，可能会为中国的政治与财政改革带来巨大混乱和损失。

---

① ［法］托克维尔著：《论美国的民主》，商务印书馆 1986 年版。

## 四、根据支出责任与财力的匹配性设计转移支付和地方公债制度

市场经济各国政府都普遍根据公共产品理论划分中央与地方政府的各级职能及相应的支出范围（在各国的政府收支分类体系中较准确地体现）。由于国内各个地区之间的经济发展水平不一致，因而地方政府之间财政实力也不一致，其为提供共同标准的公共服务的财政能力也不一致。作为化解财政失衡的一个解决方案，各国政府对各级政府间的收入进行了划分（相应体现为各自在税收与举债立法权、征管权的不同，税种、税率的分享比例结构等），而对那些以自有（本级）财政收入提供共同标准公共服务有缺口的地方政府，中央（上级）政府从其集中的收入中以有条件或无条件等方式拨付给它们用于弥补支出缺口，这就是转移支付。对于通过转移支付后仍然不敷支出的地方政府，可允许其在严格限定条件下发行部分地方政府公债以弥补缺口。因此，地方政府以本级（自有）财政收入为基础，加上转移支付和地方公债，基本构成了与其支出责任相应的财力匹配，实现财政平衡。总体而言，各国尤其是发达国家在转移支付和地方举债的制度设计及其运行机制中力求公平、透明、规范、谨慎，有效保障了地方政府理财模式的健康稳定运行。

## 五、运行机制讲求民主、科学、法治

发达国家普遍构建起了政府间资金配置模式民主、科学、法治的运行机制。所谓民主性体现在立法和行政两个方面。在立法方面，发达国家政府对地方政府的拨款首先要在议会获得通过。议员代表地方利益参与财政决策，体现了民主性；很多国家还在行政层面建起财政分配委员会之类协商机构（如澳大利亚），作为中央与地方政府对财政转移支付等政府间资金配置的重大问题进行协商谈

判的制度平台，避免了中国式中央与地方一对一式谈判的封闭性、随意性。所谓科学性包括制定科学的法律程序规范政府间资金分配，特别是制定一个科学、合理、公平的财政转移支付计算公式，使转移支付的分配操作更加公平、透明。如日本《地方交付税法》（相当于《转移支付法》，笔者注）就非常详细地规定了都道府县和市町村经费种类及其测定单位。在测定单位中又具体规定了测定的计算基础和计量单位，如“市町村小学经费”之“经常性经费”的测定单位具体到儿童数、班级数和学校数。“土木费”项目下包括“道路桥梁费、港湾费、都市规划费、公园经费、下水道费”。其中，“道路桥梁费”的测定单位为道路面积，而道路面积是以《公路法》第28条规定的道路台账中记载的道路面积为准，以千平方米为单位，并且规定了职能级次、人口密度、地方政府状态和寒冷等修正系数进行修正计算。[①] 所谓法治性是说，各国政府都对政府间资金配置在机构设置、立法原则、运行机制、操作标准与流程等方面作出明确、详细的规定，使之有法可依，比如上述日本《地方交付税法》中对转移支付操作的诸项规定，从而使政府间资金配置走向规范化、透明化。

---

① 王朝才编译：《日本财政法》，经济科学出版社2007年版，第90~119页。

# 第四章　中国政府理财模式公共化的现状分析

## 第一节　中国政府理财模式公共化的主要成就

### 一、政府治理模式公共化进展明显

政府理财理念更加现代化。改革开放以来，我国政府理财理念与时俱进，紧跟经济社会发展形势，现代政府理财理念逐步被各级政府官员接受，成为指导理财工作的新型理念。比如服务型政府理念写进了党和政府工作报告，成为政府改革和建设的目标。各级政府亦积极落实服务型政府理念，普遍成立便民服务中心，开展网上办公，设立市长（民）服务热线电话，开展群众评议机关作风建设活动，推行行政问责四项制度，建设责任政府、法治政府、效能政府等，这些措施不断提高了政府服务品质，密切了政府与人民之间的关系。民主参与的理念也得到了各级政府越来越积极的回应，各地普遍推行了公共服务价格公示和听证制度，使公众参与行政决策制度化、常态化。在《政府信息公开条例》颁行后，我国政府财政透明度明显提高，如财政部向全国人大报送部门预算，推动各级地方政府向本级人大报送部门预算，积极推动财政信息公开，2010

年“两会”上，国务院提出三年后实现中央部门预算全公开。[①] 一些地方政府在这方面的探索已走在前列，比如部分地方政府向市民公开政府预算的行动。各级各个政府部门包括财政部门都积极执行《条例》，在网上公开各类财政信息。这些新型理念给政府理财实践带来了新气象，并将推动更多的改革与发展的行动，推动政府理财模式的公共化拓展。

政府治理结构更加民主化。一是社会主义民主政治健康有序发展。初步建立起了以人民代表大会制度、政治协商与多党合作制度、民族区域自治制度和基层民主制度为主要内容的民主政治框架，为全体国民依法行使当家做主的民主权利奠定了法制基础和组织平台，奠定了我国政府理财模式的宪政基础。二是行政能力稳步提升。随着改革开放以来我国政府职能向公共化方向调整到位，过去微观的行业性的带有计划经济痕迹的部门基本被裁撤精简，而公共服务部门则得到加强。随着行政法制的进步，行政运行更加规范、透明、高效，公务员队伍素质能力和职业伦理也逐年提升。这些因素都促进了政府行政能力的提升。三是部门理财更加规范。随着部门预算制度、政府采购制度、国库集中收付制度、“收支两条线”管理和政府会计制度等制度的推进和完善，部门理财在公开性、民主性和规范性等方面都有了明显改善。

政府职能更加公共化。改革开放以来，我国政府职能调整的步伐一直没有停歇，并取得了瞩目的成就：一方面，淡化或重新界定了政府经济职能。重新确立了政府与市场之间的分工关系，政府职能定位于弥补市场失灵，基本实现了以市场为资源配置的基础性机制。为此，政府逐步退出了相当部分的竞争性和微观经济领域，如国有企业的抓大放小和建立现代企业制度改革、行政审批制度改革；再如，通过历次政府机构改革，实现了电力、煤炭、化工、电

---

① 徐多，王旭：《中央部门预算全公开再等三年》载《经济观察报》，2010 年 01 月 04 日 07：53，经济观察网，http：//www. eeo. com. cn/Politics/beijing_ news/2010/01/01/159727. shtml 。

子、纺织等部委转制为企业或行业协会，政府退出微观领域，转向宏观调控。另一方面，进一步强化了政府的社会职能。政府逐步加大了对“三农”、社会保障、医疗卫生、教育等领域的投入。近年来，各级政府不断调整支出结构，持续加大对民生领域的投入力度，继续向社会主义新农村建设倾斜，向社会事业发展的薄弱环节倾斜，向民族、边疆、贫困地区、基层和农村倾斜，着力建立保障和改善民生的长效机制，财政支出结构持续优化，支出效益不断提高，促进了和谐社会建设。近年来，我国“三农”、教育、社会保障和就业、医疗卫生等重点支出均保持了较快增长。2003—2007年，全国财政教育支出、社会保障和就业支出（扣除全国社会保障基金）和医疗卫生支出年均增长率发表为 18.8%、18.9% 和 24.6%，这三类支出合计占全国财政支出的比重由 27.7% 提高到 29%。[①] 详见图 4.1、图 4.2、图 4.3、图 4.4。

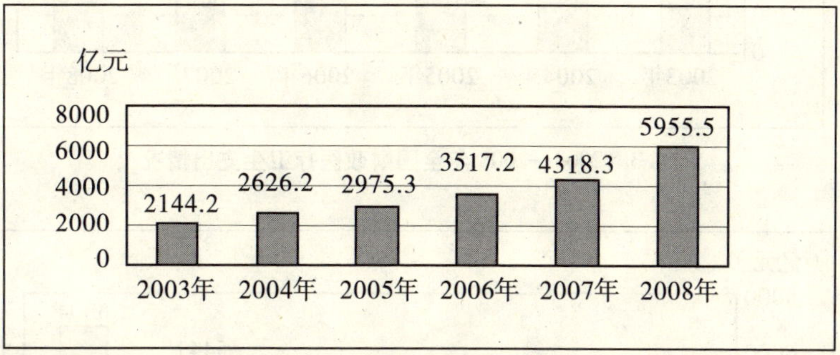


**图 4.1　2003—2008 年中央财政支持“三农”投入情况**

① 中华人民共和国编：《中国财政基本情况（2008）》，经济科学出版社 2009 年版，第 24，46 页。

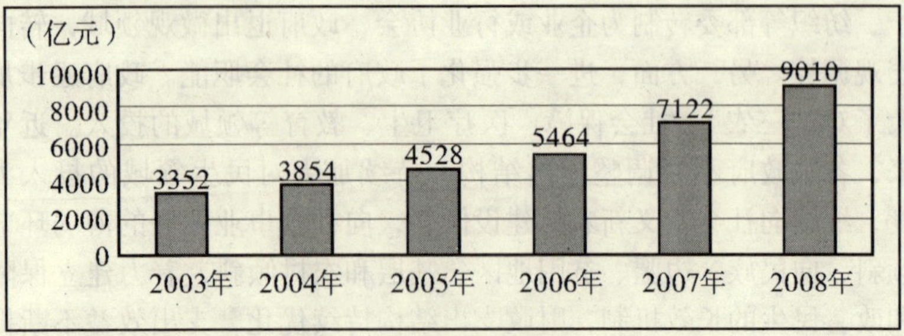


图 4.2　2003—2008 年全国财政教育支出情况

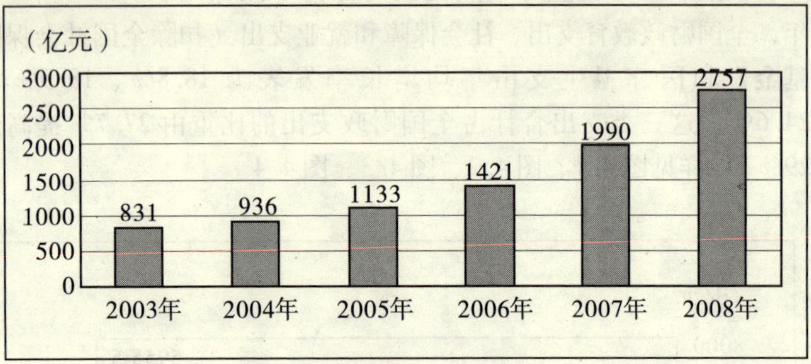


图 4.3　2003—2008 年全国财政医疗卫生支出情况

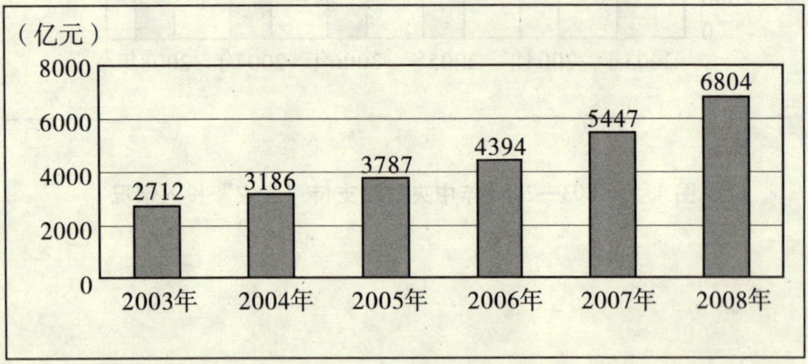


图 4.4　2003—2008 年全国财政社会保障和就业支出情况

资料来源：图 4.1、图 4.2、图 4.3、图 4.4 的数据来源于《中国财政基本情况（2008）》，经济科学出版社 2009 年版，第 29 ~ 34 页。

## 二、财政实力逐年增长，宏观调控能力逐步加强

我国财政收入从 1978 年的 1100 多亿元增长到 2008 年的 61316.9 亿元，增长了 55 倍。2007 年财政收入占 GDP 的比重达到了 20.8%。2001 年以来，我国财政收入增长速度最低的年份在 15%左右，而最高的年份（2007 年）达到 32.4%。从 1951 年算起，我国财政收入从百亿级（1951 年为 124.96 亿元）跨越到千亿级门槛（1978 年为 1132.26 亿元）用了 27 年，从千亿级迈入万亿级门槛用了 11 年（1999 年迈入 11444.08 亿元），而从 1 万亿到 5 万亿大关仅仅用了 8 年（2007 年为 51304.03 亿元）（见表 4.1）。我国财政收入加速增长趋势非常明显。照这个趋势不变的话，不出几年就能攀上 10 万亿大关。财政支出方面，我国也大体经历了与财政收入类似的发展过程，其规模从 1978 年的 1100 多亿元增长到 2008 年的近 62427.03 亿元，增长了 48 倍。

我国财政收入占 GDP 比重从 2001 年的近 15%增长到 2007 年的 20.8%，这个水平已经达到发达国家的水平。2001 年以来中央财政收入占全国财政收入的比重都能稳定在 52%到 55%之间，2007 年中央财政收入（本级收入）占 54.1%，地方财政收入占 45.9%，中央占主导，见表 4.1。

**表 4.1 2001 年以来我国财政收入及两个比重一览表**

| 年份/项目 | 国内生产总值（GDP）（亿元） | 全国财政收入 | | | 中央本级财政收入 | | 地方本级财政收入 | |
|---|---|---|---|---|---|---|---|---|
| | | 绝对数（亿元） | 增长速度（%） | 占 GDP 比重（%） | 绝对数（亿元） | 占全国财政收入比重（%） | 绝对数（亿元） | 占全国财政收入比重（%） |
| 2001 | 109655.20 | 16386.04 | 22.3 | 14.9 | 8582.74 | 52.4 | 7803.30 | 47.6 |
| 2002 | 120332.70 | 18903.64 | 15.4 | 15.7 | 10388.64 | 55.0 | 8515.00 | 45.0 |

续 表

| 年份/项目 | 国内生产总值（GDP）（亿元） | 全国财政收入 | | | 中央本级财政收入 | | 地方本级财政收入 | |
|---|---|---|---|---|---|---|---|---|
| | | 绝对数（亿元） | 增长速度（%） | 占 GDP 比重（%） | 绝对数（亿元） | 占全国财政收入比重（%） | 绝对数（亿元） | 占全国财政收入比重（%） |
| 2003 | 135822.80 | 21715.25 | 14.9 | 16.0 | 11865.27 | 54.6 | 9849.98 | 45.4 |
| 2004 | 159878.30 | 26396.47 | 21.6 | 16.5 | 14503.10 | 54.9 | 11893.37 | 45.1 |
| 2005 | 183084.80 | 31649.29 | 19.9 | 17.2 | 16548.53 | 52.3 | 15100.76 | 47.7 |
| 2006 | 210871.00 | 38760.20 | 22.5 | 18.4 | 20456.62 | 52.8 | 18303.58 | 47.2 |
| 2007 | 246619.00 | 51304.03 | 32.4 | 20.8 | 27738.99 | 54.1 | 23565.04 | 45.9 |
| 2008 | 300670 | 61316.90 | 19.5 | 20.4 | 32671.99 | 53.3 | 28644.91 | 46.7 |

注：本表不包括国内外债务收入。

资料来源：根据《中国财政年鉴》（2007）以及财政部、国家统计局网站有关数据计算和整理得出。①

## 三、预算制度改革取得突破性进展

为建设与市场经济相适应的公共财政，我国在财政预算制度方面进行了几项重大改革，包括从2000年开始的部门预算制度改革、1996年从上海试点启动的政府采购制度改革、2001年开始的现代

---

① 2007年相关数据分别参见财政部：《关于2007年中央和地方预算执行情况与2008年中央和地方预算草案的报告》，http：//www. mof. gov. cn/news/20080306 356431932. htm 和国家统计局：《2007年国民经济和社会发展统计公报》http：//www. stats. gov. cn/tjgb/ndtjgb/qgndt jgb/t20080228 402464933. htm，《2008年国民经济和社会发展统计公报》，http：//www. stats. gov. cn/tjgb/ndtjgb/qgndt jgb/t20090226 402540710. htm，财政部《关于2008年中央和地方预算执行情况与2009年中央和地方预算草案的报告》，http：//www. mof. gov. cn/mof/zhengwuxinxi/caizhengxinwen/200903/t20090316_ 122544. html。

国库制度改革以及从1998年开始的政府会计制度改革、以1994年《预算法》通过为标志的预算监督制度改革[①]以及各地进行的财政绩效评估制度的改革与探索。

目前，我国初步建立起了适应市场经济的公共型财政预算制度框架体系：部门预算已经推行到中央和省本级所有预算单位，部门预算改革不断深化，支出标准体系继续完善，开展了实物费用定额和预算支出绩效考评试点；国库集中支付制度作为国库管理制度的重要部分，得到先行推进，建立了国库单一账户体系，推行了公务卡试点，所有中央部门及所属基层预算单位，全国所有省份和计划单列市本级以及大多数市县的基层预算单位实施了国库集中支付改革，减少了资金运行的中转环节，资金被挤占、截留、挪用、贪污等现象得到了有力遏制；政府采购制度基本建立，采购范围逐年扩大，采购规模由试行初期的每年10多亿元，发展到2007年首次突破4000亿元。2002—2007年政府采购资金年节约率为11%，累计节约财政资金1800多亿元，[②] 占GDP比重为1.6%（但与发达国家甚至国际平均水平仍有较大差距）。[③] 采购的管理与执行机构基本建立，完善了相关法律制度；政府会计制度改革瞄准与国际接轨，提出了我国政府会计改革战略框架总体设想；新的《预算法》草案已经起草完成，即将提交全国人大常委会审议，这将为财政监督制度的完善打造更坚实和可操作性的制度平台。

---

① 从文本意义上讲，《预算法》是财政监督制度的主要法律，并围绕该法形成一个财政监督的法律体制框架。

② 李仕权《政府采购规模去年首次突破4000亿元》，载《人民日报》2008年3月25日。

③ 据有关资料，国外政府采购在国民生产总值中占有相当的比重，目前美国的这一比重为20%，欧盟成员国约为15%－20%，日本为10%。在东亚国家中，政府采购占GDP中的份额不等，但大体保持在5%左右的水平。参见苏明《我国公共支出管理若干重大理论政策问题研究》，http：//www.mof.gov.cn/news/20050331_1843_6509.htm

## 四、财政转移支付制度的功效初步显现

统计显示，2007年中央对地方转移支付达到13991.18亿元，比1994年增加13441.18亿元，增长24.4倍（见图4.5）。

近年来，我国财力性转移支付增长较快，转移支付结构有所优化。1994年至2006年，财力性转移支付从189亿元增加到5159亿元，年均增长31.7%；财力性转移支付占转移支付总额的比重从34.3%上升到53.9%，提高了19.6个百分点。专项转移支付从361亿元增加到4412亿元，年均增长23.2%。

转移支付资金主要面向财力薄弱的中西部地区。从总量看，1994年至2006年，中西部地区累计享受转移支付占总额的84.6%；从发展趋势看，中西部地区分享的转移支付比重从1994年的69.6%上升到2006年的86.1%。2007年中央财政对地方（主要是中西部地区）的财力性转移支付达到7092.9亿元，增加1933.2亿元，其中一般性转移支付2505亿元，促进了地区间财力均衡分配。通过加大转移支付力度，部分地区基层财政困难明显缓解。

2005年实施县乡财政奖补转移支付后，在各级政府共同努力下，全国财政困难县已从791个减少到2006年的27个。到2007年，全国县级支出占地方支出的比例较政策出台前提高了3个百分点，县乡财政运行状况明显改善。①

① 孙勇：《我国转移支付年均增长26.9%》，载《经济日报》2007年12月16日，财政部：《关于2007年中央和地方预算执行情况与2008年中央和地方预算草案的报告》，http：//www.mof.gov.cn/news/20080306 3564 31932.htm。

单位：亿元

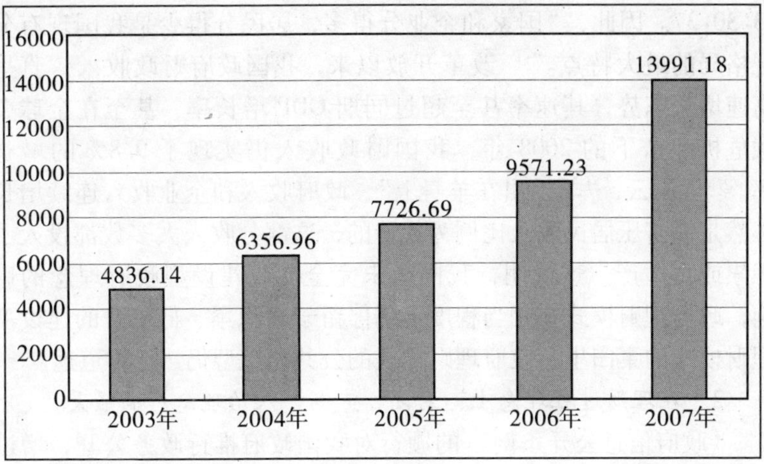


数据来源：财政部网站（http://www.mof.gov.cn/news/20080307_3568_31950.htm）。

图 4.5　2003－2007 年中央财政转移支付增长趋势图

## 第二节　中国政府理财模式公共化拓展的主要问题

### 一、政府治理模式方面的主要问题

#### （一）理财理念滞后

1. 在政府目的理念上，建设型政府理念根深蒂固

虽然我国提出服务型政府理念已有多年，但由于诸种原因的掣肘，在相当程度上，各级政府还深受建设型政府理念这一认知定式的禁锢，其有力证据就是近年来国民收入分配格局不断向政府倾斜的趋势。国民收入分配格局由政府收入、企业收入和居民收入三部分构成。国际上，政府和企业收入占比一般在25%以下，居民收入在60%左右，美国达到70%左右。相比之下，我国改革开放初期

的政府、企业、居民收入分配格局是24∶18∶56，当前大致是33∶30∶37。因此，“国家和企业分得多，居民分得少是我国现有分配格局的最大特点。”① 改革开放以来，我国政府财政收入一直呈高速增长态势，其速率甚至超过同期GDP增长率，甚至在全球金融危机冲击下的2008年，我国财政收入仍实现了9.8%的增长率。② 俗语云，“羊毛出在羊身上”。政府收入和企业收入连续增长必然是以挤压居民收入比例为代价的，这部分收入大多数都投入了积累或再生产。这说明，我国尚未完全摆脱建设型政府理念的影响，政府理财模式在相当程度上仍停留于高积累、低消费的建设型理财模式的窠臼里，政府理财模式的公共化转型仍然任重道远。

2. 在理财过程理念上，封闭、专断、人治理念影响强大

《政府信息公开条例》的颁行对我国政府推行政务公开，增进财政透明度，推动政府理财的民主化、法治化具有里程碑意义。但最近一些政府官员有关政务公开包括财政公开的各种“雷人雷语”式新闻不时见诸报章，凸显出一些政府部门和工作人员对《条例》的抵触情绪，深刻暴露了政府过去惯有的封闭、专断、人治理念与公共型理财模式公开、民主、法治理念的激烈碰撞与不适应。比如，有公民依法申请上海市财政局公开财政预算，但被以“预算属于国家秘密”为由拒绝。③ 有学者对2008年中国省级财政透明度进行了调研，发现通过公开出版物或网站能获得的财政信息非常少。即使能获得部分信息，但一旦涉及细节，如“津贴补贴和奖金项目明细支出内容”、“差旅费项目的明细支出内容”等就基本无法知晓，说明政府主动和规范公开财政信息的意识还很薄弱，离真正的

---

① 《新华视点：2010年五大改革如何撬动收入分配格局》，载http://finance.sina.com.cn/roll/20091228/16283162L98.shtml

② 《2009年税收收入增长的结构性分析》，载中华人民共和国财政部网站，http://szs.mof.gov.cn/zhengwuxinxi/gongzuodongtai/201002/t20100211_270552.html。

③ 严丽梅：《上海财政局称预算属国家秘密不能公开》，载金羊网－羊城晚报2009年10月24日13：31，转引自http://news.sina.com.cn/c/2009－10－24/133118899746.shtml

财政公开还有较大差距。① 与此息息相关，我国政府理财实践中，长官专断、人治之风仍未得到根本扭转，不重视依法理财、预算软约束的现象至今仍然非常严重。在政府资金筹集方面，税小费大，主次颠倒；一些地方政府为招商引资而越权减免税费现象层出不穷；税收征管中随意性大，既有普遍的偷逃税现象，也有一些地方征收"过头税"，计划收税，为完成税收任务搞摊派。在政府资金运用方面，批条子和频频追加预算现象十分普遍；预算拨款不按时，部门预算无法按时完成，年终突击花钱；领导拍脑袋决策、批人情条子、"政绩工程"、"豆腐渣工程"、挪用专款等等。这些都表明，依法理财、民主理财的理念还未完全成为各级政府官员的坚定信仰和自觉意识。

3. *在财政效能理念上，效率优先理念仍未扭转*

由于长期实行建设型理财模式，加之错误的政绩观、发展观的误导等原因，我国当前仍未从效率优先、兼顾公平的理财理念转型到公平优先、兼顾效率的新理念上来，其突出的表现是，我国政府支出结构中，生产建设投入远大于对民生的投入，并且政府干预微观经济的现象有强化之势，政府理财营利性比较突出，如被学界和社会诟病的"国进民退"现象。简单地说，效率优先理念就是GDP崇拜，比如，不少地方政府以招商引资为其中心工作，并想尽办法、绞尽脑汁地"亲商、爱商、安商、富商"，为此不惜违反国家法律，越权审批和减免税费，强占农地，牺牲环境，如陕西、湖南等地的血铅污染事件等，都是违反科学发展观与和谐执政理念，急功近利的做法。根据国家社会科学基金重大课题《中国行政管理体制现状调查与改革研究》课题组（以下简称课题组）2007年针对全国14个省份省、市、县、乡四级政府公务员的抽样问卷调查结果所做的统计分析表明，有55%的受访者认为当地政府近5年来精力主要集中在"招商引资"上，选择"宏观调控"和"公共服

① 上海财经大学公共政策研究中心著：《2009中国财政透明度报告——省级财政信息公开状况评估》，上海财经大学出版社2009年版，第8～9页。

务”的比例分别只有14.4%和10.6%，而选择“社会管理”和“市场监管”的比例只有微不足道的5.8%和2.4%。① 详见表4.2和表4.3。

表4.2 政府精力投放所在总体选择计数和百分比表②

| 选　项 | 选择计数 | 百分比（%） |
|---|---|---|
| [1] 宏观调控 | 364 | 14.4 |
| [2] 市场监管 | 60 | 2.4 |
| [3] 招商引资 | 1392 | 55.0 |
| [4] 社会管理 | 147 | 5.8 |
| [5] 公共服务 | 267 | 10.6 |
| [6] 维护稳定 | 220 | 8.7 |
| [7] 其他 | 79 | 3.1 |
| 参选人数总计 | 2529 | 100.0 |

表4.3 政府精力投放位次排列表

| 精力投放 | 百分比（%） | 位次 |
|---|---|---|
| 招商引资 | 55 | 1 |
| 宏观调控 | 14.4 | 2 |
| 公共服务 | 10.6 | 3 |
| 维护稳定 | 8.7 | 4 |

① 石亚军主编：《中国行政管理体制现状问卷调查数据统计》，中国政法大学出版社2008年版，第13页。

② 石亚军主编：《中国行政管理体制现状问卷调查数据统计》，中国政法大学出版社2008年版，第13页。

续　表

| 精力投放 | 百分比（%） | 位次 |
|---|---|---|
| 社会管理 | 5.8 | 5 |
| 其他 | 3.1 | 6 |
| 市场监管 | 2.4 | 7 |

数据来源：根据表4.2进行整理所得，参见石亚军主编：《中国行政管理体制现状问卷调查数据统计》，中国政法大学出版社2008年版，第13页。

这组数据表明，效率优先仍然是各级政府的主导理念，经济增长是其首要政策目标，于是招商引资顺理成章地成为地方政府真正的中心工作，而社会建设尚未成为其关注的焦点。

**（二）治理结构欠佳**

1. 政治层面上，议行关系错位与府际关系失衡并存

政治层面的治理结构由横向的政府与公民关系和纵向的府际关系构成其骨架。其中，前者在宪政制度上体现为议行关系（议会与行政），后者包括中央与地方以及纵向地方政府间关系。我国政治层面治理结构问题亦主要涉及这两个方面。

（1）横向的议行关系错位，公民偏好显示机制弱化。

根据人民主权理论和我国宪法规定，中华人民共和国一切权力属于人民。人民行使国家权力的机关是各级人民代表大会。人民代表大会制度是我国基本政治制度，政府、法院和检察院都由其选举产生，并向其报告工作，接受其领导和监督。因此，从法理上，人大作为最高权力机关，具有至高的法律地位与政治地位。但由于历史与现实的原因，实际政治生活却是行政主导而非议会（人大）主导的权力格局。这种议行关系错位，表现为权力主体越位与缺位并存，即作为公共财政权力主体的公民和权力机关缺位，二者都无法对公共财政过程进行有效的控制和监督。与此同时，作为权力机关之执行机关的政府财权过重，并且不受权力机关制约的状况比较严重，如税收征管中过多（国务院颁行的）暂行条例而少（全国人

大及其常委会颁行的）成文税法，许多税种的开征与否及其开征条件的评估也主要由政府所“代劳”了。西方公共财政史上有名言：“无代表，不纳税！”这说明公民及其代议机构具有政府理财的权力主体地位，而我国作为行政机关的政府在财政权上的独大实质上是挤占了公民及其代议机关（人大）在财政上的保有权力，是一种倒置的权力结构。[①] 这就是所谓议行错位。这种行政主导型治理结构极大削弱、抑制了人大的组织发育与能力建设，最终弱化了人大作为公民利益表达、综合和实现平台的政治功能，从而使政府理财所需的公民偏好显示机制存在先天不足。

（2）纵向的府际关系失衡，基层公共服务能力弱化。

第一，集分失衡。

所谓集分失衡是指中央与地方关系中，存在权力向中央和上级集中过度与向地方分权过度并存的现象。这种过度集权与过度分权的矛盾根源在轴心辐射模式，具体直接的原因是逐级整体性弹性授职授权模式与封疆大吏式人事控制模式（详见下文）。从中央到乡镇，各级政府实质职责是就像桶，上下一般粗，即职责同构。职责同构也就是权力同构，即各级政府执掌同等权力。职责与职权的同构共同形成职权同构现象。加上广大民众、各地之间差异性极大和由五级政府构成的超长代理链条的存在（联邦制国家里，联邦、州和地方政府都有各自执行系统，故上级政府基本上不存在委托下级政府执行的问题，因而本书视为基本上没有代理问题），地方政府也就可以并且需要因地制宜地执行上级政策，最终造成过度分权的现象。因此，所谓过度分权的实质是地方政府自由裁量空间太大，其权力不受控制，其行为过于随意，缺乏应有的法度，因而使权力极易进入灰色乃至黑色地带，诱发寻租、腐败行为。所谓过度集权是指在逐级整体性弹性授职授权模式下，中央和上级政府在权力内容上，中央和上级政府掌握最多或更多的权力，越往下，政府所掌

---

① 唐东生：《以公共财政改革为切入点，推进下一轮政府改革》，载《上海行政学院学报》2008 年第 1 期。

握的权力越少、越小。这也是我国公共管理在相当程度上还依赖行政审批的一个体制机制根源。“跑部钱进”现象长盛不衰，各级各类驻京办难以根绝的原因也在这里。过度集权还表现在权力行使方式上，中央和上级政府垄断其对地方或下级政府授职授权的自由裁量权，即授何职、何权、何时、何地、何条件等等，并没有法律明文规定，缺乏确定性、透明性，其主动权、解释权完全操之于中央和上级政府之手，全凭上级政府，准确地说是上级领导说了算。

第二，纵横失衡。

所谓纵横失衡是指对地方政府的控制过于依赖纵向从上到下的权力控制，横向的地方自治的控制机制偏软偏弱。我国千百年来实行中央集权即纵向权力控制来实现中央对地方的统一领导和国家整合，从未发展出一套横向的控制机制，即地方民主自治对地方政府的控制。因而只好因循古老的智慧，即中央对地方的权力控制机制，其方式包括立法、行政、财政、人事、司法和政策控制等，[①]在当代中国政治架构中，这体现为一种“轴心辐射模式”，即“权力中心辐射边缘，边缘依附中心的权力整合方式”。其特点有四：整个国家政治生活中存在一个领导核心；单中心多层次体制；下级政府的领导核心由中央或上级政府的领导核心确定；轴心是把一切国家机构和政治事务整合起来的关键和枢纽，是同级政府中的核心。在“轴心辐射”模式影响下，每级政府都是中央政府的延伸、翻版和代理人，按照同样的原则构建，具有高度一致性，包括职责同构。[②] 轴心辐射模式本质上是通过权力实行等级式控制，即中央对地方（上级对下级）不平等的权力格局与地位。

轴心辐射模式至少有两个值得注意的特点对政府理财模式的公共化拓展构成实质性影响：

---

① 熊文钊著：《大国地方——中国中央与地方关系宪政研究》，北京大学出版社 2005 年版，第 26 ~ 33 页。

② 周振超著：《当代中国政府“条块关系”研究》，天津人民出版社 2009 年版，第 135 ~ 138 页。

一是逐级整体性弹性授职授权模式。我国纵向政府间关系采取上级授予下级职责、职能和权力的模式，下级政府其实是上级政府的派出机构或分支机构，本身缺乏独立的权力来源。因此，只要其意愿、能力、精力允许或需要，中央或上级政府在理论上和法律上随时可以干预其辖区内任何角落的任何事务，如果它不想管，它也可委托下级管理所有或若干事务，但保留最后的管辖权或若干它认为有必要干预的事务进行直接管理，如组建垂直管理机构或派“钦差大臣”（工作组）直接接管。这种模式的优点是上下级权力关系比较有弹性，中央或上级通过权力的收放调整上下级之间权力配置格局以应对不同的环境与形势，能做到因时因地制宜，根据情况相机权变，而中央或上级政府始终处于主动地位，能够有效驾驭局面和控制地方政府。其突出的缺点有两点：其一是政府间职权划分规范性差，这一点后面再详述。其二是公共受托责任机制难以有效建立。“权力的来源决定着运行的规则，权力的行使主体由谁产生就会对谁负责和服务。”① 在我国，从法律和法理上讲，国家一切权力属于人民，政府权力源于人民的授予。但在更具体的实践中，各级政府及其官员的权力源自于轴心——就本级政府来说，源自于上级权力轴心，就部门及其长官来说，其权力源于本级的权力轴心（即党委常委会），这是一种本质上属于任命制而非选任制的人事选拔任用机制，因而也是自上而下的权力发生机制。如此一来，地方政府及其长官的行为逻辑就是对上不对下，只对上级负责，而疏于对公众负责。由于不能决定地方官员的乌纱帽，民众对地方政府的控制和监督便始终硬不起来，政府理财模式公共化就缺乏坚实的制度平台与社会基础，如政府间资金配置，如地方政府的税收权、发债权等就有失控的危险。因此中央和上级不放心向地方放权授责，从而在客观上限制了地方或下级政府的行动能力，进而削弱其为当地居民提供公共服务的能力。

---

① 周振超著：《当代中国政府“条块关系”研究》，天津人民出版社2009年版，第141页。

二是封疆大吏式人事控制模式。从经济学角度来看，中央或上级控制地方必须选择那些综合成本最低、作用最直接、负面作用最小、运用最稳当的方式。因此，在立法、行政、财政、人事诸种方式中，人事控制便成为最主要最方便的方式。为了进一步提高经济效率性，政治体系逐级建构了轴心对轴心的模式，因为如果下级也构建一个轴心模式，那它就只需与一个对象打交道，只需控制地方党政一把手，特别是党委书记的人事任免权，再通过该书记（作为领导轴心）控制地方整个政治体系，这样的成本是最低而效率是最高的。这个“班长”（书记）就是上级权力轴心的全权代表，辅以前文所述的逐级整体性弹性授职授权模式的配合，“班长”就在形式上类似中国古代守土一方的封疆大吏。封疆大吏式人事控制模式＋逐级整体性弹性授职授权模式共同建构的结果是中央与地方（地方上、下级）之间并非职能分工，而是国家公共治理逐级分区包干，这就是说，对于中央与省、市、县、乡政府来说，它们之间的权力、职能没有实质性区分，他们之间的真正区别只是其所负责管辖的行政区域大小的不同，他们在多数方面都有高度相似性。因此可以说，任何一个乡镇党委政府都是一个缩微版的“中南海”。

因此，在未发展出一套有效的制约地方政府的民主控制机制以分担中央对地方的监督之责以前，现行建立在同构模式基础上的上对下权力控制模式不仅有其存在的必然性，而且有其合理性与必要性。政府理财模式公共化及其拓展必须立足于这个制度背景下思考、改革与创新，或者在对该模式进行解构的同时，做到地方分权到哪里，地方民主自治就跟到哪里，否则，所谓改革只会引起混乱甚至失败。毕竟在任何社会，秩序是任何体系存在的前提。没有起码的秩序框架，改革带来的要么是毁灭，要么是空谈，不可能有任何实际效果。

第三，政府层级过多。

政府（财政）层级过多的问题对于政府理财模式公共化拓展的影响有四：一是效率与成本问题。多设一个层级，就有可能耗费更多的税金用于多出的该级政府的运转支出，并且这个多出的政府层级出于权力本能，必然希望制造更多审批项目和审批环节。如财政转移支付要过这一道关，就可能被截留部分财政资金，至少延长了资金流转时间与程序。此外，还增加了上级或人民的监督对象，增加其工作量。多出的这一层级的政府支出，多出的一级审批环节，以及由此多出的监督该级政府的成本，这三项都带来效率损失或行政成本增加，不符合政府理财的绩效原则；二是加剧了纵向政府间职权不清的程度。我国纵向政府间职权本就划分不清，每增加一级政府，职权划分势将变得更加复杂，扯皮的事情将成倍增加。各级政府间财政权利、支出责任也因之变得更复杂了。三是可能加重建设型理财模式的弊端。比如，为加快地方经济发展，推进工业化，地级市往往通过集中所辖各县（区、市）财力以投入城市和大型项目中去，从而挤占、削弱了县（区、市）政府财源、财力，加剧建设型理财模式的不良影响；四是可能加剧地区间公共服务不均等。层级过多，各个层级政府将从各下属辖区集中的财力和从上级取得或截留的转移支付资金用于其重点支持的项目或区域，从而可能导致本辖区内公共服务水平上的不公平，或使这种不公平的程度加剧。

政府层级过多的原因大致来自于两个方面：一方面是过去全能型政府模式下，政府所负无限责任导致其所管辖事务无所不包。从管理学角度，要解决这个问题，要么横向扩大管理幅度，包括增加职能部门或增加下级地方政府数量，或者纵向增加管理层级，即设立多级政府，这两个方式都将导致整体政府规模扩张。因此，增加政府层级是全能型政府的必然结果。另一方面是逐级整体性弹性授职授权模式下，上级控制下级政府的需要。比如中国大多数省份无论从国土面积还是人口数量都相当于一个中等国家甚至大国。省级政府为指导、监控地方政府，设立了派出机构——地区行署。此后，地区逐渐实化为一级政府，并终于在地改市浪潮中获得独立一级地方政府的地位，配齐了四大班子。目前，地级市政府已成为中国事实上的一级政府，并获得了大部分法律承认，很多法律的实施都是以地级市为依托的。

第四，府际关系不规范。

一方面，我国纵向政府间的权力控制模式本身就是一种随机应变的人治方式，与法治规范性相悖；另一方面，逐级整体性弹性授职授权模式下授多少职、什么职、多少权、什么权全凭上级权力轴心自由裁量，其根据都是因时因地不同，甚至因人而异，故上下级间职责权力比较随意和模糊。这种模糊性往往被中央与地方各级政府在上下级权力博弈中各取所需地利用，有选择性适用或执行，即有利可图地执行，否则就阳奉阴违或上有政策，下有对策。规范性不足使得政府间资金配置模式也难以实现稳定性、可预见性和规范性，只能在人治的环境中不规则运行。它进而影响到各级政府尤其是地方政府资金运用模式的公共化。因为地方政府对于上级财政每年究竟能拨付多少转移支付资金并没有确定的预期，因此财政预算难以科学、透明，只能是上级给多少就花多少，这直接削弱了接受上级财政转移支付的地方政府的公共服务能力，也易诱发财政上的不规范、不合法乃至腐败现象。

2. 行政层面财权过度集中与过度分散并存

对行政层面上的治理结构问题，我们仍然可以从纵横两个角度进行分析。

所谓财权过度集中，表现在横向方面，是指长期以来财政机关尤其是预算拨款部门集编制权、分配权、执行权和监督权于一身，逐渐有了本位主义思想。换言之，这些部门内部职权配置及运作流程不够科学、合理，未充分体现出决策、执行、监督分工制衡的要求。在外部治理格局中，其他职能部委以及社会公众亦缺乏较有效的职权、机制、途径对财政部门进行监督制衡，加上财政部门运作以及整个政府理财过程的封闭性，最终使非财政的其他职能部门、社会公众对财政部门的理财运作难以进行有效的监督和制衡。在纵向方面，所谓财权过度集中是指中央或上级政府集中了较大部分的政府收入，但由于财政转移支付的分配机制、执行机制的封闭性、随意性等原因，地方或下级政府对这些资金的分配、使用等过程缺乏话语权和公开、合法的参与机制，只能单向性地以分配资金的中央（上级）财政部门和部委的意志为转移。这为掌握资金分配权的官员设租提供了机会，“跑部钱进”和驻京办因而获得了生存的土壤。实证调查也间接佐证了上述论断。问卷调查表明，各级政府官员认为，政府间事权划分与财力匹配中的最大问题是事权和财权不匹配，占67.5%，居于第二位的是县与乡镇两级政府财力严重不足，为67%。其三是财权高度集中于中央和省级政府，为44.5%，其四是财权划分不清晰，占41.9%，最后是地方政府财政自主权过小，占39.2%。①

所谓财权过度分散亦表现在纵横两个方面。在横向方面，一是非财政职能部委自己收钱自己花。部委以部门立法形式（法律、规章等），向社会征收行政事业性收费、罚款或设立政府性基金，其集中的这部分资金全部或主要归部门自行安排使用（近年来名义上纳入预算，其实是专户管理，支配权仍然在部门，财政部门无法调度、使用这部分资金，在相当程度上还属于部门的“小金库”）。二是年度预算划给部门一大块资金（专项资金，多用于专项转移支付），由部委根据需要进行二次分配，这以发改委、科技部等最为典型，其所掌握的财政资源也是各级地方政府“跑部”攻关的重点。三是职能部门对财经法纪的自由裁量乃至违法违纪行为。由于各种原因，各部门对相关财经法纪常常抱着实用主义、机会主义态度，有利的就执行，不利的不执行，而财政监察和审计部门对这些组织性违法违纪行为的惩戒效果不尽如人意。比如“审计风暴”年年刮，但每年还是那些老问题，难以根除。在纵向方面，所谓财权过度分散主要表现为地方政府在理财实务中的自由裁量权过大（滥用权力），缺乏严格有效的监控，甚至盗用中央（上级）财权，发生不应有的不作为、过度作为或乱作为现象，如招商引资中擅自减免税费，截留挪用财政转移支付资金，将预算内资金化为预算外资金，以各种名义融资发债筹资等现象。

---

① 石亚军主编：《中国行政管理体制现状问卷调查数据统计》，中国政法大学出版社2008年版，第30页。

3. 部门层面，监督不到位与理财不透明并存

虽然近些年来，随着我国政府理财工作的改进，部门理财有了较大进步，但在总体上，部门理财还处在粗放的黑箱运行水平。从立法监督来看，由于财务公开进展不理想，不仅社会公众包括媒体对预算单位预算执行情况不甚了了，就是作为权力机关的人大对各预算单位具体理财信息与细节也心里没底，因为目前人大尚无要求预算单位月度、季度进行预算执行情况报告的制度，而提交的部门预算草案在相当程度上又是粗线条、概略式的，加上人大的信息公开力度不够，公众亦难以从人大获得充分的关于各职能部门理财的信息。从行政监督来看，财政部门对预算单位进行事前（“两上两下”的预算编制形式）、事中（执行，即日常业务监管，这是最主要的部分）监督，监督审计部门对预算单位进行事后监督（支出合法性、合理性、完整性审查）。但从近年来不断曝光的腐败弊案来看，财政和审计部门对预算单位的监督总体乏力，没有真正起到从源头防堵腐败的作用。从部门监督来看，在部门内部，除了财务人员及少数领导人员，大多数工作人员对本部门（单位）财务运行情况所知甚少，仅仅掌握一鳞半爪的不完全信息，甚至一无所知。

总之，部门理财就好像魔术师的黑箱，非核心人员根本无法知晓其中乾坤。究其原因，根本的有两点，一是财务公开、政务公开力度不够。没有财政透明，一切监督和改进理财绩效都无从谈起。二是民主集中制在实践中往往变形走样为只有集中没有民主的领导个人专权、独裁。在部门理财不透明、部门决策一言堂较为普遍的情况下，其他人员难以掌握部门理财的真实情况，因而也难以起到监督作用。在这种财政不透明、监督缺位的治理结构下，部门领导及掌握相关实权的人员（如出纳）极易发生违法乱纪行为，并且相当时间内很难被发现，往往要等到出了大事，一个惊天大案突然曝光，但此时已经给国家造成了重大乃至无法挽回的损失。总之，我国部门理财的主要问题是监督缺位、理财不透明和理财欠民主。

### （三）政府职能错位

1. 政府政治职能缺位

政治职能缺位突出表现在以下两个方面：

一是民意表述渠道不畅，公民偏好显示机制不全、不新、不准。《中华人民共和国宪法》第二条规定：中华人民共和国的一切权力属于人民。人民行使国家权力的机关是全国人民代表大会及各级地方人民代表大会。人大制度、政治协商制度、基层民主制度、民族自治制度以及政党与群团制度等构成中国特色社会主义民主政治体系，从各个方面、层面、环节起到代表人民行使当家做主权利的作用，这个制度体系在理念和制度设计上无疑是先进的，并发挥着巨大的作用。但由于我国发展社会主义民主政治建设的时间很短，社会主义民主政治在实践中还很不完善，民主政治建设远远跟不上实践，特别是人民群众要求当家做主的实践步伐。近年来激增的群体性事件和上访表明，现有制度体系发生了运转不良，导致民意表达渠道受到阻滞。其原因有：第一，公民权利如人身权、财产权利（产权）未能得到清晰、明确界定和尊重。第二，政府权力特别是地方政府权力，包括自由裁量权未能得到有效的制约和规范，比如拆迁、征地等。这其实是政府权力与公民权利失衡，公民权利救济困难。第三，政府权力之间缺乏有效的分权制衡，比如在行政主导的权力格局中，人大、司法等部门难以对行政部门构成真正独立、有效的监督制衡。第四，公民参与通道狭促阻滞。现有制度化公民参与渠道主要有人大、政协、行政复议与信访、司法救济、群众团体以及媒体等。人大制度因为代表来源于非竞争性、间接、带指派性质的选举，其成员多有党政官员，素质参差不齐，又非专职代表，会期过短，监督形式少，议政能力弱等缺点，因而与其最高国家权力机关这一尊崇法律地位差距很大，其作为利益表达机关的能力较弱；政协的地位比较尴尬，虽然其委员构成有较广泛覆盖性，但仍有很多问题：参政议政的法律地位不明确、根据不足，委员素质、能力参差不齐，纪律性较人大代表为差，人员构成上缺乏按省区（地区）出任的代表（委员），因而政协委员的代表性仍不足。群众团体如工会、团委、妇联等已高度行政化，其民间性、草根性严重退化，由其代表和联系工人、青年、妇女群众的职能和能力不是很令人满意，离制度设计初衷距离较远。

总之，从现有政治结构来看，其封闭性、官僚化损害了代表性和公共性，在某种程度上脱离了群众，听不到群众真正的呼声，不利于公民偏好显示机制的构建。

二是群众监督乏力。由于公民参与度有限，加之政务信息公开制度处于起步阶段，公民对政府活动，包括理财活动的信息了解极为有限，财政决策在更多时候是少数人的专利，公民知情权、表达权、参与权落实不到位，因而在总体上，群众对政府理财的监督乏力；另一方面，问责机制的缺陷使得群众监督较难落到实处。我国近年来建立和完善了行政问责制度，并在实践中初步发挥了积极作用。但由于政绩考核机制的缺陷，特别是干部任用机制的封闭性，使得政府官员政绩表现与其所服务的选民之间缺乏直接关联性，是其上级而不是群众掌握了他们的乌纱帽。因此，社会主义民主政治建设的大发展，是政府理财模式公共化拓展的关键前提。

2. 政府经济职能错位

计划经济从本质上讲是政府完全取代市场作为资源配置的主要机制，包办了从规划、生产、经营、管理、分配到消费的整套生产与再生产过程。政府包打天下的模式效率低下、发展缓慢，因而有了始于20世纪70年代末的经济体制改革。经济体制改革其实是以财政改革为突破口和核心，即政府理财逐步放弃其为生产建设筹集资金的角色，相应的，市场越来越多地起到资源配置的基础性作用。改革开放30多年来，我国经济体制改革取得了突破性进展，初步建立起了社会主义市场经济体制的框架体系、配套的法律体系与初步的公共型理财模式。但这个历史性转型任务还远未完成，政府与市场关系错位的情况仍然较严重，阻碍了政府理财模式公共化进程。表4.2和表4.3显示，政府精力投放的位次排列依次是：招商引资、宏观调控、公共服务、维护稳定、社会管理、其他、市场监管。其中，招商引资的选择率合计达到55%。而市场监管只有

2.4%。这组数据反映了我国政府经济职能的主要问题：

一是政府替代市场，政府理财的营利性较严重，妨碍了政府公共性的发挥，如近年来的“国进民退”现象，国有垄断巨头限制市场竞争，损害了消费者福利。

二是政府宏观调控体系虽已初步建成并不断完善，但其方式、手段仍然较多沿用行政、微观和直接的方式，甚至直接干预企业生产经营，在相当大的程度上依然充当着企业“婆婆”角色，破坏公平竞争的市场环境，人为制造不平等竞争。干预的效果不是很好，成本却很高，甚至起了负面作用。

三是政府还存在缺位的现象。主要是市场监管与服务不到位，这其实是过去全能政府模式留下的后遗症。全能政府意味着全能责任，什么都管，但什么都难管好，政府应尽的职能却缺位。结果，“市场监管不但未能有效治理‘市场失灵’，反而因监管权力的滥用和虚设导致了更严重的‘市场失灵’。因为监管的普遍失效，不仅抑制了市场和社会自律治理的有效性，甚至导致了市场秩序的恶化，被监管企业、消费者和社会因而承担了过多的成本。”① 如毒奶粉事件、各地频发的矿难事件、山西黑砖窑事件等，都反映了政府市场监管职能缺位的痛心事实。

四是政府界定产权不力。产权清晰、保护有力，这是市场经济有效运行的制度基础。目前，土地产权、国有产权、公民劳动产权（户籍与流动）等方面的改革还有待突破。

五是少数地方政府和政府部门及公务员利用行政职权寻租。以权谋私是对政府理财公共性的背叛。寻租者的动机主要是物质利益，如财政拨款、减免税和不公正的优惠、特权等，这些最终都体现为国家财政上的损失。

3. 政府社会职能缺位

表4.2和表4.3的数据也反映了我国政府社会职能存在较突出

① 吕煜进：《市场经济体制下政府市场监管职能研究》，兰州大学MPA学位论文，2007年10月，第14页。

的缺位问题，具体表现为政府社会保护职能与社会发展职能上的缺位。

一方面，政府社会保护职能缺位。随着计划经济体制向市场经济体制的渐进式转轨，传统社会安全网逐渐解体，而适应市场经济新要求的新的社会安全网建设又滞后于形势发展，目前的社会安全网仍然还只是一个缺乏整合、漏洞和空白较多、运转不协调的网络，在应对经济转轨和社会转型期多发的社会问题与矛盾显得手忙脚乱，疲于应付，远远不能适应社会和谐稳定发展的需要。最关键的一点是，我们曾经以为市场化改革就是将政府所承担的所有责任都推给私人，其实质是对政府社会职能定位上的错位。成熟市场经济国家基本上是把就业、医疗保障、住房、教育等作为社会事业来看待的，因而以公益为主导原则。但我国有一段时间却赋予住房、教育和医疗等事业以经济功能，使之成为拉动内需的（支柱）产业。结果是，政府有意无意放弃或推卸了其社会保护职能，导致公共产品的私人化，也是政府理财的逆公共化。与此同时，城市化和工业化的加速发展，使得传统乡土社会的小共同体及其所附着的家庭、亲友等社会网络，传统的价值观如家庭、忠诚、诚信、友爱、互助等，也被冲击和解构。因此，人们因物质和精神的社会安全网遭受破坏而感到焦虑无助，引发诸多社会问题，并恶性循环式地带给人们更多不安全感。因此，政府在社会保护职能上是缺位或未尽职的。其症结是政府对社会安全网建设的投入不足，反而通过教育、医疗、住房产业化汲取大量资源用于生产建设。随着社会结构深刻变动，利益格局深刻调整，经济社会发展中各种深层次矛盾凸显，短期问题和长期问题并存，结构性问题和体制性问题并存，特别是在经济转轨和社会转型加速期，人民内部各种具体矛盾日益复杂，群体性事件时有发生，很多事情不期而遇，不可预料的风险大大增加。这亟须我们对社会事业建设和改革进行理论上的反思与检讨，特别是要搞清楚市场经济条件下政府社会职能的重要地位和主要内容，积极发挥政府职能作用，化解社会矛盾，建设和谐社会。

另一方面，政府社会发展职能缺位。一般而言，教育、科技、环保以及文化等方面，是关乎社会以及自然协调、可持续发展所必不可少的投资。在这方面，我国政府显然还有很多工作要做。比如前文提及教育问题，既涉及城乡和东中西部教育公平问题，也涉及教育质量，如素质教育、科教兴国、培养创新人才诸问题。按照公共服务均等化要求，城乡、东中西部要达到基本标准的义务教育水准，政府就要在对教育的财政投入、中央对地方财政转移支付等方面投入更多精力和财力。在环保方面，由于我国经济增长方式和产业结构至今仍未走出高投入、高能耗、高污染的旧模式，导致不仅我国资源环境不堪负荷，而且引发越来越大的国际压力。事实上，我国的环境污染与资源枯竭问题已越来越成为一个具有爆炸性——随时会引发大面积群体性事件的社会问题：如因土地征用、矿产开发中经济补偿不合理引发引起的群体性事件；因环境污染引发癌症多发、重金属中毒等问题，这些制造污染的项目和企业让少数人获利，却让全社会为其买单，是典型的负外部性问题，是政府职能范畴之内的事务。此外，文化建设事关国家和民族的文化传承，是中华民族崛起的软实力支撑，更是中华民族生生不息、屹立世界民族之林的根本，因而也属于社会发展职能范围，是政府应予支持并有待加强的领域。总之，社会发展职能方面也是政府职能缺位而应加强的领域。

## 二、政府资金筹集模式方面的主要问题

### （一）政府在国民收入分配格局中占比过高

2007 年，美国联邦政府的财政税收为 2.4 万亿美元，占 GDP 的 18%，相当于 8500 万普通美国人一年的可支配收入。同年，中国财政收入 5.1 万亿元，占 GDP 的比重达到创纪录的 20.8%，我国财政收入占 GDP 比重超过了美国。有经济学家测算，去年我国政府可以支配的总收入是 15.7 万亿元，这等于是 11.4 亿城镇居民

的可支配收入、37.9亿农民的纯收入。[①] 政府可支配收入占GDP的63.7%。[②] 财政收入增长过快，政府规模越来越庞大，有可能引发一系列的经济社会问题。首先是不利于市场经济发展，甚至有逆市场化风险。计划与市场的根本区别在于是以政府还是以市场作为资源配置的主导力量。庞大的政府规模意味着社会资源配置格局朝向政府倾斜，政府收入挤占社会资源，不仅影响经济增长方式与产业结构调整，还抑制市场经济的发展壮大，也不利于民主与法治的进步。对比现实，回顾历史，我们惊人地发现，经过30多年改革开放之后，政府收入占GDP的比例又回到历史的起点，甚至是有过之而无不及（1978年财政收入占GDP比重为31.1%）。这仅仅是全能主义政府的回光返照，还是它的另一种形式的复归？对此，有学者忧心忡忡地指出："除非拟议中的新一轮税制改革得以全面启动，并且，除非财政预算制度得以步入规范化的轨道，否则，反映在社会资源配置格局上的这种体制复归势头，很可能继续蔓延下去，甚至带来与市场化改革初衷相悖的结果。"[③]这种逆市场化趋势恐非中国改革开放和中国人民之福，决策层和学界对此应有高度的警惕、思考和应对。其次是严重的税费负担。国际上有一个广为引用的量化指标反映政府规模大小——税负痛苦指数（此处指宏观税负，即税收或财政收入与GDP之比）。《福布斯》公布的全球税负痛苦指数，中国2007年"荣居"亚洲榜首，全球第三，2008年仍然高居亚洲之首和全球第五。[④] 对此，国家税务总局和一些学者认

---

① 陈志武：《我们的政府有多大?》，载《经济观察报》2008年2月23日。

② 周天勇：《与官方结论不同 专家：我国实际宏观税负达31%》，载《北京晨报》2007年3月14日。

③ 寇红：《从财政支出膨胀看税收收入增长》，载《中国税务报》2007年8月15日。

④ 参见福布斯公司（Forbes）英文官方网站，http://www.forbes.com/2007/05/03/forbes-misery-data-oped-cx_ja_0503data.htm（2007年数据），http://www.forbes.com/global/2008/0407/060_2.htm（2008年数据）。

为我国税负是较轻的，[1] 但来自财经官员的问卷调查统计数据分析却明确否定了他们的判断。调查表明，有50%的财经官员认为我国税费负担重（“非常重”和“比较重”两项合计），认为“一般”的为48.7%，认为税费负担轻（“比较轻”和“非常轻”两项合计）仅为1.3%。财经官员的判断应该比一般老百姓的直观感受更有权威性和真实性。[2] 对中国实际的宏观税负水平，有学者评估认为已经达到31%。[3] 高税负对中国经济的负面影响正在日益加深，除了直接提高民间创业门槛因而不利于扩大就业外，也造成了经济结构的不平衡，“由于工资收入比较少，上世纪90年代末以来消费在中国经济中的比重一直在下降，目前的消费率不仅远远落后于美国，甚至和印度等发展中国家比较也有相当大的差距。”[4] 因此，内需市场迟迟未能启动，经济增长方式转型也缺乏国内市场支持而进展不大。

### （二）税收未能充分发挥促进社会公平的作用

理论上，税收具有资源配置、收入分配和经济稳定的职能作用，但由于种种原因的掣肘，税收在现实中的职能作用发挥不到位。比如个人所得税起着宏观调控和收入分配的职能，但我国的个人所得税一方面起征点设置过低，而且调整的机制非常迟钝僵化，另一方面由于配套制度机制缺陷，真正应该缴税的富人却往往逃

---

① 嘉宾访谈：《中国税负到底高不高》，http：//www. people. com. cn/GB/32306/32313/32330/3446843. html。这场争论焦点有二：计算口径问题，发达国家财政收入几乎就等于税收，其非税收入比重很小，故中国若将各种预算外的非税收入，尤其是土地、国企等资产收入和社会保障等所有政府收入计算在内，这个比例肯定是不低的；支出责任问题，那些税负较高的欧洲国家基本是高税收高福利国家，但我国却是高税收低福利，财政权力与财政责任失衡。

② 石亚军主编：《中国行政管理体制专项问卷调查数据统计》，中国政法大学出版社2008年版，第40～41页。

③ 周天勇：《与官方结论不同 专家：我国实际宏观税负达31%》，载《北京晨报》2007年3月14日。

④ 周天勇：《与官方结论不同 专家：我国实际宏观税负达31%》，载《北京晨报》2007年3月14日。

税、偷税、漏税，致使这个税种除了组织财政收入，未能充分发挥其调节收入分配，促进社会公平的职能作用。其他如资源税、燃油税、物业税、财产税等都因为技术困难和既得利益集团阻挠等原因，迟迟不能出台，使税制未能在维护公平正义、构建和谐社会、促进可持续发展中作出应有的贡献。

### （三）非税收入监管问题还远未得到解决

非税收入过去被称为预算外资金收入，其监管是一个老生常谈的问题。我们研究发现，在来自财经管理实务界的人士中，有62.4%的人认为我国税费、基金等非税收入占政府财政收入的比重过高（“非常高”和“比较高”两项合计），33.8%的人士认为“一般”，仅有3.9%的人认为我国非税收入占政府财政收入比重较低（“比较低”和“非常低”两项合计）。[①] 对《中国财政年鉴》等权威数据的统计分析也表明，近年来，我国预算外资金收入规模不仅未见减少，反而逐年扩大。全国预算外资金收入总额中，地方占了绝大部分，预算外资金收入成为地方财政的重要来源，它也是地方政府规模膨胀尤其是行政开支膨胀的主要来源。[②] 数据显示，预算外资金收入更是急剧增加，2006年达到6407.88亿元，这其中，地方预算外资金收入就达5940.77亿元，占92.7%（见表4.4）。因此，全国面上的统计分析与来自抽样调查问卷的结论是相互印证的。

---

① 石亚军主编：《中国行政管理体制专项问卷调查数据统计》，中国政法大学出版社2008年版，第41页。

② 平新乔：《中国地方政府支出规模的膨胀趋势》，载《经济社会体制比较》2007年第1期。

表 4.4 我国预算外资金收入的规模及结构一览表

单位：亿元 %

| 年份/项目 | 全国预算外资金收入 | | 中央预算外资金收入 | | 地方预算外资金收入 | |
|---|---|---|---|---|---|---|
| | 绝对数 | 增长率 | 绝对数 | 占全国预算外资金收入比重 | 绝对数 | 占全国预算外资金收入比重 |
| 2001 | 4300.00 | 12.4 | 347.00 | 8.1 | 3953.00 | 91.9 |
| 2002 | 4479.00 | 4.2 | 440.00 | 9.8 | 4039.00 | 90.2 |
| 2003 | 4566.80 | 2.0 | 379.36 | 8.3 | 4187.44 | 91.7 |
| 2004 | 4699.18 | 2.9 | 350.69 | 7.5 | 4348.49 | 92.5 |
| 2005 | 5544.16 | 18.0 | 402.58 | 7.3 | 5141.58 | 92.7 |
| 2006 | 6407.88 | 15.6 | 467.11 | 7.3 | 5940.77 | 92.7 |

资料来源：根据《中国财政年鉴》(2007) 有关数据计算和整理得出，数据作了四舍五入处理。

### (四) 税收征收成本过高

为配合分税制财政体制改革的推行，我国于 1994 年分别设立了国税和地税两套征管机构，为分税制的顺利推行、财政收入持续增长尤其是财政收入两个比重的提高作出了重要贡献。然而，我们也看到，这个成绩很大程度上是以税收征收成本攀升换来的。我国税收征收成本随着财政收入增长而逐年上升。①“不断地新设或分设机构、重复开发征管软件、建设大量高档办税场所、购置现代化的办公设备、大幅度增加人员、制作新的表证单册等”② 是税收征收成本水涨船高的主要原因。此外，财政、国税、地税、海关、发改委以及国资委等财经机构在组织财政收入等方面的决策、执行、协调和信息共享方面也存在较多扯皮和重复行政现象，比如同一税源，国地税两个机构都去征收，无形中增加了征管机构和纳税人的

---

① 有学者发现，有 75.9% 的被调查者认为税收成本过高。其中，县级被调查者认为其成本占税收的 10% ~15%，乡级被调查者认为其占税收的 5% ~10%。参见王振宇，钱莲琳：《辽宁县乡财政经济现状问卷调查》，载《中国财政》2008 年第 8 期。

② 上海财经大学公共政策研究中心著：《2006 中国财政发展报告》，上海财经大学出版社 2006 年版，第 454 页。

交易成本。

## 三、政府资金运用模式方面的主要问题

### （一）公共产品私人化

我国政府理财模式中一个非常突出的问题是公共产品私人化。一方面，本应由政府提供的公共产品却由私人来买单。比如，政府应该担负起食品安全的职责，对水果、蔬菜中的激素、添加剂和农药残留进行控制，以保障国民身体健康。但政府在履行这方面的职能上却严重缺位。结果，一些公民只好自己去买消毒机去除水果蔬菜中残留的农药、激素和化学添加剂。换言之，政府没有起到消除市场经济中的外部性问题尤其是负外部性问题，而这是市场经济中政府纠补市场失灵的典型职能。另一方面，政府提供的一些公共产品在事实上是由多数人，包括弱势人群买单，却由少数人特别是强势人群享用。比如，高速铁路和航空都是用全体纳税人的钱建设的，但享用最多的却是少数人。如何让发展的成果包括公共财政的成果惠及最广大的人民群众，这是我国政府资金运用模式公共化需要解决的根本问题，这涉及公共产品的供给、补偿和分配机制，需要集体行动即政治与行政程序来解决。一个公平、高效的公共产品供给、分配及成本补偿机制应该是：惠及全民的纯公共产品由税收来保障，全民负担成本；惠及部分公民的准公共产品或俱乐部产品通过使用者付费来补偿部分或全部成本，只有这样，才能从根本上克服公共产品私人化问题。

### （二）经济建设和行政管理费用比重过高

公共财政是取之于公众，用之于公众，向公众负责的财政。从某种意义上说，公共财政就是民生财政。据财政部长谢旭人介绍，2007 年政府在直接涉及老百姓的医疗卫生、社会保障和就业福利上的开支，总共约 6000 亿元，相当于财政总开支的 15%，为全年 GDP 的 2.4%，分到 13 亿人身上，人均 461 元（相当于城镇居民

人均可支配收入的3%）。美国2007年在同样三项上的开支约为15000亿美元，相当于联邦政府总开支的61%，为美国GDP的11.5%，分到3亿美国人身上，人均5000美元（相当于美国人均可支配收入的18%）。美国2007年的财政税收仅占GDP的18%，而中国5.1万亿元财政收入占GDP的20%。所以，即使不算国企收入和国有资产增值，仅财政税收，中国政府的相对收入就高于美国联邦政府，没有理由在民生上的开支比例低于美国。[①] 更何况我国是社会主义国家，理应体现出我们的制度优越性。同样是实行市场经济，中美间财政支出结构的差别映照出转轨中的我国财政支出结构的典型缺陷。从统计学意义上讲，仅仅比较中美两国政府之间财政支持结构异同不能完全说明问题，我们需要更丰富详细的数据支撑。为此，我们对市场经济发育程度各异的国家财政支出结构与我国财政支出结构进行横向比较，并结合我国自新中国成立以来财政支出结构的变化来分析我国政府支出结构中的主要问题。

**表4.5 部分国家中央政府财政支出范围（1997年）[②]**

| 项目 | 美国 | | 韩国 | | 英国 | | 泰国 | |
|---|---|---|---|---|---|---|---|---|
| | 支出（亿美元） | 比重（%） | 支出（10亿韩元） | 比重（%） | 支出（百万英镑） | 比重（%） | 支出（亿铢） | 比重（%） |
| 一般公务支出 | 1474 | 8.7 | 3997 | 5.1 | 10900 | 3.8 | 442 | 4.9 |
| 国防 | 2666 | 15.7 | 13160 | 16.9 | 23150 | 8.1 | 1043 | 11.6 |
| 公共秩序和安全 | 239 | 1.4 | 4789 | 6.1 | 9981 | 3.5 | 509 | 5.6 |
| 教育 | 298 | 1.8 | 16203 | 20.8 | 14445 | 5.0 | 1949 | 21.6 |
| 卫生 | 3448 | 20.3 | 616 | 0.8 | 40844 | 14.2 | 774 | 8.6 |
| 社会福利 | 4890 | 28.8 | 8527 | 10.9 | 91063 | 31.7 | 337 | 3.7 |

---

① 陈志武：《我们的政府有多大?》，载《经济观察报》2008年2月23日。

② 张美玲：《财政支出结构的国际比较对我国的启示》，载《北京工商大学学报》（社会科学版）2005年第5期。

续　表

| 项　目 | 美国 | | 韩国 | | 英国 | | 泰国 | |
|---|---|---|---|---|---|---|---|---|
| | 支出（亿美元） | 比重（%） | 支出（10亿韩元） | 比重（%） | 支出（百万英镑） | 比重（%） | 支出（亿铢） | 比重（%） |
| 住房和通信 | 453 | 2.7 | 1782 | 2.3 | 5184 | 1.8 | 517 | 5.7 |
| 文化娱乐和宗教 | 53 | 0.3 | 673 | 0.9 | 1417 | 0.5 | 127 | 1.4 |
| 能源 | 37 | 0.2 | 560 | 0.7 | 2224 | 0.8 | 34 | 0.4 |
| 农业 | 160 | 0.9 | 6298 | 8.1 | 3436 | 1.2 | 834 | 9.2 |
| 工业 | 11 | 0.1 | 2031 | 2.6 | 1338 | 0.5 | 44 | 0.5 |
| 交通运输 | 405 | 2.4 | 8222 | 10.5 | 4893 | 1.7 | 1430 | 15.9 |
| 其他经济活动 | 249 | 1.5 | 1595 | 2.0 | 5472 | 1.9 | 387 | 4.3 |
| 其他支出 | 2582 | 15.2 | 10551 | 13.5 | 73113 | 25.4 | 590 | 6.5 |
| 支出合计 | 16965 | 100 | 78004 | 100 | 287460 | 100 | 9017 | 100 |

资料来源：国际货币基金组织《政府财政年鉴》1998（其中英国数据为1995年整理）。

注：本表支出合计比重相加等于100。

从表4.5中我们可以看出市场经济国家财政支出结构的一般规律及国别特点。首先，市场经济国家经济建设支出较低。若将表4.5中的能源、农业、工业和交通运输视同直接用于经济建设的支出，那么，美国为3.6%，韩国为21.9%，英国为4.2%，泰国为26%。可以看出，市场发育程度较高的美国和英国，政府的经济职能弱化，用于经济建设方面的支出比例较低。而市场发育程度稍低的韩国和泰国，政府经济职能较为强势，其在财政支出结构中的比重较高。但无论是美英，还是韩国泰国，直接用于经济建设的支出均未达30%。其次，发达国家卫生、社会福利支出水平较高，如卫生支出项目，美国是20.3%，英国为14.2%。再如，美国和英国社会福利支出都在30%左右，亚洲四小龙之一的韩国也呈上升趋势，而发展中国家的泰国较低，仅为3.7%。第三，国防费用情况各异。韩国最高（16.9%），美国次之（15.7%），泰国第三（11.6%），英国最低（8.1%）。最后，也是最引人注目的是，各国一般公务支出（行政管理费）均较低。无论是仍处于工业化阶段的泰国还是基本实现工业化的韩国乃至高度工业化的英美两国，其行政管理费开支都没有超过10%。上述各国财政支出结构都显示出公共财政的公共性特点，即财政支出的主要投向是社会保障、教育、卫生、国防等公共领域，经济建设支出水平普遍较低。我们以上述四国为基本参照，考察我国财政支出结构特点。

表 4.6 新中国成立以来我国财政支出结构

单位:亿元 %

| 时期/年度 | 支出合计 | 经济建设费 | | 社会文教费 | | 国防费 | | 行政管理费 | | 其他支出 | |
|---|---|---|---|---|---|---|---|---|---|---|---|
| | | 支出 | 比重 | 支出 | 比重 | 支出 | 比重 | 支出 | 比重 | 支出 | 比重 |
| 经济恢复时期 | 362.1 | 125.70 | 34.7 | 42.10 | 11.6 | 138.49 | 38.2 | 46.07 | 12.7 | 9.83 | 2.7 |
| “一五”时期 | 1320.52 | 670.81 | 50.8 | 191.32 | 14.5 | 314.79 | 23.8 | 112.18 | 8.5 | 31.42 | 2.4 |
| “二五”时期 | 2238.18 | 1491.55 | 66.6 | 302.07 | 14.3 | 272.94 | 12.2 | 133.16 | 5.9 | 38.46 | 1.7 |
| 1963—1965 | 1185.81 | 638.22 | 53.8 | 180.24 | 15.2 | 226.04 | 19.1 | 76.42 | 6.4 | 64.89 | 5.5 |
| “三五”时期 | 2510.60 | 1407.62 | 56.1 | 277.76 | 11.1 | 549.56 | 21.9 | 134.27 | 5.3 | 141.39 | 5.6 |
| “四五”时期 | 3917.94 | 2261.12 | 66.6 | 426.25 | 10.9 | 750.10 | 19.1 | 196.71 | 5.0 | 283.76 | 7.2 |
| “五五”时期 | 5282.44 | 3164.28 | 59.9 | 760.64 | 14.4 | 867.81 | 16.4 | 280.06 | 5.3 | 209.65 | 4.0 |
| “六五”时期 | 7483.18 | 4196.61 | 56.1 | 1477.44 | 19.7 | 893.74 | 11.9 | 587.41 | 7.9 | 327.98 | 4.4 |
| “七五”时期 | 12865.67 | 6230.03 | 48.4 | 2978.15 | 23.2 | 1170.15 | 9.1 | 1520.66 | 11.8 | 966.68 | 7.5 |
| “八五”时期 | 24387.46 | 10125.54 | 41.5 | 6256.29 | 25.7 | 2321.40 | 9.5 | 3355.90 | 13.8 | 2328.33 | 9.6 |
| “九五”时期 | 57043.46 | 21870.44 | 38.3 | 15503.97 | 27.2 | 4751.27 | 8.3 | 8933.22 | 15.7 | 5984.56 | 10.5 |
| “十五”时期 | 128022.85 | 37308.52 | 29.1 | 34051.05 | 26.6 | 9732.66 | 7.6 | 24339.39 | 19.0 | 22591.23 | 17.6 |
| 2001 | 18902.58 | 6472.56 | 34.2 | 5213.23 | 27.6 | 1442.04 | 7.6 | 3512.49 | 18.6 | 2262.26 | 12.0 |
| 2002 | 22053.15 | 6673.70 | 30.2 | 5924.58 | 26.9 | 1707.78 | 7.7 | 4101.32 | 18.6 | 3645.77 | 16.5 |

续　表

| 时期/年度 | 支出合计 | 经济建设费 | | 社会文教费 | | 国防费 | | 行政管理费 | | 其他支出 | |
|---|---|---|---|---|---|---|---|---|---|---|---|
| | | 支出 | 比重 | 支出 | 比重 | 支出 | 比重 | 支出 | 比重 | 支出 | 比重 |
| 2003 | 24649. 95 | 6912. 05 | 28. 0 | 6469. 37 | 26. 2 | 1907. 87 | 7. 7 | 4691. 26 | 19. 0 | 4669. 40 | 18. 9 |
| 2004 | 28486. 89 | 7933. 25 | 27. 8 | 7490. 51 | 26. 3 | 2200. 01 | 7. 7 | 5521. 98 | 19. 4 | 5341. 14 | 18. 7 |
| 2005 | 33930. 28 | 9316. 96 | 27. 5 | 8953. 36 | 26. 4 | 2474. 96 | 7. 3 | 6512. 34 | 19. 2 | 6672. 66 | 19. 7 |
| 2006 | 40422. 73 | 10734. 63 | 26. 6 | 10846. 20 | 26. 9 | 2979. 38 | 7. 4 | 7571. 05 | 18. 7 | 8291. 47 | 20. 5 |

资料来源：根据《中国财政年鉴（2007 年）》数据计算得出。

综合比较表4.5和表4.6的数据，可以发现我国财政支出结构中经济建设支出比重一直居高不下。虽然从趋势来看，我国经济建设支出比重呈现稳定下降的趋势，其占财政支出比重从“二五”和“四五”时期最高的66.6%下降到2006年的26.6%，我们可以感受到历史前行的脚步声。但问题是，改革开放30多年了，无论是与市场经济国家的一般水平相比，还是与我国构建和谐社会、化解社会矛盾的现实需要相比，这个比例还有如此之高，显然是某种深层次的东西在起作用。与此同时，社会文教费支出水平保持稳定，占比较小。这项支出的比重比改革开放前明显提高，但近30年来始终徘徊在26%上下，即使是我国提出构建和谐社会理念后，这个比例仍然没有显著提高。这说明加大对教育、文化和社会服务事业投入仍任重道远。此外，行政管理费支出所占比重急剧飙升，应引起高度警惕。我们对新中国成立以来的行政管理费支出的考察也发现，除去新中国成立之初由于恢复重建，行政管理费超出10%（为12.7%）之外，改革开放前我国财政支出中行政管理费支出都未超过10%。伴随着改革开放进程，我国行政管理费支出比重开始节节攀高，从七五时期的11.8%增长到2006年的18.7%，其间，2004年达到创纪录的19.4%。就是说，财政支出的近两成用于公共管理机构自身的运转消耗，① 如果加上预算外的行政管理费用开支，其比重和规模将是非常惊人的。庞大的政府规模消耗了国民财富，挤占了公共支出；庞大的政府还容易对市场经济秩序形成干扰和阻碍，不利于构建公平、透明、竞争的市场环境。

### （三）预算决策环节的主要问题

财政预算制度在决策环节基本上包括预算规划、预算编制以及预算审批三个环节。在预算编制范围上，我国预算外资金以及制度外收入尚未完全纳入预算内轨道，尤其是在市县这两级，预算外收入还占政府收入总额中的较大比重。在内容上，预算编制内容过于

---

① 根据《中国财政年鉴》（2007年）数据计算所得。

粗略，编制时间过短。上述问题都是预算编制不科学、不合理的表现，它在很大程度上是由于预算前准备缺位引发的，整个预算流程中的诸多弊病都与此相关。因为缺乏将宏观经济筹划和中期预算框架为基点编制部门预算，① 更无法依此提出财政政策目标、财政增长规模、预算结构安排、拟出台的财政政策等等，使得预算编制缺乏应有的前瞻性、准确性和可预测性，也就缺乏约束力和可操作性。这样编制出来的预算只能凭经验估计后提出粗略的数据，各个预算单位对本单位在预算年度以及若干年度内必然发生和可能发生的支出及其数额心中无数。它引起的连锁反应是人大对预算的审查监督难以细化，只能审批到比较宽泛的“款”一级，无法细化到“项”甚至是“目”，不利于对财政资金的全方位、全过程监控。这些问题延续并累积到执行阶段，就导致预算调整频繁，预算科目调剂随意等弊端屡屡出现。

**（四）预算执行环节的主要问题**

财政预算制度的执行环节主要是指国库集中支付制度和政府采购制度，这个环节的制度设计应尽可能简化执行链条、减少中间环节、加强监管和相互制衡，达到提高效率、节约成本、提升品质的目的。

国库集中支付制度是我国预算执行从理念、制度、组织到机制的系统性创新，必须整体推进，协同作战，才能起到较好效果。虽然实务部门对该项制度创新的实践效果评价较高，② 但一些相关“短板”限制了它的整体效能进一步发挥：

一是预算编制制度建设滞后。预算内、预算外两本账使国库集中支付仅仅是预算内资金的国库集中支付，并非完整意义上的国库

① 我国的五年计划以及经济社会发展中长期规划往往与预算编制是脱节的，部门预算编制在某种程度上是闭门造车。

② 问卷调查表明，对于政府集中支付制度的评价，有70.6%的财经官员认为效果较好（“非常好”和“比较好”两项合计），认为“一般”的占24%，只有5.3%的人认为效果不太好（“不太好”和“没有实际效果”两项合计）。参见石亚军主编：《中国行政管理体制专项问卷调查数据统计》，中国政法大学出版社2008年版，第51页。

集中支付；预算编制内容粗略，预算调整频繁，不便于财政部门在支付阶段的核定把关；编制与审批时限不合理，使得每年都有将近一个季度的预算执行缺乏法律依据，削弱了财政支出制度的权威性。

二是政府会计制度建设滞后。我国现行预算会计制度是1997年颁行的，它在会计体系、核算内容以及科目设置等方面都不能适应新的国库集中支付制度的需要。

三是网络建设滞后。国库集中支付涉及国库管理机构、国库执行机构、国库出纳机构、预算单位和代理银行五个主体，各类信息网络系统的自身建设以及上述各网络之间的互联互通、信息共享等等问题都还没有得到圆满地解决，制约了国库集中支付制度建设的进展。

四是组织建设滞后。目前，国库集中支付制度体系中五类主体之间的责、权、利关系尚待理顺，财政部门内国库管理与执行机构没有分立，财政部门与中央银行（国库出纳机构）的责任权利也没有理清，央行代理财政资金不收费，财政资金存放在央行也不支付利息。在未设央行的县乡，商业银行代理国库时甚至连出纳职能都无法圆满履行。

我国政府采购制度虽然取得了较大成就，但在实践中还存在一些结构性问题：

其一是职权配置失衡。它其实反映了管理、执行和采购三方在职能定位上不同程度地存在职能“缺位”和“越位”问题，如管理机构在审核、现场监督、投诉处理等方面存在走过场、流于形式现象；执行机构只有制作标书、邀请推选中标候选人等权力，但管理机构却越俎代庖，将执行机构的报表汇总、票据签章等职权包揽过来，“运动员”与“裁判员”角色混淆，在职权配置上失去了相互制衡的意义。

其二是组织机构缺陷。源于职权配置上的模糊不清，在组织机构设置上就表现为采购管理与执行组织分立分化程度低，管采不分，关系暧昧模糊，缺乏一个清晰的管理机构、执行机构和协调机构的组织框架体系，至今没有设立一个权威性协调机构，如政府采购委员会之类的组织。

其三是制度建设滞后。职权配置与组织机构的科学化、合理化最终体现为文本上的制度体系，但制度建设滞后又反过来制约了职权配置、组织机构的完善，如预算编制中的内容粗略、编审时限不合理以及预算会计科目改革滞后；采购信息制度中不同程度存在的信息封闭、信息歧视、准入歧视等；评估制度中的招投标管理存在较混乱、标书制作不规范、专家库空缺等问题。此外，政府采购范围还有待扩大，政府采购程序还不够透明，监管效果也不甚理想而需要加强，还有对供应商的法律救济问题①等等，都需要在以后的改革中不断加以解决。

**（五）监督环节的主要问题**

预算监督环节上的问题主要有：

一是在监督流程上前重后轻。在财政监督流程中，较普遍的是重视财政支出审批，忽视财政支出之后的跟踪管理；重视资金拨付，忽视资金后续监控；重视事前预防，忽视事中、事后追踪、监控和反馈。

二是监督职权上制衡不力。财政监督、审计监督和人大监督的

---

① 问卷调查表明，对于政府采购问题的评价，在受访的财经官员中，有63.2%的人认为应扩大政府采购范围，认为应保持不变的为19.7%，而认为应缩小政府采购范围的仅有17.1%；同时，认为政府采购程序透明（“非常透明”和“比较透明”两项合计）的比例为50%，认为“一般”的占30.3%，另有19.7%的认为政府采购不透明（“不太透明”和“完全黑箱操作”两项合计）；关于对政府采购的监管问题，有42.7%的认为效果较好（“效果非常好”和“效果比较好”两项合计），选择“效果一般”的为41.3%，并有16%的认为效果不好（“效果不太好”和“流于形式，没有实际效果”两项合计）；此外，关于对供应商的法律救济问题，有25%的认为较充分（“非常充分”和“比较充分”两项合计），而选择“一般”的为59.7%，另外有15.3%的认为不充分（“不太充分”和“根本就没有救济保障”两项合计）。这组数据充分说明，在政府采购的制度设计及其运行机制中，对扩大政府采购范围、提高政府采购程序透明度、强化监管和对供应商法律救济等方面还有巨大改进空间。参见石亚军主编《中国行政管理体制专项问卷调查数据统计》，中国政法大学出版社2008年版，第48~51页。

效果不佳，基本上都是因为职权有限或是能力不足，无法监督或监督不了。[①] 这说明我国行政主导型财政治理结构中，财政监督职权配置失衡，作为公共财政应有的权力主体的公民缺位和权力机关缺位，二者都无法对公共财政过程进行有效的控制和监督，与此同时，作为权力机关之执行机关的政府财权过重，并且不受权力机关制约的状况比较严重，如税收中的过多的暂行条例而少成文的税法，许多税种的开征与否及其开征条件的评估也主要由政府说了算。这种职权配置上的失衡格局不利于监督机关对政府理财进行有效的监督和控制。[②]

三是监督法规制度不全。无论是监督流程的再造或合理化，还是职权配置的科学制衡，以及机构设置等等，都需要严密的制度保障。我国财政监督的相关法律如《预算法》、《政府采购法》以及《会计法》等法律法规或者未出台，或者其系统性、权威性、严密性、可操作性等方面不能适应财政监督实践的需要，不能充分发挥规范和预防作用，需尽快出台或修订。

## 四、政府间资金配置模式方面的主要问题

### （一）支出责任与财力不匹配的情况未根本改变

国际经验表明，比较明智的改革战略应该是政府职能的改革先

① 问卷调查表明，关于人大对财政的监督效果的评价，有47.4%的财经官员认为效果较好（“效果非常好”和“效果比较好”两项合计），认为“一般”的占40.8%，另有11.9%的人认为效果不太好（“效果不太好”和“流于形式，没有实际效果”两项合计）；关于财政部门的财政监督中存在的问题，财经官员认为最突出的是监督效果不佳（62.7%），其次是监督权限不够（60%），再次是财政违法责任追究不严（56%），又次是自我监督（34.7%）。另有4%选择“其他”；关于对审计风暴的看法，选择最多的是“发现不少问题，但问责不够”（76.3%），其次是“仅停留于合法性审计，效益审计尚未真正实行”（67.1%）。参见石亚军主编《中国行政管理体制专项问卷调查数据统计》，中国政法大学出版社2008年版，第48，58～59页。

② 唐东生：《以公共财政改革为切入点，推进新一轮政府改革》，载《上海行政学院学报》2008年第1期。

于财政收入的改革。但多数国家是从政府收入方面开始政府间权力划分改革。大多数欠发达国家的实践表明，根据政府收入进行的财政分权难以长久：中央可以对地方税率进行限制或者使其受制于上级政府，可以不执行对地方政府的拨款承诺，可以使地方政府所有借款活动受制于中央政府的控制。[①] 中国的分税制改革也主要是在中央和省级政府间划分税收收入的改革，直接目的是提高财政收入占 GDP 比重和中央财政收入占全国财政收入比重。因而对政府间职能划分事实上并未给予应有的重视，故各级政府间职能及支出责任至今未能真正理顺，导致运作中的诸多问题与矛盾。这进而使得相应的财力匹配问题无法解决。结果，点菜的不买单，买单的其实没点菜，中央与地方在财政资金配置上其实是一笔糊涂账。根据抽样问卷调查数据的统计分析，政府间事权划分与财力匹配中的最大问题是事权和财权不匹配，占 67.5%，居于第二位的是县与乡镇两级政府财力严重不足，为 67%。其三是财权高度集中于中央和省级政府，为 44.5%，其四是财权划分不清晰，占 41.9%，最后是地方政府财政自主权过小，占 39.2%。[②] 见表 4.7 和表 4.8。

**表 4.7 政府间事权与财权配置的问题分析**

| 选　项 | 选择计数 | 百分比（%） |
|---|---|---|
| [1] 事权和财权不匹配 | 1691 | 67.5 |
| [2] 财权划分不清晰 | 1051 | 41.9 |
| [3] 财权高度集中于中央及省级政府 | 1114 | 44.5 |
| [4] 县与乡镇两级政府财力严重不足 | 1680 | 67.0 |
| [5] 地方政府财政自主权过小 | 983 | 39.2 |
| [6] 其他 | 57 | 2.3 |
| 参选人数总计 | 2506 | |

① Roy Ball：《财政分权的基本原则》，载政府间财政关系课题组编译：《政府间财政关系比较研究》，中国财政经济出版社 2004 年版，第 4 页。

② 石亚军主编：《中国行政管理体制现状问卷调查数据统计》，中国政法大学出版社 2008 年版，第 30 页。

表 4.8　事权与财权配置问题的位次排列

| 配置方面的问题 | 百分比（%） | 位次 |
|---|---|---|
| 事权和财权不匹配 | 67.5 | 1 |
| 县与乡镇两级政府财力严重不足 | 67.0 | 2 |
| 财权高度集中于中央及省级政府 | 44.5 | 3 |
| 财权划分不清晰 | 41.9 | 4 |
| 地方政府财政自主权过小 | 39.2 | 5 |
| 其他 | 2.3 | 6 |

数据来源：根据表 4.7 整理得出，参见石亚军主编《中国行政管理体制现状问卷调查数据统计》，中国政法大学出版社 2008 年版，第 30 页。

财政支出责任与财力不匹配、财权高度集中于中央及上级政府等问题反映了现行政府间资金配置模式在制度安排上的主要缺陷。无论单一制还是联邦制国家都强调中央财政在全国的主导地位。1994 年分税制改革的目标之一就是逐步提高中央财政占全国财政收入的比重，为强化宏观调控、维护国家统一服务。事实上，从 1994 年到 2007 年，财权逐步上移，中央财政收入占全国总财政收入比重不断上升，而中央支出所占比重总体呈下降趋势，如表 4.9 所示。

表 4.9　1994—2007 年中央与地方财政收支比重（%）

| 年份 | 中央政府 | | 地方政府 | |
|---|---|---|---|---|
| | 收入比重 | 支出比重 | 收入比重 | 支出比重 |
| 1994 | 55.7 | 30.3 | 44.3 | 69.7 |
| 1995 | 52.2 | 29.2 | 47.8 | 70.8 |
| 1996 | 49.4 | 27.1 | 50.6 | 72.9 |
| 1997 | 48.9 | 27.4 | 51.1 | 72.6 |
| 1998 | 49.5 | 28.9 | 50.5 | 71.1 |
| 1999 | 51.1 | 31.5 | 48.9 | 68.5 |
| 2000 | 52.2 | 34.7 | 47.8 | 65.3 |

续 表

| 年份 | 中央政府 | | 地方政府 | |
|---|---|---|---|---|
| | 收入比重 | 支出比重 | 收入比重 | 支出比重 |
| 2001 | 52.4 | 30.5 | 47.4 | 69.5 |
| 2002 | 55.0 | 30.7 | 45.0 | 69.3 |
| 2003 | 54.6 | 30.1 | 45.4 | 69.9 |
| 2004 | 54.9 | 27.7 | 45.1 | 72.3 |
| 2005 | 52.3 | 25.9 | 47.7 | 74.1 |
| 2006 | 52.8 | 24.7 | 47.2 | 75.3 |
| 2007 | 54.1 | 23.1 | 45.9 | 76.9 |

资料来源：《中国财政年鉴2007》，2007年的数据来自财政部官方网站。以上比重为中央与地方本级财政收支占全国财政总收支的比重。

因此，在分析中国政府间资金配置模式的问题时，决不能将板子打在分税制以及中央财政占主导地位这两点上，问题的关键是钱怎么花的问题，即包括中央在内的各级政府财政支出责任应与其财力相匹配，自有财力不足的应通过财政转移支付来弥补，实现财力均衡。

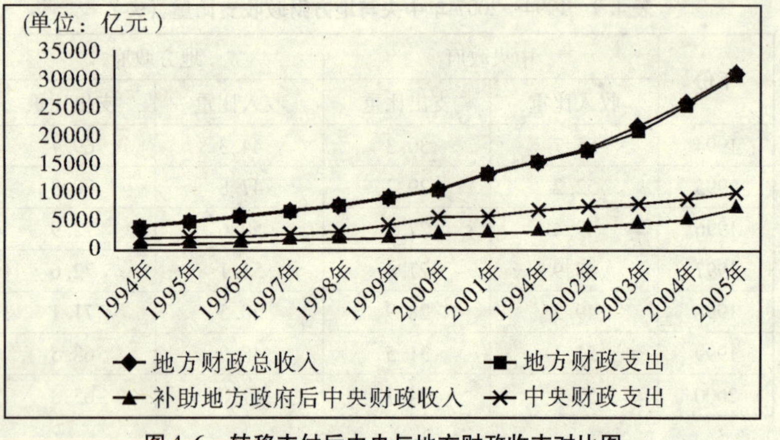


图4.6 转移支付后中央与地方财政收支对比图

资料来源：根据《中国财政年鉴2007》的数据整理计算得出。图中中央和地方财政支出均为本级财政支出，财政收入为地方上解中央税收、中央对地方政府税收返还和转移支付后的中央与地方实际支配的财力。

根据图4.6，我们可以看出，中央与地方财政收支在总体上是平衡的，而地方政府在2004年到2006年间甚至出现了财政盈余。这说明各级政府作为一个整体，在支出责任与财力基本上是匹配的。结合上述分析，我们认为问题的关键在于，中央、省、市、县、乡五级政府间支出责任和财政收入划分不清，支出责任与财政收入划分缺乏逻辑对应性，或者缺乏相应的转移支付平衡支出缺口。结果，支出责任与财力失衡，即事多钱少或事少钱多的矛盾。

第一，有些应由中央政府承担的事务，却由地方承担。如中央政府将部分国防武警经费通过让地方分担武警经费、部队粮食价格补贴、建设营房等形式把支出负担推给了地方政府。还有些项目的支出，中央在核定地方预算时虽然已经考虑，但随着经济条件的变化和支出标准提高，原来核定的经费出现缺口，这些增加的经费实际上是地方政府来承担的。第二，有些本应由地方承担的经费，中央也在安排支出。如地区性银行、邮电通信事业等，这些事业本来主要应由地方来举办，但都由中央包揽了。[①] 中央政府还过多承担了本应由地方政府承担的基础建设和经济发展方面的支出责任，而且不合理地直接干预微观企业层面的运营。如2007年，中央财政主要支出项目中，基本建设支出占全国财政支出中基本建设支出总额的33.8%，增拨企业流动资金占94.4%，各类工商交通事业费占23.2%，政策补贴支出占39.7%。[②] 第三，各级政府间支出责任不够明确，而且交叉过多。例如，在自然灾害救济、统计、气象、抚恤、口岸建设等领域，存在着责任划分不清的问题。在基础教育的

---

① 安玉海：《我国各级政府间事权划分问题研究》，硕士学位论文，吉林大学，2007年，第21～22页。

② 根据《中国财政年鉴》（2007）有关全国和中央财政支出主要项目数据计算得出。

管理方面，则存在着职能与支出责任下放过低的问题，主要由县、乡政府以及村负责办学，使基础教育投资严重不足，这也是导致农村教师工资拖欠的原因之一。

**表4.10 中央和地方之间支出责任划分应然与实然状态一览表①**

<table>
<tr><th colspan="3" rowspan="2">项目</th><th colspan="3">承担现状</th></tr>
<tr><th>中央承担</th><th>中央地方共同承担</th><th>地方承担</th></tr>
<tr><td rowspan="12">应由中央全额承担</td><td colspan="2">国防</td><td>现役部队经费、预备役部队的标准经费、民兵装备购置</td><td></td><td>民兵事业费、农村民兵和预备役人员训练误工补助、预备役团以下部队和现役部队县级人民武装部营房和训练设施建设费</td></tr>
<tr><td colspan="2">外交外事支出</td><td>涉及外交和对外援助的支出</td><td></td><td>地方政府一般性外事活动经费</td></tr>
<tr><td rowspan="8">武警部队</td><td>内卫部队</td><td>除支队以下机关部队基建经费以外的经费</td><td></td><td>支队以下机关部队的基建经费</td></tr>
<tr><td>边防部队</td><td>除由地方负担的部分地区公安任务支出以外的经费</td><td></td><td>负担部分地区公安任务支出</td></tr>
<tr><td>警卫部队</td><td>人员经费和行政经费；地市级以上警卫机关部队的基建经费</td><td>业务经费分级负担</td><td></td></tr>
<tr><td>黄金部队</td><td>正常经费、地质工作专项经费、矿产资源补偿费</td><td>基建经费暂按原渠道安排</td><td></td></tr>
<tr><td>森林部队</td><td>指挥部本部经费</td><td>各总队的正常经费和基建费由中央财政负担75%，地方负担25%；防火、灭火业务费和装备器材费由中央和地方分担</td><td></td></tr>
<tr><td>水电部队</td><td>军事性经费给予补助</td><td></td><td>其余所有经费</td></tr>
<tr><td>交通部队</td><td>军事性经费给予补助</td><td></td><td>其余所有经费</td></tr>
<tr><td>消防部队</td><td>人员经费和行政经费；支队以上机关部队的基建费</td><td>业务经费分级负担</td><td></td></tr>
<tr><td colspan="2">优抚安置</td><td>中央专款补助</td><td></td><td>组织、管理</td></tr>
<tr><td colspan="2">养老保险</td><td></td><td>中央补助90%，地方承担10%</td><td>京、津、沪、闽、陕等地实行省级统筹，其他地区县级统筹</td></tr>
</table>

① 蔡红英著：《中国地方政府间财政关系研究》，中国财政经济出版社2007年版，第348～350页。

续 表

| 项目 | | 承担现状 | | |
|---|---|---|---|---|
| | | 中央承担 | 中央地方共同承担 | 地方承担 |
| 应由中央和地方分担 | 农业 | 重点地区生态环境保护、贫困地区援助 | 农业科研和推广体系建设、食品安全、农业灾害救治、大江大河治理、天然林保护 | 农田水利等基础设施建设 |
| | 基建 | 跨地区、跨流域以及对经济和社会发展全局有重大影响的项目 | | 地区性项目 |
| | 粮食 | 调控粮食市场，确保粮食安全 | | 负责当地市场，实现当地粮食供求平衡 |
| | 农业综合开发 | | 中央承担70%，地方承担30% | |
| | 交通 | 铁路、民航建设 | | 公路、机场、港口建设 |
| | 行政 | 中央政府行政经费 | | 地方政府行政经费 |
| | 公检法 | 反恐、禁毒、打击走私 | 跨区域流窜作案、涉及金额较大的经济犯罪 | 地方治安、交通管理 |
| | 教育 | 教育部所属高校经费 | | 义务教育、地方高等教育经费 |
| | 科学 | 中央科研机构、国家科学基金、科技计划 | | 地方科研机构基础设施、地方科普工作 |
| | 文化 | 中央文化部门经费支出、扶持中西部困难地区发展文化事业 | | 基础文化经费 |
| | 卫生医疗服务 | 中央专款补助 | | 组织、管理 |
| 应由地方全额承担 | 失业保险 | | 中央承担70%，地方承担30% | 组织、管理 |
| | 医疗保险 | 中央专款补助 | | 组织、管理 |
| | 社会救济<br>社会福利 | 中央专款补助 | | 组织、管理 |

## （二）县乡财政困难未见根本好转

根据财政部统计，2007 年地方本级支出的 36.7% 来源于中央财政转移支付，其中中西部地区本级支出的 54.1% 来源于中央财政转移支付。[①] 这既说明了中央对地方财政转移支付力度在加大，但也充分说明了地方尤其是中西部地区的财政对中央财政转移支付的依赖程度，它也间接证明，县乡财政困难的问题还未见根本好转。根据课题组的抽样调查，有 64.2% 的政府官员认为，县与乡镇两级政府财力严重不足，[②] 这个判断更得到了 80.3% 财经官员的认同。[③] 对于这个问题，来自第一线的财经官员自然是感同身受，应该是最有发言权。对于县乡财政困难的原因，政府官员认为主要是财源过少（67.3%），其次是形象工程、政绩工程多（57.7%）和财政资金使用效率低（56.8%）。而财经官员的看法与其略有差异，他们认为最主要的原因是财政资金使用效率低（68.6%），其次才是财源过少（62.5%），这种判断分歧反映了各自专业背景对问题认知的差异。"冰冻三尺，非一日之寒"。县乡财政困难是历史与现实原因交错纠缠，非常复杂。它既有政府理财能力不足、决策不科学不民主以及机构臃肿等现实原因，也有现行体制机制缺陷等宏观方面的原因。我国现行税制是以增值税为核心的。分税制和农村税费改革后，大多数县乡政府因现代工商业不发达，流转类税源匮乏，所得税、资源税或其分成额杯水车薪，而农业税又被取消，导致县乡政府税源稀少甚至枯竭。由于 1994 年的分税制改革是一个"半拉子工程"，省级以下地方政府实际上"没有进入真正的分税制状态，仍停留在分成制和包干制。"[④] 因此，省以下各级政府之间的职能

---

① 财政部：《关于 2007 年中央和地方预算执行情况与 2008 年中央和地方预算草案的报告》http：//www.mof.gov.cn/news/20080306_ 3564_ 31932.htm。

② 石亚军主编：《中国行政管理体制现状问卷调查数据统计》，中国政法大学出版社 2008 年版，第 61 ~62 页。

③ 石亚军主编：《中国行政管理体制专项问卷调查数据统计》，中国政法大学出版社 2008 年版，第 52 页。

④ 贾康：《财政的扁平化改革和政府间事权划分》，载《中共中央党校学报》2007 年第 6 期。

与支出责任、支出和收入的划分上仍然是一笔糊涂账，也未建立起科学、公平的转移支付制度；“中国政府集中了全国财政收入的大头，但转移给地方政府的收入中，具有均衡性作用的转移支付规模过小。”① 加上各级政府的财政机会主义，利用其权力优势向下级揽权卸责，结果，处于权力金字塔底层的县乡政府承担公共服务的全责，却没有相应的财力履行职能。此外，县乡财政困难还有深刻的历史背景，它其实是我国城乡、工农和地区差别的集中缩影，是我国自新中国成立以来并在改革开放后得以延续的城乡差别财政政策长期作用下的必然结果。

### （三）转移支付远未起到均衡财力作用

其一是转移支付结构不合理。转移支付可分为一般性（无条件）转移支付与专项（有条件）转移支付。国际经验是一般性转移支付至少应占整个转移支付总额的50%左右。我们从下表可以看出，我国一般性转移支付在整个转移支付总额中的比重极低。与此同时，专项转移支付比重过大。2004年，仅调整工资转移支付与农村税费改革转移支付两项合计就占财力性转移支付总额的58.2%。

**表4.11 中国一般性转移支付占全部转移支付比重②**

| 年 份 | 计算口径 | 一般性转移支付占全部转移支付比重 |
|---|---|---|
| 2004 | 宽口径③ | 7.2% |
| | 窄口径 | 12.4% |
| 2005 | 宽口径 | 9.8% |
| | 窄口径 | 15.3% |

① 中改院：《以基本公共服务均等化为重点，调整和改革中央地方关系的建议》，载中国（海南）改革发展研究院编《中国公共服务体制：中央与地方》，中国经济出版社2006年版，第3页。

② 倪红日：《对中国政府间财政关系现状的基本判断和发展趋势分析》，载中国（海南）改革发展研究院编《中国公共服务体制：中央与地方》，中国经济出版社2006年版，第172页。

③ 宽口径是指税收返还、原体制补助、财力性转移支付和专项转移支付，窄口径不包括税收返还和原体制补助。

其二是分配机制上的不公平、不透明、不规范。① 当前，只有一般性转移支付办法在全国范围内实现了统一的公式法分配，其他转移支付形式缺乏程序化、公式化的分配，随意性大，规范性差。税收返还占转移支付的大头。当初制定政策时为照顾地方既得利益，保留了原体制的补助和上缴办法，形成了一省一额、一省一率的不规范转移支付制度，对于客观实际的不断变化考虑不够，也缺乏比较合理的客观标准。而专项拨款分配过程中则普遍存在着"跑部钱进"和"人情款"的问题，项目的确定和范围选择不够合理，使用也缺乏足够的职能与支出责任依据，亦无相应的法规可依。费用分摊和专项资金在各地区间的分配方法缺乏严格的制度约束，随意性大，导致了资金使用分散、浪费和低效率问题。另外，决算补助和其他专项补助在预算上都没有详细的计划，分配办法过于简单，决策上没有以客观标准为依据，主观随意性也较大。

其三是执行机制的粗放、低效、混乱。实行规范化转移支付的国家，大都只实行均等化转移支付和专项转移支付两种形式，而我国转移支付的形式则多达 6 种，形式过多，项目细散，手续繁杂，加之项目集中度高，都集中在财政部和其他部委，而这些部门又人手有限，最终是行政成本很高，而行政效率却很低。此外，与分配机制的缺陷紧密相连的是，由于规范化程度低，透明度低，多级政府间划拨转移形成多层委托代理关系，具体经办人往往变身为代理人，设租与寻租有了滋生的土壤，于是资金划拨迟延、挪用挤占等问题也就层出不穷。

其四是激励机制的零激励与负激励。我国专项拨款规模相当大（仅次于两税返还），但在实践中，一方面，这类转移支付中许多没有外溢性的地方项目得到了资金，而许多具有显著外溢性的项目反

① 问卷调查表明，财经官员认为我国现行转移支付最主要的问题是不规范（73.3%），其次是不透明（64%）和不科学（61.3%），另外少部分认为不公平（29.3%）和规模过大（25.3%）。参见石亚军主编《中国行政管理体制专项问卷调查数据统计》，中国政法大学出版社 2008 年版，第 54 页。

而得不到（充足）的资金。另一方面，又由于所有这些项目几乎都有配套要求，结果许多项目最终放在发达地区，而贫困地区很少能够得到资金，因为后者无力拿出足够的配套资金。政策人为制造马太效应，穷地方越穷，富地方越富。因此，专项转移的效果很可能是拉大而不是缩小了地区间的经济社会发展差距。

其五是监督机制的薄弱和缺失。发达国家一般都建立了严密的法律法规来监督转移支付资金的使用情况和效果，而我国每年几千亿元的转移支付资金，在过渡期只有财政部门制定的规章《过渡期财政转移支付办法》来规范。《办法》于2001年废止后，仅靠财政部制定的部门文件来运行，对财政转移支付资金的监督明显不足。目前，在中央转移支付方式中，只有一般性转移支付作为地方财力补助进入地方财政预算，纳入地方各级人代会的审议、监督范围。其他的如专项转移支付地方能否争取到的随机性很大，资金多少及下达时间也不确定，因而无法纳入年度预算。而这些专项资金一旦到了地方政府手中，地方政府如何分配和使用这些资金，是否按照中央政府的政策意向来使用，资金使用效果如何等，都缺乏有效的监管、审计来进行监控和考核。此外，专项转移支付资金到地方以后，由于项目分散，建设周期长，项目效益评价困难等，也使得这部分资金容易失控，中央难以全面掌握信息。发现违规问题后，也缺乏有力的处罚措施，为违法腐败行为提供了温床。

总之，建设型理财模式重建设轻民生的职能取向；各级政府机会主义式集权卸责；转移支付向既得利益妥协；财力均衡能力不足；运行不透明；以及过多政府层级对紧缺的财政资源的消耗等等，都不利于政府间资金配置模式的公共化拓展，甚至起着逆公共化的不良作用。

## 第三节　中国政府理财模式公共化拓展诸问题的根源

### 一、理论认知偏差

#### （一）意识形态上“左”与右的干扰

在我国，“左”与右的极端思想对改革特别是政府理财模式公共化拓展构成思想根源上的影响。在“左”的方面，过去计划经济时期形成的一些思想意识在当前仍有一定市场，主张恢复过去的全能型政府模式，扩张政府对经济社会的干预、控制，认为社会主义体现为公有制所占国民经济中的比例，因此应大力推进“国进民退”，国有企业不仅要在那些非竞争性领域起主导作用，还要大举进军竞争性行业，如房地产等等，导致近年来政府对市场干预加剧，政府涉入微观经济活动过多，破坏市场公平竞争环境，挤占公共财政资源，阻滞了建设型理财模式向公共型理财模式的转型；所谓右的方面表现为，过去一段时间内，一些部门和地方政府在改革中由于理论认识的偏颇，简单照搬西方政府改革理论，认为所谓政府职能转变就是甩手不管，将所有宜于市场化与不宜市场化的事务统统推给社会，以减轻财政负担，其实质是政府推卸责任，将包袱甩给老百姓，背离了责任政府理念，放弃了政府的公共性准则。比如近年来的教育产业化、医疗市场化改革就有过度市场化和不当市场化之嫌，这显然不符合公共型理财模式的内在要求。

#### （二）经济发展型政绩合法性迷思

政治合法性（political legitimacy）是一个现代政治学概念，以前被译为正当性，通俗地讲，是指老百姓对政治秩序的认同、支持与信任，用邓小平的话说就是“人民支持不支持，拥护不拥护，答应不答应”的问题，它其实是人民对政治秩序的承认与服从。根据来源，政治合法性大致可分为革命合法性、意识形态合法性、政绩合法性、传统合法性、魅力合法性和法理合法性。改革开放以来，我国政府空前突出政绩合法性的运用。依照政府职能，政绩合法性可细分为经济发展型政绩合法性和社会发展型政绩合法性。十一届三中全会后，党和政府工作的中心转移到经济建设上来，致力于提高综合国力和人民群众生活水平，通过为人民谋取实实在在的利益，推进各项事业的发展，不断满足人民群众日益增长的物质文化需求，获得人民群众的衷心拥护。与政绩观上的 GDP 主义密切相关，由于路径依赖的原因，各级党政官员似乎过于相信经济发展带来的政绩合法性，以为只要把经济搞上去，其他所有问题都会自动解决或消失，就会歌舞升平，天下太平。因此，在一些地方党和政府全盘工作中，出现了“一手硬”、“一手软”的失衡现象，即重视经济工作和经济发展，忽视政治和社会工作，忽视民主政治建设和社会公平建设。近年来各地集中出现的社会矛盾与群体性事件在很大程度上就是一些地方政府在指导思想上片面相信经济发展型政绩合法性而忽视社会发展型政绩合法性，重经济轻社会，工作“一手硬”、“一手软”酿出的苦果。事实上，在经济现代化过程中会产生诸如腐败、公正与公平、道德水平滑坡、生态环境恶化、贫富分化等社会问题，也在客观上需要政府干预社会进程，解决公平问题。

### （三）民主法治理念不足

建设公共型理财模式或者实现政府理财模式的公共化转型，其在思想观念上要求政府树立符合公共型理财模式的民主法治理念。很显然，由于几千年的专制政治传统和实行几十年的高度中央集权的计划经济体制，我国各级政府官员民主法治理念严重不足，而专制、独裁、官本位的思想意识作风却在不同时期、不同地区、不同部门、不同人身上不同程度地普遍存在。反映到政府理财实践就表现为一些地方政府、部门和领导干部决策上的瞎指挥、拍脑袋决策、一言堂、个人专断，只有集中，没有民主，重大决策不跟群众商量、打招呼。一些干部在政策执行和工作方法上简单粗暴，以势凌人，以权压人，漠视人权，漠视群众。因此，各级政府及其工作人员，特别是领导干部亟须补上民主法治的一课。

**（四）对基本路线误解而成 GDP 崇拜**

十一届三中全会后，我国确立了以经济建设为中心的基本路线，它包含了至少三层含义：第一，就现实来说，这是针对“文革”时期以阶级斗争为纲的极“左”的政治路线提出来的，对于指导党和政府工作重心的历史性转移具有明确的针对性与现实性。第二，从历史的角度来说，由于我国建设社会主义的起点低、底子薄，为实现国家现代化和民族复兴，我国在几代人的时间内都要聚精会神搞建设，而不是搞政治运动，瞎折腾。基本路线要管一百年就是在这个意义上说的。第三，从哲学和党的最高政治纲领来说，党要领导中国人民，乃至在将来的世界，共产党人要领导世界人民实现人类的自由解放，其前提必须是社会进入生产力高度发达、产品极大丰富、按需分配、自由劳动的共产主义大同社会。因此，以经济建设为中心即解放和发展社会生产力就是实现人类共同理想的必经途径。综上所述，以经济建设为中心是宏观战略和大政方针，指的是实现现代化的根本途径，其终极目标是人的自由和全面发展。人的自由和全面发展是目的，经济发展是手段。

以经济建设为中心并不意味着政府职能结构应以经济建设职能为中心，也不意味着所有层级的政府，所有政府部门，所有的政府举办的事业要以经济职能为主，或具有该职能，或简化为以 GDP 为中心，以效率为中心，一切向“钱”看。就政府经济职能而言，以经济建设为中心首先是针对不以经济建设为中心的以阶级斗争为纲提出来的，但这不意味着政府要当“运动员”，去兴办企业，直接经营企业，它主要是通过为市场服务等方式，调动国民的生产经营积极性，促进经济发展。而对于不同层级的政府来说，以经济建设为中心亦应具体情况具体分析，不能搞一刀切。否则就犯了本本主义的错误。比如经济职能是否应成为县级政府的主要职能，就大可商榷。笔者认为，县级政府不宜将经济职能作为其主要职能，其主要职能应是提供基本公共服务，如公共安全、社会保障、基础教育等，而乡镇政府更不具有发展经济之职能，因为它根本无此能力。不幸的是，我国各级政府对基本路线的理解偏差，不仅发生了，并且长期存在而成为一种错误的认知定式。因为受制于上下级职责同构和逐级整体性弹性授职授权模式，加上对以阶级斗争为纲的拨乱反正在实践中的矫枉过正，以经济建设为中心在地方特别是基层走向另一个形式主义的极端——GDP 崇拜或 GDP 主义，结果是数字出官，官出数字。一些官员玩起了数字游戏，在统计数据上弄虚作假，以粉饰其政绩。

## 二、路径依赖惯性

“路径依赖”是指在制度变迁中，由于存在自我强化的机制，这种机制使得制度变迁一旦走上某一路径，它的既定方向会在以后的发展中得到强化。换言之，在制度选择过程中，初始选择对制度变迁的轨迹具有相当强的影响力和制约力，人们一旦确定了一种选择，就会对这种选择产生依赖性，这种选择本身也具有发展的惯性，具有自我积累放大效应，从而不断强化这种初始选择。①我国有悠久的文明史。近代以来，中国则经历了人类史上几乎绝无仅有的激烈变革，如在政治上经历了君主专制、资产阶级共和民主制和社会主义共和民主制，经济形态上经历了自然经济、市场经济、计划经济和现在的社会主义市场经济。复杂的历史背景特别是新中国成立以来和各个地方的历史背景对我国当前政府理财模式的公共化拓展改革形成了复杂的路径依赖根源。

### （一）建设型理财模式的影响

建设型理财模式是中国政府理财模式公共化拓展诸问题中最主要的路径依赖根源。时至今日，政府理财实践中几乎时时处处都能看到它的重重“魅影”。建设型理财模式主张效率优先、兼顾公平，

---

① 曹瑄玮，席酉民，陈雪莲：《路径依赖研究综述》，载《经济社会体制比较研究》2008 年第 3 期。

政府理财的主要任务就是为生产建设筹集或集中资源，即所谓“集中力量办大事”（这曾经被认为是体制优越性的表现）。因此，国家实行高积累、低消费的财政政策，将国家的主要资源都投入到生产建设中去。这是以牺牲社会福利为代价的，即“勒紧裤带”搞建设的自我掠夺型①发展模式。

这种效率优先导向的强制性资源调配机制在改革开放后仍然顽强地存在着，并对政府理财模式公共化拓展构成重大障碍，虽然其作用方式、表现形式不同：计划时期是通过在农村实行工农产品价格剪刀差；农民义务投工投劳兴修公共工程；对农村的低福利投入；在城市对职工实行低工资福利政策；城乡隔离的户籍制度等，实现国家从城乡和工农业汲取尽可能多的资源用于生产建设。这是比较直接的资源汲取机制。

改革开放后，建设型理财模式，特别是强制性资源汲取机制以市场化的面貌保留下来，有学者将其归纳为：低工资、低福利、低人权，人为压低人力、土地、资金和非再生资源等要素价格，限制交易，造就了无论自由市场国家或福利国家，无论转轨国家还是发展中国家都无法匹敌的竞争力，从而成就了中国经济奇迹。② 之所以说这种现象是建设型理财模式形成的路径依赖，是因为二者都是通过牺牲社会福利（包括国民收入、生态环境等），压低要素价格来实现资源配置向生产建设领域集中。不同的是，改革开放以后，履行“积累”资金功能的主体更多了：以前主要是政府和国有企业，现在包括了政府（财政收入）、国有和私人企业、三资企业，这其实是一种政府与企业合作模式，政府给这些资本以丰厚的利润作为合作的回报和鼓励。比如，从1996年到2004年，中国的GDP

---

① 有匈牙利学者认为，传统计划经济国家有三种治理结构模式，其中之一为自我掠夺型模式，其主要特点是集权化的资源提取分配机制、下级单位有限的抵制能力、强制性资源调配和强制性经济增长等，参见［匈牙利］玛利亚·乔纳蒂著《自我耗竭式演进》，中央编译出版社2008年版，第70～73页。

② 秦晖：《缺福利少自由成就中国经济奇迹》，载秦晖的网易博客，http：//qinhui163blog. blog. 163. com/blog/static/42197701200961715572 47/。

增长了近2倍，但税收收入增长了近3.6倍，尤其是税收连年大量超收，说明政府在国民收入分配中占有比例越来越高，这依然是计划经济下政府筹资进行经济建设观念的延续。在财政支出方面，经济建设支出所占的比重自1978年以来一直居高不下，1998年以后依然平均达到了34.88%，尤其是在经济建设支出中，经营性投资资金自1998年以来占经济建设支出的比重不断上升，至2004年已达14.38%，说明中国财政支出结构还是沿袭投资建设型财政的支出结构模式，以行政性投资作为促进经济增长的基本手段。①

由于政府理财模式以生产建设为重点，而生产建设的投入是不断增加的，即投资饥渴。靠财政扩张推动起来的经济增长一般需要再下一个周期进一步扩张来维持，这也是造成中国国债规模不断增加的重要原因。这将加剧财政活动中的路径依赖，一旦财政不能保证这种扩展能力，经济可能会陷入衰退。② 建设型理财模式实行以收定支的预算原则，即有多少钱就花多少。但政府收入是不确定的。这使得预算和理财无法精细化、科学化，进而使透明度亦无法保证。财政公开是保障公民知情权、参与权、表达权和监督权落实，实现公民对政府理财的监督的前提。如果这些公民权利难以落实，公民的参与财政决策与监督便成为一句空话，最终使政府理财的公共化拓展难以实质推进。

**（二）城乡二元的差别财政政策**

计划经济时期，我国学习苏联模式，通过对农民进行剥夺的方式积累资金用于重工业化：工农产品价格剪刀差、实物征调、无偿或低价征调劳力、实行远低于城市的有限的低福利体系（以“赤脚医生”和“五保户”为象征的农村合作医疗体系和社保体系）、对农村极少的基础设施和公共工程投入（水利、公路等基本靠农民自

---

① 吕炜，管永昊：《公共财政构建中的路径依赖与体制创新》，载《财经科学》2008年第4期。

② 吕炜，管永昊：《公共财政构建中的路径依赖与体制创新》，载《财经科学》2008年第4期。

己投工投劳和集资解决）。相比之下，城市职工可享受到低物价或食品补贴，从生到死由国家包起来的福利（类似福利国家从摇篮到坟墓的体系），更好并且不要自己出钱出力的公共福利如道路、教育、医疗等。事实上，中国工业化的原始积累主要来自“三农”，因为这一时期农业占 GDP 比重较高，农业占整个国民收入比重较高，而国家用于农业部门资金的比重却极低（表 4. 13）。如果我们将农业净剩余定义为农业部门财政收入占国家财政收入比重与财政支持农业资金占国家财政支出比重之差的话，那么从农业部门向非农业部门转移的财政净流出所占财政支出比重，我们估计，1950 年接近 40%，1951 年为 25%。这反映出中国工业化的原始积累是从农业部门大量索取，人为地加剧了城乡、工农之间矛盾。这一时期占总人口比重极少的城市的快速发展，占总劳动力比重极少的工业部门的高速增长，都是建立在过度索取农业剩余的基础上，是典型的苏联国有化模式。① 城乡公共服务水准的差距在计划时期之初就呈现扩大之势。

**表 4. 12 农业部门财政收入与财政支出比较（1950—1957 年）**

单位：%②

| 年份 | 农业部门收入占国家财政收入比重(*a*) | 财政支农资金占国家财政支出比重(*b*) | 农业剩余差额 (*c*) = (*a*) - (*b*) |
|---|---|---|---|
| 1950 | 39. 2 | | |
| 1951 | 25. 3 | | |
| 1952 | 20. 2 | | |
| 1953 | 16. 7 | 1. 3 | 15. 4 |
| 1954 | 16. 8 | 1. 6 | 15. 2 |
| 1955 | 15. 1 | 2. 2 | 12. 9 |
| 1956 | 13. 9 | 2. 5 | 11. 4 |
| 1957 | 12. 8 | 2. 6 | 10. 2 |

资料来源：财政部综合计划司编：《中国财政统计（1950—1991）》，科学

① 胡鞍钢著：《中国政治经济史论》，清华大学出版社 2007 年版，第 278 ~ 279 页。
② 胡鞍钢著：《中国政治经济史论》，清华大学出版社 2007 年版，第 279 页。

出版社1992年版，第34，117页。

改革开放以来，这种财政上的城乡二元结构仍未打破。在政府资金筹集方面，在农业税彻底被取消和农村税费改革前，国家仍然从农村提取了大量资源：新中国成立以来，国家、城市和工业对农村和农民索取资源太多，而给予的投入太少，导致历史欠账几乎到了积重难返的地步。有学者算过账：其一，从1979年至1994年的16年当中，政府通过农业税费提取农业剩余近13000亿元，而同期政府对农业的支出仅仅3700亿元。其二，同样在这个时期，通过工农业产品的剪刀差，全国在农业方面获取将近15000亿元。其三，农民进城务工平均每年对GDP的贡献大约在15%～30%，也就是几万亿元的规模。每个农民工为GDP创造价值大约2.5万元，而平均个人收入充其量每年也就是1万元。这就是说，农民工创造的大部分剩余都留在了城市。如果再考虑到在医疗、养老方面农民工基本没有任何保障的情况，城市剥夺农民的程度就更为严重。其四，从1979年到1997年，城市从农村通过征用土地拿走了几万亿。① 在支出或政府资金运用方面，长期维持“重城市、轻农村”的格局，城市享受到超出其人口或贡献相应比例的福利。这种不平等政策的长期化让部分人理所当然地认为，“凡是存在的就是合理的”。因而部分决策者和学者不但较少考虑城乡公共服务水准的巨大差距和国家曾从农村剥夺式汲取很多资源，城市应该“还债”——反哺农村的事实，反而以这种城乡差别为理由（即所谓国情），企图固化这种差别待遇，搞“一国两制”，针对城乡构建两套差别福利、相互封闭的制度体系。

总之，制度设计与改革中对公共服务均等化考虑较少，与政府理财的公共性原则相差甚远。自从中央提出建设公共财政的目标模

---

① 邵秉仁：《明确四个目标，办好五件实事》，http：//news. xinhuanet. com/newmedia/2006－01/16/content_ 4058151. htm。另有学者计算得出，在近30年的时间里，通过农副产品低价格形式，中国农民在20多年里缴纳了6000多亿元的价格暗税。参见项怀诚主编，贾康，赵全厚编著《中国财政通史当代卷》，中国财政经济出版社2006年版，第93～94页。

式以及城乡统筹发展理念以来，这种状况有了较大改进，目前已在全国范围内取消了农业税，并实施了农村义务教育“三免一补”等政策。但政府理财“重城市、轻农村”的格局并未根本扭转，公共财政所提供的应该是对全体国民“一视同仁”的服务，这种城乡二元分割的财政制度已严重违背了公共财政公平与公正的本质要求。①

**（三）让一部分人先富起来的差别发展战略**

公共政策都有生命周期，在其早期，政策对社会发展起到比较明显的推动作用，在其中期，其正面效应开始衰减而负面效应开始出现，在其后期，政策的负面效应将越来越明显以致抵消甚至超过其正面作用，这就预示其生命周期的结束。

改革之初，出于打破平均主义“大锅饭”的初衷，我国鼓励一部分人和地区先富起来。因此，对不同人群、地区实行差别待遇：对沿海地区和“致富能手”实行政治、政策、税收、土地、资金、人才等优惠和支持，通过这些先富裕起来的人和地区来带动其他地区和人群共同致富。鼓励一部分人先富起来的差别发展政策实施30年来，负面的马太效应开始显现，并且越来越明显：东中西部经济发展差距拉大了，贫富悬殊更严重了。决策层显然已经意识到这个问题，因此提出了西部大开发、东北振兴和中部崛起等区域发展战略。但这些平衡性政策的力度不足以纠补这种路径依赖及其导致的不断扩大的发展差距，更关键的是，我国至今并未对这种差别发展战略提出真正而全面的评估与反思，因而在各级政府的财政政策中公平发展、平衡发展理念缺位，差别（即歧视）性发展战略盛行。

这种歧视性发展战略在发达国家是不可想象的，平衡发展在发达国家是基本国策。② 这种差别战略不仅体现于国家层面的东中西

---

① 吕炜，管永昊：《公共财政构建中的路径依赖与体制创新》，载《财经科学》2008年第4期。

② 比如，日本《地方交付税法》第一条就明确规定该法的目的之一是“谋求地方之间财源均衡化”。参见王朝才编译《日本财政法》，经济科学出版社2007年版，第91页。

部，而且在地方各个层面都存在，比如各地以省会、市县驻地城市为中心的优先发展战略，[①] 都每时每刻在各个层级各个地方制造新的经济社会发展不平衡，包括财政上的不平衡，这在客观上不利于政府理财模式的公共化拓展。因此，如果没有指导思想和发展战略的革命性转型，没有在此指导下的行动计划，要在可预期的时间内实现东、中、西部基本公共服务均等化目标将是非常困难的，甚至是相反，地区间的差距不是缩小而是进一步拉大了，这对于国家的稳定和统一是一大隐患。

**（四）中央集权的传统**

正如恩格斯所指出的，集权是国家或者说中央政府的本质，中外概莫能外。中国历史上统一的时候基本上都是高度中央集权的，这有其深刻的政治、经济和社会的根源。国人对内轻外重、藩镇割据造成国家分裂的可能性深怀忧惧，在潜意识里都非常忌惮地方分权倾向，因为中国几千年政治史几乎从未成功解决中央与地方关系，也从未实现毛泽东在《论十大关系》中所期待的理想：稳定又能充分调动中央与地方积极性。相反，历史的记忆里多有地方挑战中央而导致国家解体的事例。虽然“一收就死，一放就乱”，但在没有更好的办法之前，在体制上宁可“死”一点，也比地方失控而国家陷于分裂要强，这是不得已的次优选择。中国自晚清政府解体后便陷于军阀割据的泥沼。此后的中国，面临着两大历史使命：国家统一和现代化。二者都以强大的中央政府即中央集权为前提。国民政府无论是在国家统一还是现代化方面，似乎都算不上成功。中国共产党领导人民实现了国家的独立解放，并实现了国家的重新组织化，结束了近代以来一盘散沙的局面，具有重大历史意义。此后，中国在探索和实现现代化的过程中，中央集权是一个不变的大方向。比如，中央通过掌握和运用规则（法律、政策、程序、标准等）的制定权、人事权、财政权以及军事等手段，通过集中全国较

① 这种差别发展战略的盛行也与政绩考核机制上的缺陷紧密相关。地方政府官员为了政绩，必然热衷“集全地区之力”办“样板工程”和“政绩工程”，因而导致歧视性的差别政策的出现。

大份额的政府收入等来实现其对地方和全局较强的控制力与行动能力。但在现代化和改革过程中，我国各级政府在现实中还不自觉地存在目的与手段倒置、倒果为因的现象，即不问最终目的，为集权而集权。如中央政府利用自己“制定规则的权力”不断改变规则，上收权力，下放责任，维持自己的财政利益，将那些国企赢利时上收，困难时下放；把一些事业单位甩包袱给地方；而地方政府也纷纷效法，上收权力和收入，下放责任和支出，并利用其“执行规则的权力”使得规则执行的结果尽量有利于自己。结果，越往上日子越好过，越往下日子越难过。因此，这种集权在某种程度上是政府为了自身的利益，为集权而集权，集权渗入了不应有的投机成分，损害了政府理财模式公共化事业。

### （五）“不合法”的改革所塑造的轻法行为模式

我国的改革是渐进式改革，是在计划经济母体内不断进行局部解构而实现制度创新。重大财政改革不是通过人大立法，而是以文件代替法律，使改革缺乏应有的科学性、公共性和严肃性。如我国现行财政转移支付主要是依据1993年国务院《关于实行分税制财政管理体制的决定》、1995年财政部制定的《过渡期财政转移支付办法》、2000年财政部制定的《中央对地方专项拨款管理办法》等。从制度文本上说，这意味着改革往往是不“合法”的。换言之，改革的合法性并非来源于制度文本本身，而是政策或者主要领导的指示。这种灵活的机制为改革中的试错和创新创造了宽松的制度环境，推动了改革的扩展和深化。但凡事都有两面性，这种自我解构、自我否定的改革始终有不合法之嫌。由于所有法律、制度都可以成为改革的对象，久而久之，人们便慢慢对所有法律制度，包括现行各项制度框架失去应有的敬畏。权力才是社会运行的基础，法律和制度只不过是权力的婢女。人治的风气于是更盛，法治的信念难以普及。结果，各种违反财政法纪的现象屡禁不止。预算外资金和小金库泛滥成灾，随意收费、开征基金或减免税费，以致乱收费、乱摊派、乱罚款层出不穷，挪用财政资金建盖楼堂馆所和豪华办公楼现象屡禁不止。

# 第五章 中国政府理财模式公共化拓展的目标模式及进路（上）

## 第一节 中国政府理财模式公共化拓展的目标模式

### 一、中国政府理财模式公共化拓展的总体目标：建设公共型理财模式

经过30年来的持续改革，我国已经初步建立起公共型理财模式的基本框架，但离成熟完善的公共型理财模式还有一段不小的距离。因此，在建设公共型理财模式这一总体目标下，我国理财模式还需在诸多方面拓展完善，圆满完成从建设型理财模式向公共型理财模式的历史性转型。

#### （一）建设民主财政

建设民主财政的要义在于通过充分有效的公众参与解决公共产品供应中的公民偏好显示机制问题，以充分体现政府理财的公共性。因为公共产品的供应和生产与私人产品不同，公共产品无法通过价格等市场机制反映其需求和成本，它必须通过集体行动才能确定其数量、规模、结构、标准、价格，确定在人群、地区之间的分配规则，以及公民为某项公共产品买单（纳税）的意愿、方式、时限等等。建设民主财政意味着，政府要向公民、企业、社会组织以

及各个政府部门（包括同级和下级政府）分权，实现公民平等自由的权利、政府机构之间权力制衡、各类企业社会组织之间平等竞争。这其中，最关键是实现政府与公民关系的平等化。建设民主财政意味着，政府理财过程必须具备充分的透明度，通过政务信息公开制度及其便利条件，包括借助新闻媒体，公民可以方便地知晓政府理财的充分信息，以便其参与决策、执行、监督和评估；建设民主财政还意味着，应发展和完善有效的制度依据和组织平台以方便公民参与财政决策、执行及监督，如人大制度、听证制度、基层民主制度的完善和发挥功能作用，这其中的关键是建立起政府与公民之间的权力授受关系，即实现政府权力来源从上级权力轴心到人民及其代表机构——人大的转变。须特别指出的是，纵向政府间权力关系也应实现民主化，中央与地方以及上下级政府应该是较平等的法律关系，消除权力机会主义现象，这样才能真正理顺中央与地方以及上下级政府间职权关系。

### （二）建设绩效财政

建设绩效财政强调的是政府理财应充分运用财务工作（特别是政府会计）的反映、监督和控制功能，提升政府筹集、使用和管理公共资源的效率、效益与效果，实现公共资源与政府服务能力的动态平衡。建设绩效财政需从三个方面入手：第一，对政府行为的合规性审查。绩效财政强调政府行为包括理财行为是否具备法律依据，是否依法定程序和标准操作，行为者是否具备执法资格，行为是否达到法定目标，对违法或渎职者是否依法追究责任，行政行为终了是否有法定记录与评估等。第二，以政府财务报告形式公开政府管理和理财信息。其内容包括：预算执行情况、政府运行业绩、政府财务状况、政府内部控制和财务管理系统。[①] 第三，实现政府理财活动的经济性、效率性和效果性。政府理财必须对公共资源筹集、使用和管理的经济、效益、效果和公平负责。为此，要求政府

---

① 财政部会计准则委员会编：《政府绩效评价与政府会计》，大连出版社 2005 年版，第 378 ~ 382 页。

深入具体的理财活动和理财环节，以绩效管理为导向，实现政府财务资源筹集的低成本和政府财务资源运用的高效率和高效益，考虑政府内部的资金流转控制和资源配置，并通盘考虑公共服务提供的质量和效果，适当控制财务风险，真正实现公共资源使用的经济、效率、效果和公平。[①]

**（三）建设非营利财政**

公共型理财模式是建立在市场经济基础之上的。它严格遵守政府与市场的职能分界，政府职能定位于纠补市场失灵的领域。市场有效的领域应交由市场去发挥作用，政府不能干预市场的微观运行，以免破坏公平有序的竞争环境。因此，政府不能从事营利活动，应退出一般性竞争领域，或以适当方式有限参与（主要是对少数大型、长周期、跨地区、对结构优化与生产力布局优化意义重大的重点建设项目的控股、参股）。[②] 建设非营利财政主要是针对国有经济及政府投资而言的，这其实是中国等前计划经济向市场经济转轨国家的特有问题，是针对建设型理财模式路径依赖的改革对策。在成熟市场经济国家，所谓国有企业被称为公共企业，主要是提供公共产品或准公共产品，不以营利为目的，并且在经济结构中所占比例极低。因此，发达国家的公共行政学教材（财政管理）基本上不涉及所谓非营利财政问题，因为这是一个不存在的问题。改革开放至今，我国国有经济和财政的经济建设支出比重已有较明显下降，但在竞争性领域，政府投资仍然过大、过多、过宽，国企过于活跃，并且明确以营利为导向。政府既要以“裁判员”监管包括国企、私企在内的所有市场主体及其活动，又要以“运动员”身份参与市场生产经营活动，难免会有角色冲突，难免会利用权力偏袒国有企业，打破公平竞争的市场环境。因此，建设非营利财政应消除政府职能错位，最终使政府基本退出竞争性行业，让国有经济转

---

① 张海燕：《以绩效为导向的政府理财研究》，博士学位论文，中国人民大学，2006年，第38页。

② 贾康：《公共财政导向与预算管理改革》，载《上海财税》2001年第1期。

型为真正的公共企业。在财政支出中，严格限制政府投资进入营利性、生产建设性领域，将政府投资基本限定于公共工程、公益事业等非竞争性领域。

**（四）建设公平财政**

建设公平财政是一项复杂长期的系统工程，概括而言，可从政府资金筹集、运用和政府间资金配置三个环节入手，构建一个较全面的公平财政体系。

建设公平财政要求在政府资金筹集阶段，主要通过税收和国债，并以税收为主调节收入分配，促进社会公平目标的实现。税收对收入分配的调节途径有三：

（1）对收入分配条件的调节，如征收有差别的消费税，剔除价格因素对经营者收入的影响；征收自然资源和房地产税，调节自然资源、房产、土地等因条件差异对经营者造成的级差收入；征收污染、环保等方面税收，将外部性内化为市场主体成本，而不是全民为那些污染者买单。

（2）对收入分配过程的规范，如通过宏观税务的调整，改变收入分配格局中国家、企业、个人各自所占份额；通过税费改革（费改税），规范政府参与国民收入分配的行为和方式；强化市场监管，减少国有资产流失及地下经济的泛滥，依法治税，打击偷漏税等。

（3）对收入分配结果的调节，如在税制要素中，对纳税人、课税对象、税基、税率、课税环节等进行科学、公平的选择与组合，从而对国民收入分配发生直接影响。税制模式逐步从目前的间接税为主向以直接税为主的模式转换，以更有利于政府对收入分配的调节。在税种设置上，考虑开征财产税、社会保障税、特别消费税，现有的分类个人所得税向综合个人所得税制转型。

建设公平财政要求在政府资金运用阶段，运用各种财政支出方式达到调控收入分配的目标。

（1）社会保障，如最低工资保障、社会保险、社会救济等。

（2）负所得税，即由政府规定一个最低限度的收入保障数额，然后根据个人实际收入情况给予适当的补助，这个补助金就是负所得税，其计算公式为：负所得税 = 政府规定的最低收入指标 -（实际收入额 × 负所得税税率）；个人可支配收入 = 个人实际收入 + 负所得税。①

（3）税式支出，即对商品税、所得税和财产税等税种规定一定的起征点和免征额，对特定事项减免税以及低税率等方式，缓解收入分配不公现象。

建设公平财政要求在政府间资金配置阶段，运用财政转移支付制度来实现对地区间财政差距的平衡，让各地区的公民能享受到同等水准的公共服务，并进而调节人群间的收入分配。还可通过对经济社会发展中一些相对薄弱、亟待支持的领域、地区，比如“三农”、教育、科技、社会保障等领域和欠发达地区，给予特殊倾斜，对社会弱势群体、低收入居民给予救助支援，② 增强这些地区和人群的自我发展能力，提高其经济收入，创造更多发展机会，促进社会公平。

**（五）建设公益财政**

按照《中华人民共和国公益事业捐赠法》的规定，公益事业是指非营利的下列事项：救助灾害、救济贫困、扶助残疾人等困难的社会群体和个人的活动；教育、科学、文化、卫生、体育事业；环境保护、社会公共设施建设；促进社会发展和进步的其他社会公共和福利事业。公益事业的目的不是为了谋求利益、获得利润，而是为了造福于他人、社会乃至整个人类，是从文化、精神、体质、社会、环境诸多方面开发人的潜能，为人类社会生存和发展创造各种基本条件的事业。公益事业属于典型的公共产品，应该由政府承担主要提供者的责任。但政府提供社会公益事业可以采取多种形式，其基本模式有两种：一种是政府自己组建相应的组织机构，直接生产并向社会公众提供社会公益服务；一种是政府向民间机构（企业

---

① 赵兴罗著：《促进收入公平分配的财政制度研究》，经济科学出版社2009年版，第59～72，102～109页。

② 王泽彩著：《财政均富论》，经济科学出版社2008年版，序一。

或非营利组织）购买社会服务，再提供给社会公众。不同社会公益事业应采取不同的供应策略：一般而言，对于那些具有较强社会公益性、产品和服务涉及国家长期利益或大多数公众基本利益的社会事业，宜采取由政府直接生产的方式，即政府组建正式机构，机构的设立以及业务内容由政府确定，人员为政府雇员甚至公务员，由财政保障机构的经费投入，机构接受政府的直接管理，以保证政府意志的实施。对于公益性相对较弱或因其自身特点不宜由政府直接组织的社会事业，可以向非营利组织或企业等民间机构购买服务。①对于公益事业的财政供养范围，应按照其公共产品属性即非竞争性、非排他性和外部性等特征，确定不同的财政支持模式，对于纯公共产品应该以财政供养为主，如基础教育、农民职业技术培训、全社会公共卫生防疫体系、基础性和公益性科研、环境保护等。对于那些准公共产品和俱乐部产品，应以社会提供为主，政府可以参照非营利组织的相关法律政策给予其财政补助或税收减免等优惠，以支持其发展，服务社会。

**（六）建设法治财政**

建设法治财政需要从财政立法、执法和司法三个环节予以完善。一是完善财政立法，一方面要确立全国人大在财政立法中的最高权力地位，可适时考虑废止全国人大《关于授权国务院在经济体制改革和对外开放方面可以制定暂行的规定和条例的决定》，收回人大的财经立法主导权。通过优化人大及其工作人员的素质、能力、组织，提高其立法水平与能力。另一方面，应围绕建设公共型理财模式的目标，将预算编制、收入征管、国库管理、政府采购、政府间财政关系转移支付、预算追加、财政监督、绩效评价、过错责任追究等纳入立法范围，逐步建立与社会主义市场经济相适应的财政法律体系。同时，建立和完善财政法规修改、废止和清理制度，及时进行修改或废止，避免下位法违反上位法、脱离实际以及相互冲突现象。除加紧制

① 肖鹏：《公益事业财政科技投入模式研究》，载《中央财经大学学报》2005年第12期。

定或修订一些财政基本法律和专门法规，如《财政法》、《预算法》、《转移支付法》、《政府采购法》等外，还应重视部门规章和地方性法规规章的制定完善，因为这些法规规章的有无与好坏直接关系到基本法律的落实。通过立法组织和法律文本两个方面的建设，尽快建立和健全适应全国和地方的多层次财政法律法规体系。

二是完善财政执法，这主要体现在两个重点，即预算执行与税收征管，包括收支两条线管理、国库集中收付、政府采购、预算执行调整、转移支付、税收征管与减免、强化财政监督与问责等。

三是完善财政司法，这方面包括在财政行政复议中落实纳税权利救济机制，健全听证制度，约束司法地方保护主义，建立和健全中央与地方财政支出责任、收入及转移支付数额的争议解决机制等。

## 二、中国政府理财模式公共化拓展的指导思想与基本原则

### （一）中国政府理财模式公共化拓展的指导思想

政府理财模式公共化拓展的指导思想是：牢固树立人本执政、民主执政、科学执政、依法执政、和谐执政理念，以人民代表大会制度为核心，坚持党的领导、人民当家做主和依法治国三者有机统一，推行以社会建设为中心的中期路线，通过共建共享，共同富裕，集中20年到30年左右的时间，着力解决我国社会建设滞后即人民日益增长的公共产品需求与公共产品短缺及分配不公的矛盾，实现全体国民学有所教，劳有所得，病有所医，老有所养，住有所居，促进每一个人的自由、全面发展，建设和谐美好家园。

### （二）中国政府理财模式公共化拓展的基本原则

1. 突出公共性，克服营利冲动

公共性是公共型理财模式最根本的特征，而我国建构公共型理财模式却是脱胎于建设型理财模式。建设型理财模式把整个国家视为一个巨型企业，本能地追求利润（赢利）以用于“扩大再生产”，所谓财政（政府理财）只不过执行筹集资金用于国家生产建

设的财务功能。故在政府理财模式的公共化拓展中，应牢固树立公共财政理念，突出公共性，克服营利性，还原政府理财的本质属性。

2. 战略与策略兼顾，有所作为

政府理财模式的公共化拓展事实上联结着政治体制、经济体制和行政体制，并构成这些体制改革的核心内容。政府理财模式改革本身内容复杂，环节众多，难点较多，加上相关的配套改革，因而是一个长期、复杂、宏伟的系统工程。我们在推进政府理财模式公共化改革过程中，应有战略与策略各个层面的统筹考虑与设计。因此政府理财模式公共化拓展中应有大战略，同时也应因时因地制宜，权变地运用各种策略，或直接或迂回地向终极目标前进。总的原则是应有所作为，绝不能得过且过，拖延各项改革，贻误良机，导致矛盾累积越来越多，改革难度越来越大。

3. 统筹兼顾，分类指导

我国是一个幅员辽阔、多样性和差异性很大、地区发展失衡严重的国家，这决定了我国政府理财模式公共化改革必须抛弃简单化、一刀切的模式，而应遵循整体推进，分类指导原则。作为一项复杂的系统工程，政府理财模式公共化拓展需要推进的改革任务非常繁重，不可能一蹴而就，故还要树立持久作战的思想。这就需要对整个改革的战略目标、阶段、重点、原则、策略、评估标准等作出全面系统的部署，列出改革的清单和时间表。比如税制、收费、部门预算、政府采购、集中收付、转移支付等改革的先后次序、统筹安排，配套的政治、经济、行政改革如人大制度、行政机构、价格改革等如何跟进等，都需要认真研究。要针对各项改革有针对性地提出行动计划和策略，进行分类指导，[①] 针对经济发达、欠发达和不发达地区，东、中、西部地区，边疆与内陆地区，多民族省份与一般省份，不同自然地理条件地区，一般省份与直辖市等等，要

① 孙学玉、伍开昌：《构建省直接管理县市的公共行政体制》，载《政治学研究》2004年第1期。

分门别类，区别对待，对于一些特殊情况，要特殊处理，最终将整体部署与分兵突进结合起来。再如从不同府级来看，社会保障职能是各级政府都必须大力强化的职能，但省与市级政府更需重视环保，县乡政府应将更多精力集中在基础设施和医疗卫生等职能上。

4. 分清轻重缓急，找准突破口

政府理财模式公共化拓展改革的内容非常庞杂，各项工作要齐头并进是不现实的。政府理财是政府履职的工具，政府理财改革应服从和服务于政府全盘工作及政府改革的整体战略部署。因此，政府理财模式公共化拓展需要分清轻重缓急，选准突破口，循序推进。就近中期来说，政府理财模式公共化拓展应选择以理顺政府经济职能、社会职能调整为突破口，通过一“退”一“进”，即在经济职能的战略性退出，大幅削减政府在生产建设和竞争性领域的投资和活动，从而腾出更多的财力和精力加大对社会领域的资源投入，尽快构建起覆盖城乡，为全体公民提供均等化服务的社会保障体系、公共医疗体系和公共教育体系，从而构筑起基本的社会安全网，为经济社会发展转型保驾护航。

## 三、中国政府理财模式公共化拓展的实施步骤

### （一）近期措施（5至10年）

这个阶段工作的重点是理顺政府与市场、政府与社会关系，基本上属于增量改革，即减少政府对经济干预，相应增加对社会事业的投入，构建起覆盖全体国民的均等化的社会保障、医疗保障、公共教育体系，其直接目标是在经济转轨和社会转型加速期保障社会安定团结，为经济社会可持续发展营造和谐稳定的环境，并为下一步深化政府理财模式公共改革创造条件。

### （二）中期措施（10至20年）

从这个阶段开始，政府理财模式公共化拓展将较多地涉及存量改革，即对现有利益格局的调整与重建，其重点是理顺纵向府际关系，

即条块关系中的“条”的关系，以建构一个公共型的政府间资金配置模式。这其中涉及重构中央与地方、各级地方之间以及横向地方政府之间的财政利益关系。总的目标有三个：一是建构中央与地方及上下级之间平等的谈判或博弈的机制与平台，如设立政府间财政分配委员会之类机构，改变过去那种不管是否公平合理，中央和上级以权力压服下级的不对称权力运行机制，在维护中央权威的同时，充分调动地方积极性；二是真正实现职责与财力的匹配。借鉴发达国家关于政府间资金配置模式特别是转移支付制度的经验，在充分调查研究，各级政府及全社会广泛讨论、征求意见的基础上，制定规范的《地方财政法》、《转移支付法》等法律规章，构建公平、高效、科学、稳定的转移支付制度和政府间资金配置模式，实现职责与财力的平衡。三是从根本上扭转东中西部及各地区内部的地区财政差距。中央政府应站在全国全局高度，打破现行转移支付制度中的既得利益格局，以坚定的政治决心支持中西部地区赶上全国发展水平，让全体国民共享发展成果，共享均等的公共服务，促进国家的团结、繁荣、富强。

**（三）远期措施（20 年以上）**

这个阶段重点是理顺政府与公民关系，并对整个政府理财模式进行精细化完善。由于前期各项改革，特别是社会改革使得全体国民社会福利水平有一个质的提升，社会资本更加丰富，公民社会更加发育，公民更加成熟理性，加之社会主义政治文明建设累积的制度、组织、文化的成果，此阶段可以循序推开政治改革的大幕，比如完善人大、政协、政党、社团、媒体在利益表达与利益综合的功能，建构起较明晰的以政府公共受托责任为核心的委托—代理关系，最终建成较成熟的公共型理财模式。

## 第二节 政府治理模式的公共化拓展：健全公民偏好显示机制

### 一、重塑理财理念

#### （一）树立服务型政府理念

服务型政府理念是针对建设型政府理念提出的，是对建设型政府理念的反动，它意味着政府理财的立足点和出发点从过去的生产建设转变为公共服务。服务型政府是为人民服务的政府。就如政府是人民政府一样，财政应是人民财政，政府理财是政府为人民理财，其根本目标是为人民谋福祉，体现的是以人为本、以民为本的执政理念。正因有了以人为本的理念，政府应对所有公民提供一视同仁的、非人格化的服务，而不分出身、性别、年龄、贫富、地区、种族、城乡，实现公共服务均等化。为人民服务可再具体化为为市场服务与为社会服务，这两种服务是政府的经济职能与社会职能的体现，其共同点就是政府真正摆脱了计划经济时期的企业家（建设者）身份，回归真正的政府——即提供公共服务、纠补市场失灵的角色。这就是公共型理财模式所要求的服务型政府理念的根本要义。

#### （二）树立民主、法治、公开理念

马克思主义认为，人民是国家的主人，政府是人民的公仆。作为主人，公民应充分参与政府理财决策、执行到监督的全过程。这是人民当家做主、当家理财的体现。因此，政府理财过程应坚持民主、法治和公开的理念。所谓民主主要是指所有公民参与财政过程的平等权利与资格，比如一人一票的投票权。因此，党的十七大报告提出城乡按相同人口比例选举人大代表就体现了人人平等思想，

具有重大进步意义。所谓法治是对公民民主参与的程序保障与规范，其目标是实现公民参与的公平、有序和稳定，其要求是有法可依、有法必依、执法必严、违法必究。公开是民主法治的前提，这主要是针对政府信息而言的，即财政公开或财政透明。政府信息公开在范围上应坚持公开是通例，不公开是例外的原则，除极少数涉及国防、外交等国家安全稳定的重大事项外，政府应及时、全面、有效地向公众公开政府信息，并提供尽可能多的途径，以便利公民获取信息，如广泛利用纸质和网络等媒体发布信息，允许媒体全面、及时、公开报道政务信息。此外，公开的信息还应是通俗易懂的，保证其可理解性。

**（三）树立公平优先、兼顾效率理念**

公平优先、兼顾效率是各国政府理财的基本原则。其道理很简单，即政府与市场的职能分工“效率找市场，公平靠政府”使然。政府承担了维护社会公平正义的当然职责。这要求政府从建设型理财模式回归公共型理财模式的本分，政府以公平而不再以效率为最高追求。这意味着政府职能重心从经济职能向社会职能的战略转移，也就是重点解决社会公平问题，如理顺初次分配关系，抑制和整治资本收入过高、垄断行业和垄断性收入与福利、权力寻租带来的灰色收入等。特别是要理顺再分配领域，尽快纠正再分配使收入不公平恶化的反常现象。公平优先、兼顾效率的理念还要求政府治理结构的民主化改革，以健全公民偏好显示机制，增强政府对公共需求的回应性。应加快税收、支出和转移支付等环节的改革，强化政府对收入分配的调控能力，促进社会公平。所谓兼顾效率有两层含义：社会整体效率和行政效率，前者是宏观调控，后者是行政成本问题。这对政府理财提出了很高的要求：一方面，政府自身的运行和管理要有高效率，即降低其为国民提供服务的成本，另一方面，政府宏观调控与财税政策应遵循税收中性原则，尽可能降低对经济可持续增长的负面影响，如高福利导致的高税负、低工作热情就会阻碍经济发展。

## 二、重构治理结构

### （一）政治层面强化公民偏好显示度

政府与其人民（公民或臣民）关系是一国政治制度及其宪政框架的根本，这个关系中，政府与人民在相互关系中的地位、作用及其行为方式是判断政治体系现代化程度的根本依据。在现代，人民从过去的臣民转换为公民的身份，故政府与公民关系乃人类社会之第一大关系。① 政府与公民关系构成政府理财模式的“龙骨”：一方面，政府与公民关系的性质、形式、运行统御和决定其他重要关系如政府与市场、政府与社会及政府间关系，另一方面，其他关系结构如政府间关系服务于政府与公民关系，因为它从根本上决定了政府理财的最终目标，即政府理财是为谁理财、为何理财的问题。这甚至事关一个国家和民族的兴衰，英国著名思想家密尔在130年前就指出，中国在近代停滞不前的一个重要原因就是没有很好地处理好政府与公民的关系，特别是政府所能施于人民的权力限度。②在现代社会，处理好政府与公民关系的要旨是限权问责四个字。

构建公共型理财模式所需治理结构改革的实质是理顺政府与公民关系，强化公民偏好显示机制，其关键是实现党的领导、人民当家做主与依法治国的有机统一。

第一，改进党的领导方式，提高执政能力。要推进学习型党组织建设，保持和提高党的先进性，发展、健全党及其外围群团组织团结、联系各界群众的渠道与机制，强化党的利益表达、综合功能。同时，探索和创新以人大为组织平台，将党的领导方式从行政领导转型为政治领导。积极探索党在工业化、信息化、城镇化、市场化、国际化条件下的领导方式与艺术，提高领导水平，增强执政能力。

---

① 桑玉成等著：《政府角色论》，上海社会科学院出版社2000年版，第27页。
② ［英］约翰·密尔著：《论自由》，商务印书馆1959年版，第77页。

第二，明确政府与公民的权力授受关系。理顺政府与公民权力授受关系是政府治理结构改革的核心和关键，政府理财更是如此。任何一个政府，它所掌握的财力再雄厚，也不可能满足社会的所有需求。财政资源的有限性与需求无限性的矛盾客观上要求确立一个公平合理地分配财政资源的优先秩序。对于一个现代民主政府来说，解决上述问题的技术就是建立一个公共选择机制，实现决策的民主化、科学化。治理结构的改革应在坚持党的领导前提下，以完善人大制度为核心，拓宽公民偏好显示渠道，鼓励民间组织发挥利益表达与整合的功能，完善各种听证制度，扩大公民的行政参与和行政民主，鼓励公众参与式预算，强化舆论监督功能，充分发挥信访部门作用，调动政协委员积极性，从各个方面了解民意、倾听群众的意见，使社会和公民对公共物品的偏好能够及时有效地传递到政府决策部门，真正实现政府决策、执行与监督的民主化、科学化。[①] 政府官员要去掉父母官心态，政府（官员）“为民做主”其实是对公民政治、经济、社会权利的不尊重和侵夺，违反了主权在民原则，也不符合代理人应有角色定位，是僭越行为。因此，重大事项，如征税、政府开支等应交由立法机关（人大）讨论和决定，这在制度上就体现为财政民主和财政法治的运作。

总之，理顺政府与公民关系应采取两条腿走路的策略，推动协商民主与代议民主、党内民主与党外民主、“庙堂”民主与“草根”民主齐头并进，相互促进，协调发展。

此外，还应构建平衡的纵向府际关系，即以中央和上级政府为主体的自上而下的权力控制模式与以公民为主体的自下而上的人事控制即选民控制地方政府的地方自治模式相结合。这将在后文“政府间资金配置模式的公共化拓展”部分详述，为避免重复，此处不再赘述。

---

① 唐东生：《以公共财政改革为切入点，推进新一轮政府改革》，载《上海行政学院学报》2008 年第 1 期。

## （二）行政层面强化分权制衡

行政层面的治理结构改革主要有这些目标：实现财权集中，以便于监管；形成相互监督制衡关系，再造管理流程，减少扯皮，以提高效率，减少对微观经济的干预，合并职能，实行大部制改革。具体可从以下五个方面着手：

1. 成立预算与人事部

针对我国预算管理非常薄弱的现实，并强化其与预算执行职能的分工合作，可考虑将预算编制（预算司）和预算监督（监督检查局、驻地方专员办）从财政部独立出来，并将人事编制管理职能〔即编制委员会、人事部（现人力资源与社会保障部之公务员局）〕划入，成立预算与人事部（下面简称预算部）。新组建的预算与人事部将履行：预算编制、监督预算执行、经济形势分析、公务员管理四大职能。其中，将人事编制划归其管理是欲借预算硬约束手段抑制我国政府规模不断膨胀之势。因为预算经人大批准，是公开的，受公众监督，立法机关的监督将有利于从根本上遏制政府扩张的内在冲动。①

2. 重组财政部

其措施主要有：一是国家税务总局做为二级局并入财政部，名称可改为国内收入局，将行政事业性收费、政府性基金划归其管理。国税、地税两套征管系统合并，实行中央垂直管理，以提高效率，降低征税成本，并减少地方政府随意减免税费、干扰宏观调控、破坏财经法纪现象，抑制地方政府营利冲动；完善税收征管模式中的“征、管、查”分离机制，可考虑设立更为独立和权威的税收行政复议机构。深化财税行政审批制度改革，强化为纳税人服务水平。认真贯彻《公务员法》，加强和改进财税公务员队伍建设。②

---

① 唐东生：《以公共财政改革为切入点，推进新一轮政府改革》，载《上海行政学院学报》2008 年第 1 期。

② 施正文：《法治政府建设中的公共财政体制改革》，载《国家行政学院学报》2008 年第 2 期，第 42 页。

二是将海关总署划入财政部管理，从而理顺关税与财政的关系。三是在国有经济基本完成战略性退出后，撤销国资委，其剩余职能划入财政部。财政部主管所有经营性与非经营性国有资产，包括金融国有资产。四是对财政部内部职能司局进行流程再造，如现有的经济建设司、教科文司、行政政法司等计划经济时期形成的司局应进行适当整合重组，以理顺其职能分工。重组后的财政部主要负责预算执行（组织预算收入与支出）职能。

3. 重构财政部、预算与人事部与其他职能部委的职权关系

通过清理整顿，将各部委的各类公共收费和政府性基金全部划归财政部国内收入局管理，并大幅削减各部委如科技部、发改委等财政资金的二次分配权，也就是将各部委掌握的那些专项转移资金进行清理归并，将其划归财政部（或预算部）管理，充实项目库。改革后财政所有收入和财权（指行政层面的财权）集中于财政部与预算部，各职能部委专心致力于预算执行，便于政府、人大和社会监督，减少“跑部钱进”等寻租现象，提高资金运转效率，形成转移支付规模效应。同时，各部委参与与本部门相关的专项转移支付的决策，形成对财政部（预算部）的监督。

4. 设立政府间财政委员会或拨款委员会

为使中央对地方转移支付具备一个中央与地方平等谈判协商的组织平台，可考虑设立政府间财政委员会或拨款委员会，由国务院总理或常务副总理任主任，预算部、财政部、发改委、人民银行、各省级地方政府（含计划单列市）行政首长组成委员会，负责确定转移支付的目标原则、数额、中央与地方政府财权与支出责任、收入划分、地方发债监管、计算公式及修正方法、监督办法等。此机构可作为政协地区代表产生前（即政协履行转移支付谈判功能前）的一个过渡机制，或者可作为与其功能相互补充的机构共同存在。

5. 审计署改为全国人大的工作部门

审计部门是专职财政执行监督、审计的机构。国际上，审计部门的存在形式有几种：独立型，即设立不隶属任何机构的审计法院，如法国、德国等；国会型，将审计机构隶属于国会，对国会负

责，如美国；行政型，即审计属于行政部门，如中国。综合比较而言，行政型在各国最少见，因其独立性差，审计监督效果最差。借鉴国际经验并结合我国国情，我国可考虑将审计署划为全国人大的直属工作部门，以便提升其监督效能，从根本上改变目前“审计风暴年年刮，但问题还是年年有”的审计监督效果偏弱局面。

**（三）部门层面强化监督与公开**

部门理财是政府理财的微观基础，也是政府理财模式公共化拓展的基础工作。结合我国实际，行政、事业单位理财改革应重点推进以下几个方面的改革：

一是加强监督监察。借鉴法国的经验，我国可由将来设立的预算部派出财政监察专员对各个预算单位和省级政府进行监督，由财政部派公共会计对各预算单位公务员工资、机构运转经费、公共投资性开支进行拨付与监督。具体措施是，除加派财政监察专员（可与驻单位的纪检委员分工配合），各单位的会计都划转财政部，成为财政部的公务员，可在各单位之间调动。职能部门（预算单位）仅保留出纳（相当于报账员）岗位。

二是加大民主理财和财务公开、政务公开力度，保障群众知情权、参与权、监督权的实现，以进一步强化部门内部财务控制，防止部门领导专权情况发生。

三是进一步完善收支两条线管理改革和国库集中收付改革，切断部门收入与财政收入的利益关联，如将所有公共收费和政府性基金划归财政部国内收入局统管，不能坐收坐支或创收，彻底打破部门的创收冲动。

四是在改革内容上，重点推进整治公款吃喝、公车消费、公款出国等改革。值得指出的是，目前各级党政机关正在推进的后勤社会化改革应有相应的监督机制跟进，否则，它只会为权力寻租打开方便之门，其效果甚至还不如不进行社会化改革。

## 三、重理政府职能

### （一）重理政府政治职能

重理政府政治职能的着眼点应立足于充分开发、挖掘、创新现行社会主义政治体系的功能作用，坚持党的领导、人民当家做主与依法治国三者有机统一。就面上来说，重理政府政治职能应重点推进以下几个方面的改革：

1. 进一步强化中国共产党的民意吸纳与表达功能

中国共产党是执政党，代表中华民族和中国人民的根本利益，广泛代表和整合各个方面的利益。党是通过党组织（在各级各类社会组织、行业充分发展党的组织），党的外围组织如共青团、工会、妇联，群众团体如科协以及统战工作等来实现党对社会利益和民意的吸纳、代表、整合功能的。但目前党在民意吸纳方面还存在一些明显的不足：

第一，基层党组织包括新型社会组织党建行政化明显，强调政治控制功能，而利益代表、表达功能未受到应有重视，因而很多基层党组织威信不高，号召力不强。

第二，现有外围组织如工、青、妇组织行政化严重。无论是其自身，还是党委政府和社会都基本上将其视为一个行政机关，其作为群众组织的草根性、代表性严重退化，其作为党的助手联系部分群众的功能在实际中并不是很理想。

第三，面上的覆盖有空白，比如若以年龄为分组，现在只有共青团来联系青年、少年，而中老年这个群体缺乏一个与党组织有较密切联系的组织纽带。老年人是典型的弱势群体，而中国正步入老年社会，老年问题越来越突出，更需要一个组织平台让党组织可以更直接地联系代表中老年人的利益发声。再如，我国已建立了工会，但作为我国最大人口群体的农民却没有农会。其他随改革开放而出现的新社会阶层亦缺乏与党组织的有效联系渠道。为增强党的民意吸纳与表达功能，可考虑将工、青、妇等群团转型为非营利组织，并建立、发展农会等其他社会组织，统一归口党委统战部来联系、协调、领导。对这些组织，应改变目前财政拨款养起来的办法，改“养人”为“养事”，即以项目形式委托这些 NPO（非营利组织）执行某项政府职能，如可委托共青团开展艾滋病防治，委托科协开展环境治理等。

2. 确立人大在利益表达与利益综合中的枢纽作用

人大制度是坚持党的领导、人民当家做主和依法治国三者有机统一的重要制度平台，也是公共型理财模式中发挥公民偏好显示机制的主要平台。应改变目前人大在与党委、政府权力格局中的边缘地位，逐步确立其主导的、核心的地位。这需要理顺人大与党委、政府的关系。这需要从结构上改革、改善党的领导方式与执政方略。党的领导应从直接的行政领导（形式表现为党政不分、行政主导，党主要依托行政系统直接领导社会主义建设各项事业）改为间接的政治领导（其组织形式为党政分开，人大主导，党主要依托人大系统间接领导政府，再通过政府实现对社会主义各项事业的领导），从人治走向法治。具体改革措施有：

首先，党在人大设立党团，通过法律和组织手段保证党在人大的控制地位即领导地位；人大取得人事控制权，重大人事任免权要在党委提名，并获人大首肯，人大在人事任免中应有实质性权力。

其次，将国务院事实上主导的立法权逐步回归人大，特别是人大要取得财政权，如税收立法权、预算权、质询权，体现出人大作为权力机关对一府两院的权力授受与监督关系，或至少使得人大与政府权力格局更平衡，可起到制衡监督作用。其措施有：将税费、基金开征权，国债发行权，预算审批、修改、监督权真正赋予人大，国务院不能僭越立法权，认真做好执行职责，让人大确实担负起为人民看好钱袋子的重任。

再次，强化人大的工作能力。如从财政部门抽调专业人才充实人大的财经预算工作，建立预算审议专家咨询机构，普及财政知识，从党和政府部门抽调各类人才充实人大的政治工作；减少人大代表至500人左右，实行职业化、常任制，公开竞选、直选，以提高其职业素养及其与选民联系；推行政府预算报告的结构化审议与分部门审议表决制，提升政府预算的规范化和法制化水平等。上述措施是在不改变现行宪政架构前提下进行的制度创新。由于人事、财政权在人大，而党在人大又处于控制地位，它有利于加强党的领导，改进党的领导方式，提高党的执政能力，带动党内民主改革，扩展党执政的政治合法性基础，有利于保持政治和社会稳定，具有合法性、可行性和可操作性的优点。①

此外，人大工作制度如会期制度还应加以改进，如延长会期以保障有充分时间审议财政预算。加大人大立法听证制度的推行力度等。

3. 进一步挖掘政协在吸纳各界别、各地区民意，协调各方利益方面的功能

政协是我国各民主党派、群众团体、各界人士参政议政、政治协商、民主监督的制度平台，是我国协商民主的生动实践，有着强大的生命力和表现力，可作为代议民主（人大制度）的有益补充。其完善的措施有：

第一，引入地区协商功能，即在不同地区按照同样数量分配代表，其功能包括：中央对地方转移支付、重大项目的生产力布局、资源合理分配、区域性生态建设与保护、社会保障与社会公共资源的分配。

第二，政协改革的具体制度设计包括：一是完善和改进政协的推举制度。如逐步引入竞选机制，减少委员数量，并不得兼任人大、政府及其他国家机关职务，换届应与人大错开，每次换届只改选部分委员等。二是调整政协组织构成，扩大其社会基础。在政协委员中引入地区代表，可考虑每省（自治区、直辖市、特别行政区）3名委员，民主党派和无党派各10名，中共51名。三是政协职权地位法定化。应在法律上明确政协是国家权力机关组成部分，

① 唐东生：《以公共财政改革为切入点，推进新一轮政府改革》，载《上海行政学院学报》2008年第1期。

明确其职能。四是赋予政协一定的立法审核权限。人大作为代议民主，遵循多数表决机制，其对立法权的垄断隐含了忽视少数人、少数群体的危险，政协可在这方面作为对代议民主制缺陷的有益补充。①

此外，政府还应促进和引导非营利组织或公民组织的发展，促进公民社会的发育成长，以培养更加成熟、理性的公民，为政府理财模式公共化拓展奠定广泛、深厚的社会参与基础。

**（二）重理政府经济职能**

中国有着几千年的国家本位（国家崇拜）和中央集权传统。计划经济所依凭的理性建构主义哲学坚信人类理性的构造物——政府，人类可以通过集体行动——其制度平台与组织依据就是政府——对自然和社会进行干预，以达致美好生活。总之，就像英国思想家吉登斯所指出的，人们认为“政府就是答案”，迷信政府，并高度怀疑市场，认为市场是非理性的、盲目的、无计划的，时刻准备对市场这个“淘气孩子”进行“管教”，接管其职能，由政府替代之。因此，重理政府经济职能从根本上要求政府（公务员）树立对市场的坚定信仰，政府经济职能实现有“退”有“进”，严守二者职能边界而不僭越。

一方面，要在理清、梳理原有政府经济职能体系基础上，限制、削弱乃至返还给市场、企业或社会某些职能与权力，防止政府过度干预造成的政府失灵②。从长远看，应实现国有经济从竞争性行业的战略性撤退，在这个任务完成之前，应从制度层面理清政府与国有企业的产权关系，使政府作为出资人与监管人的角色冲突减至最低程度，避免政府既当“运动员”又兼“裁判员”带来的利益纠葛，割断政府部门与所主管经济主体（多为计划经济时期的行

---

① 黄相怀，周天勇，唐立久：《政治体制改革研究报告之三：政协体制改革与地区协商民主》，载周天勇，王长江，王安岭主编《攻坚：十七大后中国政治体制改革研究报告》，新疆生产建设兵团出版社2007年版，第101～125页。

② 金玉军等著：《政府职能梳理与重构》，广东人民出版社2002年版，第226页。

业部如电力部等改制而成的翻牌公司或垄断性国有巨头企业）的利益关联，防止其形成既得利益集团（其实是分利集团）对公共政策的俘获。这一点留待后文详述，在此不再赘述。此外，应规范和改进政府对经济的职能干预行为。一方面，现代经济是混合经济，政府对市场缺陷进行干预有其内在必要性，但应对这种职能行为予以必要的规范和改进，如严格按照现代经济理论中市场、政府的职能分工范围进行活动，防止“越界”行为；干预应该依法而行，具备充分的透明度；在制度设计中应有权力制衡机制，防止寻租和腐败发生；还应有权利救济设计，防止政府的不公、不当干预。

另一方面，我国政府显然还需强化、拓展或增加部分经济职能。一是提供公共产品。由于市场在配置（提供）那些具有外部性、非排他性、非竞争性产品即公共产品上的失灵，需要由政府来提供如国防基础设施等。二是收入分配，这既是市场经济不可避免而自身无法加以克服的，但又是维持一个稳定团结的国家，维持经济可持续发展所必不可少的，它也是社会政策的重要内容。三是稳定经济，即我国常说的宏观调控，包括较充分的就业率，稳定的物价（自然包括政府对部分关系国计民生行业的价格管制如公共交通、水、电等)，国际收支平衡及合适的经济增长率等。四是界定产权。这是市场经济国家政府的普遍职能（以法律形式)，而对于从计划经济转轨的中国来说，界定产权将是相当长时期内一项艰巨的基础性工作，包括国有企业产权、土地、自然资源等的产权及其流转、保护等问题都还有很多工作要做。五是反对垄断，促进竞争，建设规范的市场经济体制。中国的垄断问题具有涉及面广、种类齐全、各类垄断相互纠结、势力强大等特点，已成为中国市场经济健康发展和政府理财模式公共化拓展的一只拦路虎。破除垄断也是任重道远。六是劳动保护，如制定最低工资标准与劳动保障，维护劳动者权益。七是质量与安全控制，打击假冒伪劣产品，保障安全生产经营，维护消费者和劳动者合法权益。八是资源与环境保护等，这也是社会职能之一，留待后文详述。

## （三）重理政府社会职能

课题组根据2007年修订的政府收支分类中按功能分类的17类支出科目设计了一道排序题，要求调查对象从16项（转移支付未列入）政府职能中选择认为最重要的五项，按照重要程度进行升序排序。其设计目的是获知政府官员主观认为需强化的职能，并间接了解各级政府财政支出结构暨政府职能配置结构，分析政府职能的缺位与越位问题。问卷统计分析结果反映了各级政府对于政府职能调整的共同呼声，其显著特点是共同呼吁政府强化社会职能，加大对教育、卫生、社保等领域的投入。

表5.1　政府官员对政府最需要加强投入的领域的判断①

| 选　项 | 平均值 | 重要性程度（%） |
|---|---|---|
| [1] 外交支出 | 0.16 | 3.2 |
| [2] 国防支出 | 1.29 | 25.8 |
| [3] 公共安全支出 | 1.01 | 20.2 |
| [4] 教育支出 | 2.73 | 54.6 |
| [5] 科学技术支出 | 1.12 | 22.4 |
| [6] 文化体育与传媒支出 | 0.16 | 3.2 |
| [7] 就业支出 | 0.99 | 19.8 |

① 石亚军主编：《中国行政管理体制现状问卷调查数据统计》，中国政法大学出版社2008年版，第30页。

续　表

| 选　项 | 平均值 | 重要性程度（%） |
|---|---|---|
| ［8］社会保险基金支出 | 1.92 | 38.4 |
| ［9］医疗卫生支出 | 1.95 | 39.0 |
| ［10］环境保护支出 | 1.25 | 25.0 |
| ［11］城乡社区事务支出 | 0.19 | 3.8 |
| ［12］农林水事务支出 | 0.22 | 4.4 |
| ［13］基础设施、公共交通支出 | 1.21 | 24.2 |
| ［14］促进经济发展支出 | 0.65 | 13.0 |
| ［15］行政经费支出 | 0.15 | 3.0 |
| ［16］其他支出 | 0.01 | 0.2 |
| 参选人数总计 | 2309 | |

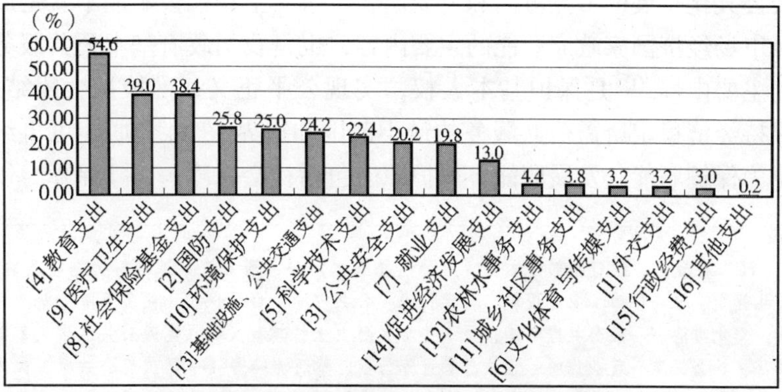


**图 5.1　政府投入项目重要性程度排序柱状图①**

① 石亚军主编：《中国行政管理体制现状问卷调查数据统计》，中国政法大学出版社 2008 年版，第 30 页。

表 5.2　政府投入最需要加强的前 5 项支出排序

| 选　项 | 平均值 | 重要性程度 | 排序 |
|---|---|---|---|
| 教育支出 | 2.73 | 54.6% | 1 |
| 医疗卫生支出 | 1.95 | 39.0% | 2 |
| 社会保险基金支出 | 1.92 | 38.4% | 3 |
| 国防支出 | 1.29 | 25.8% | 4 |
| 环境保护支出 | 1.25 | 25.0% | 5 |

数据来源：根据表 5.1 和图 5.1 整理。参见石亚军主编《中国行政管理体制现状问卷调查数据统计》，中国政法大学出版社 2008 年版，第 30 页。

实证调查间接证实了社会职能属于我国政府职能结构中最薄弱的环节，是今后相当长一段时间内亟须加强的职能，因而也是财政需要加大投入力度弥补历史“欠账”的领域，它构成了政府理财模式公共化拓展的重点方向和主要内容。事实上，社会职能本就是成熟市场经济国家政府职能的主要内容，也是我国政府基本公共服务的主要内容，[①] 是保护基本人权，实现公平正义，维护社会团结，保持经济稳定所需公共服务的最小范围和边界。[②] 社会职能可再细分为保护职能与发展职能。保护职能包括社会保障、医疗保障、住

---

① 在我国，政府和部分学者倾向于将（基本）公共服务广义地理解为基础教育、公共卫生、社会保障、基础设施、科学技术、公共安全、环境保护、住房保障、就业保障、文化事业、一般公共服务等；另一些学界则主张将其狭义地界定为公共卫生、基础教育、社会保障、就业保障等领域，参见陈昌盛、蔡跃洲编著《中国政府公共服务：体制变迁与地区综合评估》，中国社会科学出版社 2007 年版；丁元竹著：《中国社会建设战略思路与基本对策》，北京大学出版社 2008 年版，第 83 页；广东省政府：《广东省基本公共服务均等化规划纲要（2009—2020 年）》，载广东省政府网，http://www.gd.gov.cn/ghgy/wjzl/201008/t20100825_128185.htm；浙江省政府：《基本公共服务均等化行动计划（2008—2012）》，载浙江省食品药品监督管理局网站，http://www.zda.gov.cn/zcfg/info.jsp？newsid=238。

② 陈昌盛、蔡跃洲编著：《中国政府公共服务：体制变迁与地区综合评估》，中国社会科学出版社 2007 年版，第 3 页；丁元竹著：《中国社会建设战略思路与基本对策》，北京大学出版社 2008 年版，第 74 ~ 78 页。

房保障、就业保障、社会问题处理（如人口、老龄化、青少年犯罪、毒品、艾滋病防治等）等；发展职能包括（义务）教育、科技、文化、体育等。就中国当前的实际而言，在近中期应以社会保护职能和义务教育为施政重点，在较短时间内如10到20年内有突破性进展，因为这是涉及国家安定团结、政权稳定的首要问题，也是经济可持续发展和现代化顺利转型的关键所在。

我国政府强化社会职能，需要注意以下几个问题：

一是切实从建设型政府理念向服务型政府理念转变，前文已论述，此处不赘述。

二是完成政府资金配置模式的公共化拓展改革，使政府尤其是地方政府有充足的财力履行其社会职能，这将在后文详述。

三是彻底打破城乡二元差别财政政策形成的路径依赖。打破基本公共服务的城乡差别待遇和歧视，在实现城乡（包括地区间）财力均等化基础上，实现公共服务的人人可及性即基本公共服务均等化目标。

四是确立科学、客观、公正的基本公共服务技术标准，抛弃粗疏简单的操作模式，实现基本公共服务均等化建设的可操作性、可比性和透明性。这个工作可与政府间资金配置模式公共化拓展结合起来，比如各级政府间支出、收入以及转移支付的技术标准就是以基本公共服务均等化技术标准为基础的。

五是下决心进行土地制度改革，明确土地产权，实现土地作为市场要素的自由流转，最终解决当前土地供应计划体制与房产市场市场化的矛盾，还原房地产的社会保障功能，这主要是针对住房保障的措施。

六是政府应切实担负起保护、发展人权的职责，特别是劳工权益保障，改革户籍制度，实现自由迁徙。这主要是针对就业保障的措施。

七是扶持民间组织发展，使其分担部分社会职能，并起监督政府作用，最终培育一个成熟的公民社会，构建政府与社会的伙伴式的合作关系，减轻政府理财压力，提高政府提供公共产品的品质与能力，增强全社会提供公共产品的整体能力。

八是支持文化事业发展，弘扬传统文化，树立文化自信，建设心灵家园，促进社会和谐，推动文化复兴。

## 第三节　政府资金筹集模式的公共化拓展：公共化与规范化

### 一、遵循税制发展规律进行税制改革

“公平合理是税收的基本原则和税制建设的目标，从古到今，东西方国家税收的实践表明，税收公平与否往往是检验税制和税收政策好坏的标准。”“在任何社会和国家内部，税收政策必须及时协调税收公平与社会经济公平之间的矛盾。”[①]关于税改大方向问题，有必要特别指出的是，有相当一部分学者和政府官员认为我国在中期应该维持以增值税（流转税、间接税）为主的税制结构，其理由是我国仍处发展中国家，正处在工业化阶段，经济发展水平只允许在信息化、薪酬货币化不足情况下以增值税为主，因为以直接税为主税制的经济技术条件不足。笔者认为，这种观点似是而非，只看到硬币的一面，尤其缺乏动态发展的眼光。发展中国家和发达国家在工业化阶段以商品课税为主是事实，但我们还应看到这个历史趋势，即发达国家从以间接税为主向以直接税为主转型的历史发展方向。事实上，西方国家从20世纪初开始引入现代直接税到20世纪中叶基本转型为直接税为主，其间所经历的时间也只有50年左右，这也是其实现工业化和现代化的飞跃时期。后起的工业化国家与地区如日、韩等，这个过程更短。中国现代化的赶超特点，特别是应

① 陈共编著：《财政学》（第四版），中国人民大学出版社2004年版，第222～223页。

对经济转轨和社会转型加速期带来的种种挑战，要求政府尽快构建起强大的社会安全网。这从政府理财角度而言，就要求我们要比发达国家在发展同期更早谋划税制从发展型向公平型的转换，构建以直接税为主体的税制结构。

需要指出的是，所谓以增值税为主的间接税制更有利促进经济发展，直接税制影响经济发展的观点也是站不住脚的。首先，历史的经验恰恰相反，工业化国家构建以直接税为主的税制结构及其大发展时期正好是其经济发展的黄金时期，如第二次世界大战后西方50年代前后的黄金增长期，这说明直接税并不必然阻碍经济增长。其次，中国建构以直接税为主体的税制结构有强烈的现实压力。一方面，正如前文所说的，在工业化、信息化、城镇化、市场化、国际化浪潮下，我国经济转轨和社会转型加速，政治、经济和社会风险急剧升高，亟须建构一个适应时代需要的社会安全网，而这需以所得税、社会保障税、遗产税等以直接税为主的税制结构为基础；另一方面，现行经济发展模式已难以为继，扩大内需，转变经济增长方式与产业结构，都要以改革收入分配格局，提高居民消费能力为前提，而要让国民敢花钱，改变高储蓄、低消费习惯，也以社会安全网的构建为前提。最后，技术方面的困难也不是真正的理由。我国以金税、金财、金关等为代表的“金字号”财政信息化工程已建设多年，积累了丰富的技术基础与经验。构建以直接税为主体的税制结构难在信息采集，因为我国工业化、城市化尚未完成，城乡二元分割，城乡经济社会发展水平差距悬殊，因而社会保障标准、筹资（征税）起征点、信息汇总、免税扣除等非常复杂。但也不是一点办法都没有。其措施有：一是建立全社会（含城乡）信用体系，这个工作已由有关部门牵头在进行，并初步投入运行，但还应扩大、完善。二是推进薪酬电子化。这在城镇就业的人口（含进城务工的农民工）来说，相对较易处理，可通过对雇主的监控实现。对在农村就业的人群，可进一步分析。农村收入来源主要有：

（1）对于农业经营收入，如果是小额的，可忽略不计。大额交易，一般是较规范的现代化交易，其买卖一方一般在城镇，可在其购销等财务流程中反映出来，因而亦可监控；或者该农户是较大规模的种养专业户，税务部门即使无法完全掌握其产销量，但可大致估产，并要求其报税，以计算其一年所得中应缴所得税与社会保险税额等。

(2) 在农村从事工、商、运输、服务等非农业务的收入，亦可进行财务监控。

(3) 对于既不是农业专业户，也不是非农个体户、私营企业主的一般小农，其所得有限，未达到征税起点，不必监控。

(4) 农村有相当部分人口在城镇务工，其劳务、经营收入应进行综合扣除，即应将其抚养的尚在农村的人口应计算在内，进行生计、抚养等扣除。如果能实行负所得税，他们甚至因此能获得部分补助。

总之，技术上是有较大困难，但随着城市化加快，户籍、社保、医保体系改革的到位，上述困难将逐步克服，通过一二十年的努力，是完全能建立起一个覆盖城乡的直接税制雏形的。我们应看准世界税制的发展规律与共同趋势，努力提高直接税比重，争取用20年到30年左右时间实现以间接税为主向以直接税为主的税制结构转型，为政府理财调整收入分配、维护社会公平正义、实现政府理财模式公共性奠定坚实的税制基础。

## 二、构建倾向公平的税收制度

### （一）完善个人所得税

在成熟市场经济国家，个人所得税是调节收入分配的最直接和重要的税收工具。按照政府理财模式公共化拓展的要求，我国个人所得税需进行以下改革：

一是纳税主体从以个人为单位转为以家庭为单位申报。目前我国个人所得税在计征税款时，是以个人而非家庭为申报单位的。在我国，家庭是基本福利单位，家庭成员的收入是在所有家庭成员——高收入、低收入和无收入者之间共享的。因此，这种以个人为纳税单位的规定对有较多家庭赡养人口的中低收入人群是非常不公平的，不仅没有起到促进公平的作用，相反加剧了贫富差距。下一步所得税改革应以家庭为单位，扣除所有家庭人口的生计、赡养、教育、残疾、医疗、社会保障以及必要费用（如个体经营户的生产经营成本）等项目之后，计算其应税所得额，从而综合反映一个家庭的纳税能力，实现税负公平。

二是设计更全面、合理、公平的税费。一方面，在计算口径上，在法定纳税期内取得的能表明纳税人支付能力的各种所得、财产及其转让增值、各种非法收入和统计外收入都应计入纳税所得；① 另一方面，在费用扣除项目中，应在设计扣除标准时将低收入者排除在外，并且应根据物价或通货膨胀，特别是消费者物价指数（CPI）自动调整扣除标准，以保障低收入人群的最低生活水准不受物价上涨的影响。值得指出的是，对个税起征点的设计应引入物价水平（通货膨胀）因素自动调整。目前的方式过于僵化，社会各界都不太满意。

三是实行综合课税模式。我国目前实质上实行分类所得税课税模式。② 本书认为，由于实行综合税制模式对税收总收入影响不大，不会带来征税成本大幅增加，并有国家信息化为技术基础，我国目前实行综合课税模式的条件已基本成熟，应当尽快实行综合课税模式，即按年综合计算个人的全年各类所得，实行统一的超额累进税率，规定个人基本生活支出免征额及对纳税人赡养老人和子女教育支出等免征额，统筹确定税负水平和调节力度。③

四是调整个人所得税税率结构。针对目前我国居民收入信用化程度不高以及城乡居民之间、行业职工之间、不同收入群体之间收

---

① 上海财经大学公共政策研究中心著：《2008 年中国财政发展报告：构建和谐社会的财政政策研究》，上海财经大学出版社 2008 年版，第 211 ~ 213 页。

② 杨斌著：《中国税改论辩：文化差异对财税制度设计及其运行效果的影响》，中国财政经济出版社 2007 年版，第 136 页。

③ 赵兴罗著：《促进收入分配的财政制度研究》，经济科学出版社 2009 年版，第 205 ~ 208 页。

入差距拉大现象，个人所得税应在加大对高收入群体调节力度的同时，适当降低中低收入群体的课税。可考虑简化级距（档次）为3级，加大级距跨度，降低边际税率。在提高个人所得税扣除标准基础上，继续实行5%的低税率，以减少低收入群体课税①。将原先的45%的最高税率降至30%～40%，在促进公平的同时，兼顾效率，维护要素供给积极性。

**（二）开征社会保障税、财产税、资源税和环境税**

社会保障税在发达国家被视为广义的个人所得税，与个人所得税一样起到调节收入分配，促进社会公平的作用。更重要的是，它是构建社会安全网——社会保障体系的主要经费来源。我国正处于经济转轨和社会转型加速期，社会矛盾较多。为构建全国统一劳动市场，维护社会团结稳定，亟须尽快建立全国统一的社会保障体系。我国目前分级统筹、条块分割的碎片化保障模式远未达到保障社会安全、促进社会公平的制度设计初衷。因此，应改社会保障费为社会保障税，构建由税务部门征收，由社保部门支出，由银行代发，由预算部门监督这样一种相互合作、相互制衡的治理模式，为全体国民提供统一的、均等化的社会保障服务。

财产税包括房产税、遗产税和赠与税。开征财产税在我国有现实基础：一方面，我国已经有相当部分人进入高收入阶层，这有很多研究报告可兹证明。就是从人们的日常生活经验的观察中也可以看出国内对奢侈品的强劲需求。另一方面，有很多研究表明，我国当前贫富悬殊的情况已属世界上最严重的国家，如基尼系数已越过警戒线多年。由于财产占有不均而带来的收入分配不公已成为社会分配不公的重要根源，炫富的“富二代”与无助的“贫二代”之间的巨大反差已引发广泛的社会不公平感。开征财产税具有重大意义：缓解正在拉大的贫富差距，促进收入公平化。其实，对中国部

① 赵兴罗著：《促进收入分配的财政制度研究》，经济科学出版社2009年版，第208页；上海财经大学公共政策研究中心著：《2008年中国财政发展报告：构建和谐社会的财政政策研究》，上海财经大学出版社2008年版，第215～216页。

分高收入者尤其富豪来说，其拥有的高收入或巨额财富有相当部分是一些灰色甚至黑色收入，或多或少带有点资产“原罪”的成分，有很多并不是靠智慧、勤奋甚至不是靠运气获得的、不甚公平的财富。虽然不宜以再次革命剥夺的方式进行再分配，对这部分财产征收部分税收，也是符合公平正义和社会民意的，这样做有利于减轻人们的不公平感和受挫感，有利于社会和谐。

我国已对矿产和盐开征资源税，但其征税方式、范围等存在严重弊端而需改革。环境税与资源税密切相关，因为资源与环境是密切相关的。改革资源税和开征环境税主要基于两个考虑：

一是转变经济发展乃至社会生活方式，实现人与自然和谐共处，实现可持续发展。我国提出转变经济发展方式已有多年，但时至今日，经济发展方式在相当程度上仍然属于粗放型、资源消耗型，浪费大，污染重，这种发展方式不仅不可持续，而且还造成了众多生态与社会矛盾，破坏了社会稳定。因为从量计征的资源税覆盖面过窄，调节弹性极低。资源价高税低情况下，资源税几乎没起到调节级差收入，遏制资源浪费的作用。而排污费等因各地标准各异、宽严不一等原因，也未起到应有作用。

二是促进社会公平。环境污染是一种典型的负外部性，即私人（如排污企业、排放尾气的车主等）得利的同时却将其损害让社会公众承担，这显然是不公平的。近年来，各类资源价格暴涨，但资源税仍然是几块钱一吨，相较之下几乎是无税，而且还有多数资源甚至连税费都不用缴纳，占有这些资源的企业及其所有者、经营者因此获得巨大的超额垄断利润，但资源开采后的污染、地表与植被恢复都由全民买单，这显然是极不公平的。资源是国家及社会大众的，也是子孙后代的，现在却被少数人享有。因此，应尽快开征环境税，将负外部性内化为企业或个人的成本，将资源税从量计征改为从价计征，并扩大征税范围，提高税率等。

此外还可考虑扩大对奢侈品和高消费行为如高档酒店、卡拉OK、桑拿、按摩、夜总会、保龄球等开征消费税，同时对从事社会公益与慈善的组织及其行为实行免税政策，以鼓励、支持社会公益事业发展，调节收入分配，缩小贫富差距。

## 三、严格非税收入管理

### （一）清理整顿，严控非税收入项目

一方面，要对现行所有非税收入进行一次清理整顿。取消不合理、不合法的项目，整合性质相近、重复设置的基金与收费，将部分收费项目改为市场化的收费，如培训费、咨询费、鉴定费等。将那些具有税收性质的收费和基金改成税，如养路费改成燃油税等。将保留下来的项目进行规范。另一方面，要严控非税收入项目的审批和征收标准。在清理整顿后，将所有非税收入归口财政部门管理，任何非税收入项目的设立、审批必须通过全国人大或省级人大审议批准，否则不得开征。其征收标准人大应通过法律形式批准，其间，应有公众听证，接受公众监督。

### （二）逐步将所有非税收入纳入预算管理

近年来，我国对预算外资金（非税收入）纳入预算管理的工作取得重大进展，到2008年，“中央审批的收费项目90%以上已纳入预算管理，政府性基金罚没收入、土地出让收入和彩票公益金全部纳入预算管理。”① 但显然还有相当部分非税收入未纳入预算管理，而且在已纳入预算管理的项目中，有部分是名义纳入预算管理，实质上是列收列支，还有一些则仅仅列入财政专户管理。因此，要将所有非税收入全部纳入预算管理还有很多工作要做，各级各地财政部门应制定出非税收入分批纳入预算管理的时间表，并实行真正的预算管理，而非挂名的列收列支，在部门预算中真实反映出来，接受立法机关和人民群众的监督。

### （三）严格非税收入票据管理

为从源头上规范和控制非税收入行为，必须辅以严格的票据管

---

① 谢旭人主编：《中国财政改革三十年》，中国财政经济出版社2008年版，第164页。

理。一是严格控制票据印制。非财政部门不得印制票据，精简归并目前种类繁多的票据，以简化监管工作量，减少行政成本，便于使用。二是严格票据领销。任何单位要征收非税收入必须到财政部门申领票据，并进行详细的档案登记，如领取单位、日期、票据种类、数量、号码、经手人等。在销票和领取新票时，要严格核查，以监督和杜绝私设小金库和截留、挪用、乱收费等违法违纪行为，监控和掌握各单位非税收入数据。三是严格票据稽查。财政部门应通过对票据使用单位的日常和集中检查，监督其征收行为，及时整改纠正。

**（四）推进财政信息化**

作为国家信息化的重要组成部分，“金财工程”为加强非税收入管理提供了技术可能性与便利性，如“金财工程”中的国库集中支付管理系统、全国非税收入收缴管理系统等业务系统，为非税收入的规范化管理提供了技术平台。应继续推进和利用“金财工程”、“金税工程”、“金关工程”等电子政务的信息化技术优势，实现财税、银行与征收单位的计算机联网，使财政部门及时、全面、动态监控非税收入征缴实况，提高工作效率。

此外，非税收入改革还应与预算（部门预算）改革，“收支两条线”改革和国库集中收付改革配套联动，才能发挥预期效果，具体论述详见后文。

# 第六章　中国政府理财模式公共化拓展的目标模式及进路（下）

## 第一节　政府资金运用模式的公共化拓展：公共化与规范化

### 一、调整政府支出结构

政府支出是政府为履行其职能所进行的资金支付活动。政府职能的行使最终体现为财政支出的结构与规模。因此，政府支出结构的改革其实就是对调整政府职能的落实。表 5.1 和图 5.1 以及表 5.3 反映了各级政府对于政府职能暨政府支出结构改革的共同呼声，这与社会各界的期望是吻合的。改革政府支出结构就是要对政府各个支出项目做“加减法”，增加公共服务或民生领域开支，相应压缩经济建设与行政费用开支。

表 6.1　政府投入最需要加强的前 5 项和倒数后 5 项支出排序

| 选　项 | 平均值 | 重要性程度 | 排序 |
|---|---|---|---|
| 教育支出 | 2.73 | 54.6% | 1 |
| 医疗卫生支出 | 1.95 | 39.0% | 2 |
| 社会保险基金支出 | 1.92 | 38.4% | 3 |

续　表

| 选　项 | 平均值 | 重要性程度 | 排序 |
|---|---|---|---|
| 国防支出 | 1.29 | 25.8% | 4 |
| 环境保护支出 | 1.25 | 25.0% | 5 |
| | | | |
| 选　项 | 平均值 | 重要性程度 | 倒数排序 |
| 农林水事务支出 | 0.22 | 4.4% | 5 |
| 城乡社区事务支出 | 0.19 | 3.8% | 4 |
| 文化体育与传媒支出 | 0.16 | 3.2% | 3 |
| 外交支出 | 0.16 | 3.2% | 2 |
| 行政经费支出 | 0.15 | 3.0% | 1 |

数据来源：根据表5.1和图5.1整理。参见石亚军主编《中国行政管理体制现状问卷调查数据统计》，中国政法大学出版社2008年版，第30页。

增加公共服务或民生支出。在表5.1所列出的16个政府支出项目中，最需要加强的前五项依次是：教育、医疗卫生、社会保险、国防支出和环境保护。这恰恰与当前群众反映最强烈的读书难、就医难、贫富悬殊、环保恶化等社会问题相互印证，因为这正是目前我国政府职能缺位最严重的民生领域。今后一段时间内，国家不仅应将财政增收部分主要投入公共服务领域，而且更应该进行结构性调整，通过压缩经济建设和行政经费，通过将国企收益划拨社保基金等方式，大幅增长公共服务支出，有效解决社会建设的巨额资金缺口。

降低经济建设支出。降低经济建设支出是建设型政府向服务型政府转型的关键一环。应杜绝那些奢华型与锦上添花型，也就是边际效应很低的项目，如沿海发达地区基础设施基本上已实现现代化了，财政就应基本退出对这些地区在这方面的补贴。比如，最近媒体披露沪杭磁悬浮铁路项目，有舆论批评其为省10分钟却投资几百亿元。① 这几百亿元投入中西部任何一个贫困地区，将对当地公共服务和基础设施的改善带来天翻地覆的巨变。同样是一笔财政资金，不同的投向其所带来的边际产出有着天壤之别。因此，政府支出结构究竟如何安排，关键是要用政府理财的公共性和绩效性来检验。此外，政府应尽快全面退出竞争性经济领域，如一般工业、房地产、酒店餐饮、交通运输、建筑安装、医药、商贸、物流、轻工业、农业等。事实上，目前国有企业几乎涉及一切领域，这其实是资源的低效率配置，这些领域完全可以由民营企业来经营，还应允许民营企业进入目前由国企垄断的行业如航空、铁路、石化甚至军工等领域。全国只需保留若干家公共企业即可，而且这些企业都是经过全社会充分辩论和实践检验，民间无法经营而只能由政府来经营的。

降低行政经费支出。课题组对调查问卷结果的统计表明，政府官员认为需要强化的领域中，居倒数第一位是“行政经费支出”，其重要性程度为3%。② 这说明，行政支出膨胀不仅社会无法容忍，即使政府内部对此也不能容忍，降低行政成本已成为包括社会、政府和学界的共识。我们完全可以乐观地预测，只要改革公正、公平、公开，讲究策略艺术，降低行政成本的改革是会得到包括政府官员在内的各界支持的。

## 二、深化预算决策改革

### （一）重构预算决策权

针对我国预算决策权行政化、部门化、碎片化的问题，需要有

---

① 《沪杭磁悬浮项目遭网友质疑 为省10分钟需投资数百亿元》，载2010年03月17日04：11金羊网－羊城晚报，转引自凤凰网财经，http：//finance.ifeng.com/news/20100317/1935814.shtml

② 石亚军主编：《中国行政管理体制现状问卷调查数据统计》，中国政法大学出版社2008年版，第30页。

系统的改革设计。首先，应处理好集体领导制与行政首长负责制关系，整合预算过程的决策过程，逐步提高部门预算的科学性、具体性与刚性，削弱部门预算批复后部门党政领导的预算分配权（减少其财政机动经费规模）。其次，将部门集中的政府性基金与行政事业性收费及专项资金分配权全部划归预算部统管，实现预算部对预算单位的预算控制。最后，通过强化人大在预算审议、批准中的权能，逐步确立政府对人大负责的财政公共受托权责关系。人大控制政府所有收支行为，这将是政府理财模式公共化取得重大进展的关键标志。

**（二）加强预算规划**

为增强预算的科学性、前瞻性，应加强预算编制前的经济预测分析。预算部应设置专门职能司局，专职进行经济形势分析，预测本年度及未来若干年经济发展趋势、国内外重大事件等对财政收支的影响及其风险的评估与应对等。预测分析要与我国的五年计划相衔接、匹配。尽快考虑编制多年滚动的中期预算，使预算更具科学性、针对性和前瞻性。

**（三）完善预算编制**

一是实行全口径预算，即所有政府收支都应纳入预算管理，其最终目标是实现对所有政府性收支行为的行政控制和立法控制，实现可控和可问责。为此，应将政府各部门各类收支通过部门预算方式全部纳入财政部门监管范围，即实现综合预算。在此基础上，可视情况分别编制一般公共收支预算、社会保障预算和国有资本经营预算等，实现分类预算管理。待收支两条线管理、国库集中收付、社保体制等配套改革完成后，逐步归并各类基金、收费，实行费改税等，最终废止行政部门各自设立基金和收费的现象。[①] 二是探索科学、符合国情的相关技术标准。如完善基本支出定额核定方法和定额标准，完善实物费用定额制度等。三是细化报送人大审议及财

---

① 高培勇主编：《实行全口径预算管理》，中国财政经济出版社2009年版，第217~231页。

政公开的预算科目，使其能让人大代表和公众都能看懂，解决多年以来存在的“外行看不懂，内行说不清”问题，起到监督作用。四是延长预算编制时间。借鉴国际经验，将预算编制时间从10个月延长到12个月或18个月，以保障有充足的时间编制完整、详细、合理、科学的预算；五是尽快从现在的以收定支、量入为出的预算假设（原则）向以支定收、量出为入假设转型。预算就其本质来说是政府施政需要指导下对政府所有收支活动的安排计划，因而是目标指引下的理财行为。目前的预算假设表明，政府施政目标还不够明确，降低了预算的严肃性、目标性与计划性，事实上是有多少花多少，预算在某种程度失去了意义。

**（四）强化预算审批**

为落实主权在民原则，确立政府与公民的权力授受机制，我国应改变目前人大审批预算走过场的现状，使人大及其常委（以后还可考虑赋予具备了地区协商功能的政协一定预算审批权，使其与人大相互配合与制衡）能够真正对政府预算进行控制和问责。首先，应通过改革，真正赋予人大以权力、能力，使行政主导格局转型为立法与行政权力平衡的格局，强化人大预算工作委员会工作能力，使其具有强大工作能力的机构，从而为人大行使其预算审议、批准职权奠定基础。其次，是延长人大预算审批时间。发达国家立法机关审批预算的时间占整个预算决策周期至少1/3以上，其中要经过各个委员会充分讨论、辩论，召开听证会，参、众两院全体会议表决，联合通过等严格、周密的程序，从而尽可能全面、准确地显示公民偏好，广泛吸纳民意，协调整合各地区、各方面利益。我国目前预算审批时间过短，应至少有3个月的时间，能有充分调研、辩论，吸取社情民意。最后，解决人大预算审批时间节点与预算周期的对接问题。近年来，我国政府年度预算草案都是在每年3月初召开的全国人大会议（即“两会”）期间完成表决、审批程序。但“两会”会期过短，并且是在已经执行一个季度预算周期的3月份召开，所谓预算已是“先斩后奏”，未经批准而“非法”执行1/4个周期了。可考虑的改革方案有：预算年度不变（1月1日——12

月31日)，将“两会”时间提前至12月底召开；或者“两会”会期不变，将预算年度从历年制改为骑年（跨年）制，如从本年4月1日至末年3月31日为预算年度。具体设计应综合考虑我国经济活动周期与政策过程统计资料的一致性，以及地方预算年度等因素。二者权衡，前者较容易操作一些，因为只涉及将“两会”会期提前，而后者不仅要修改《预算法》、《统计法》等法律，还要涉及政治、行政以及文化、传统等方方面面的改革，难度更大一些。

## 三、深化预算执行改革

预算执行的改革关键是减少代理链条，裁减冗余环节以降低成本，提高效率，减少资金沉淀。同时，加强相互监督制衡，增加理财透明度，提高资金安全性与使用合理性。限于篇幅，本书重点讨论预算执行环节的两个关键内容，即国库管理制度改革与政府采购制度改革。

### （一）完善国库管理制度

首先，结合部门预算、“收支两条线”管理以及非税收入改革，将所有政府收入集中收缴，将所有政府支出，尤其是各类专项支出也都实现集中支付，完全实现国库集中收付功能，杜绝预算外、制度外收支现象，为其他各项财政改革奠定技术基础。这项工作在中央和省级已取得突破性进展，下一步是向市、县、乡级财政扩展，包括将部分县（区、市）实行的会计集中核算逐步向国库集中核算过渡。普遍推进国库单一零余额账户等，完善零余额账户、实有资金账户、专门账户等银行账户的设置与监管。

其次，理顺资金运用环节相关机构责、权、利关系，形成相互制衡、分工合作的运行机制。在资金收缴方面的财政国库管理机构、税务和非税收入执收单位、代理银行、央行国库执行机构，在资金支付方面的财政国库管理机构、预算单位（资金使用单位）、代理银行、央行国库执行机构、供应商（或资金接受者），这些机构（个人）之间应明确其责、权、利关系，并且落实到具体工作人员，规定明晰严密的责任追究措施。

最后，扩大推行公务卡制度，加强国库现金管理。公务卡制度有利于防止虚报发票等腐败违纪行为，节约财政资金，提高效率。应将该制度推向各级所有预算单位。国库现金管理同样是提高政府理财效率，盘活存量资金的重要方向，但其前提是建立健全安全的资金管理制度与操作规范，比如可将部分闲置国库资金投入国债市场，但应加强管控，控制风险。

**（二）完善政府采购制度**

政府采购是预算执行的重要环节和方式。我国建设规范的政府采购制度的时间较短，在政府采购流程各个环节各个方面缺陷尚多，需进一步改革完善。

一是扩大政府采购规模，规范操作流程。国际经验表明，政府采购一般占 GDP 的 10% 左右。目前我国政府采购规模与国际水平还有很大差距。进一步扩大采购规模，将绝大部分购买性支出纳入政府采购，以提高政府理财效率，强化对预算执行的监管，并为发挥政府采购的政策功能奠定规模经济基础。为此，需要完善部门的政府采购预算，杜绝和打击逃避政府采购、无政府采购、超出采购金额或遗漏现象。规范政府采购信息发布，实行定期（如月度、季度）检查制度，使政府采购运作走向规范化轨道，打击地方保护主义和部门山头主义。在操作上，可尝试逐步引入竞争性谈判方式，在保证采购的竞争性、公开性、公平性的同时，增加灵活性与针对性。

二是完善机构设置。进一步实现管、采分离，消除目前政府采购管理机构与执行机构（采购中心）既“缺位”又相互“越位”的情况，明确采购单位、管理（主管）机构、采购中心、代理机构和供应商之间的责、权、利关系，使之形成分工明确、相互合作、监督制衡的格局。对采购中心宜全国统一定性、称谓、级别、职责、权限、编制。引入竞争机制，将选择权交给采购单位，让各个采购中心比服务、比效率。加强政府采购人才队伍建设，实行职业化管理，强化培训。

三是强化供应商管理。一方面，完善和规范政府采购各项制度与操作流程，使之科学化、公开化、人性化，尤其要完善供应商各项权利救济措施，如供应商的质疑制度，减少模糊地带和政府采购机构的自由裁量空间，增强规范刚性。另一方面，完善对有违法恶意行为供应商处罚制度，建立退出机制。建立供应商信息库，完整记载其诚信记录，对有恶意投诉、违法、违纪行为的供应商实行从警告、停权到淘汰逐步升级的警戒淘汰机制，清除不良供应商，维护公平竞争秩序，提高采购效率、效益。

四是强化评审专家管理。政府采购评审专家在个体素质、责任心、法律意识、能力等方面是参差不齐的。应加强管理，实行优胜劣汰，新陈代谢。其措施包括细化专家分类管理，加强业务、法律、职业道德的教育培训，并进行考核测评，将那些不负责任、贪赃枉法的评审专家及时清理出评审专家库，以保证专家评审的科学性、公正性和合法性。

五是正确把握好政府采购的购买功能与政策功能的平衡。一方面，政府采购最初目的是降低政府购买性支出的成本，促进政府理财的透明化。因此，政府采购的购买功能追求的直接目标是成本、品质和服务等。另一方面，随着政府采购规模的扩大，政府采购在客观上逐渐具备了一定的资源配置甚至促进经济发展的功能，比如我国政府采购导向科学发展、自主创新、扶持中小企业和欠发达地区发展，扶持国内企业和国货等。但政府采购的购买功能与其政策功能并不总是协调一致，有时甚至是冲突的。这就需要对二者进行平衡。无法平衡时，要按照两利相权取其重，两害相权取其轻的原则，综合权衡，作出取舍。但应注意的是购买功能应是政府采购行为与采购制度设计的基点。

六是积极应对采购国际化。为履行我国对世界贸易组织（WTO）的承诺，我国已于2007年底启动了加入政府采购协议（GPA）的谈判。我国应采取有效措施，积极应对采购国际化时刻的到来。一方面，要加快现行政府采购制度、机制的规范化、科学化、透明化改革，实现各项规章制度与国际全面接轨，为国内外企业提供公平、透明的制度环境与竞争平台；另一方面，要加强对GPA的研究，充分利用其机制和条款，有选择、有步骤地实行逐步开放和结构性开放，争取缓冲时间，最大限度地保护国内产业和企业，维护国家利益。

## 四、深化预算监督改革

政府理财与企业理财虽然都属于委托—代理关系，但政府理财中的激励机制很脆弱，作用很有限。因此，政府理财主要依靠建立、健全监督机制，以最大限度地缓解公众、政府以及政府内部职能部门间的信息不对称，从而将因代理人在公共政策过程中追求个人利益、部门利益和地方利益行为造成的损失与危害降低或限制在最低限度，确保预算资源使用的真实性和合规性。[①] 借鉴国际经验，特别是与我国同属大陆法系的西欧发达国家预算监督制度、机制设计的成功经验，[②] 我国需要构建一个覆盖各个方面，贯通事前、事中、事后的全方位、全过程的预算监督体系或网络。

### （一）强化人大及其常委会的立法监督

首先，强化人大对预算审批环节的监督作用。可通过改革目前的行政主导架构，实质性赋予人大的财税立法权，至少形成立法与行政权力大体平衡格局，从而能够对独大的行政权，特别是基本被行政部门垄断的财税立法权与自由裁量权进行有效的制衡和监督。与此同时，还应辅以组织建设、制度建设与能力建设，使人大机关（如预算委员会）有能力、时间、精力、资源、知识完成和履行预算审批职能，担负起最关键的预算监督之责。这在前文已有所论述，不再赘述。

---

① 寇铁军、彭健：《我国预算监督机制改革问题研究》，载《财政监督》2006年第6期。

② 徐瑞娥：《世界各国财政监督制度情况介绍》，载《经济研究参考》2002年第63期。

其次是强化人大对预算执行的监督。目前我国立法机关对预算执行监督还很薄弱，可考虑要求预算部或各预算单位每个月向人大报告一次预算执行情况，并制定相应惩处制度。这有利于立法机关动态掌握预算执行进度和效度，监督资金拨付是否及时到位、是否需要追加或调整预算。

最后，审计署划归人大领导后，依托审计署开展对各预算单位的事后监督，即年度审计，包括绩效审计，根据审计报告对政府各部门和公立机构等预算单位负责人进行问责，从根本上解决目前“审计年年审，问题年年有，就是无法解决和根治”的顽疾，使“审计风暴”能刮出效果来。

### （二）完善财政部门的行政监督

财政部门属于行政机构，其对预算单位的监督属于行政监督。财政部门的行政监督大体包括以下三个方面的内容：

一是预算监察专员（下面简称预算专员）制度。由负责编制预算和监督预算执行的预算部（预算与人事管理部）向各预算单位（党政机关、人大、政协、群团、事业单位、全资国有企业、国有控股50%以上企业以及接受财政资金的较大非营利组织等）派驻预算专员，代表预算部对各单位预算编制、执行、决算的合法性、合理性进行监督、审查把关。各单位预算、月度预算执行报告及决算报告须有其副署方为有效。审计署每年对各单位的审计报告须抄送预算专员。结合我国国情，预算监察员制度可考虑与纪检监察派驻制度、巡视制度结合起来，整合资源，减少派驻人员。其人员可进行纪检和财政方面的业务培训。事实上，纪检监察的重点与财政监督即预算专员的工作重点是有相当重合的。无论如何，预算专员应与被派驻单位脱离人事、工资、党组织等关系，以尽最大限度减少其工作掣肘和干扰，强化监督效果。

二是公共会计制度。即由负责预算执行的财政部向各预算单位派驻公共会计，具体负责日常支出审查、支付和记账。与预算专员一样，他们也应该在人事、行政、工资、党组织关系等与被派驻单位脱钩，其方法可将现行各预算单位会计划转财政部管理，属于财政部派出的公务员。因此，一名公共会计可以同时派驻在若干个业务量较小的预算单位工作。

三是在各预算单位内部设立项目执行人，并要求其承诺项目资金专款专用，不得私吞或挪用。各预算单位很多资金是以项目形式下拨的，项目执行人制度使得项目资金安全加强了保障，明确了责任人，保证政府职能目标的实现。

**（三）加强群众的社会监督**

首先，应大力推进财政透明度建设。阳光是最好的防腐剂。信息公开是保障公民知情权、监督权，实现公众对政府理财监督的前提。应结合政府信息公开制度的推行，推进预算公开和财政信息公开，并为此提供充足的便利，使一般民众都能方便获取政府理财的相关信息。其次，是扩大公众参与。鼓励和保护公众通过检举、投诉、控告以及听证等方式参与预算的决策、执行与监督环节，加快财政民主化步伐。最后，充分发挥各类媒体的监督作用。新闻媒体是“第四权力”，可以有效发挥预算监督作用，最直观地体现了政府理财公共化的深度、广度、力度与效度。值得指出的是，在充分利用传统平面、纸质媒体的监督作用的同时，应高度重视并充分运用新兴的网络媒体对政府理财的监督作用，这一点在我国当前及今后一段时间内都有着非常积极的意义，极有可能引领甚至代表了我国最实在、最有活力的社会监督形式。

此外，在整个政府资金筹集与运用过程中，包括税收与非税收入集中收缴，财政资金集中收付，电子化政府采购，经济形势预测分析等环节与工作中，应充分利用财政信息化这一技术平台，优化管理流程，强化监督制衡，促进信息公开，以减少成本，提高理财效率、效益，防止腐败，保障财政运行安全稳定。故应加快推进以“金财工程”为核心的财政信息化工程，结合“金税工程”、“金关工程”、“金安工程”等国家电子政务（信息化）重点工程建设，为政府理财公共化拓展提供有力的技术支持与保障。

## 第二节　政府间资金配置模式的公共化拓展：公共服务均等化

### 一、政府间资金配置模式公共化拓展的行政生态建设

#### （一）政府横向职能公共化

政府横向职能公共化即政府的经济职能与社会职能的公共化，也就是理顺政府与市场、政府与社会关系，要求政府从微观经济领域退出，从全能政府转型为有限政府，从专注生产建设转向为市场、社会提供公共服务，即从建设型政府转型为服务型政府。只有这些横向职能都理顺了，纵向政府间职能分工才可能理顺与重构。对此前文已详述，不再重复。

#### （二）政府治理的完善

一方面，地方自治是地方治理的核心，也是财政分权的前提。[①]成熟市场经济国家都按照财政联邦制原则即财政分权原则构建政府间资金配置模式。另一方面，须确保中央对地方拥有足够的管控能力。在现代国家，中央控制地方无非是政党、行政、法律、经济等手段，而归根结底是人事和财政这两种方式。此外，中央还可借助一些技术手段来实现或有助于实现其控制地方财政的目的，如财政分析、全国性的数据系统（即财政信息化，笔者注）、采用统一账目、制定审计规划、调整拨款程序、提供会计财务等技术支持等。[②]

---

① Georg Lutz，Wolf Linder：《民主与参与：改善地方政府管理的方法》，载政府间财政关系课题组编译：《政府间财政关系研究》，中国财政经济出版社2004年版，第23页。

② Roy Bahl：《财政分权的原则》，载政府间财政关系课题组编译《政府间财政关系比较研究》，中国财政经济出版社2004年版，第5页。

财政联邦制意味着权力与责任从中央向地方下放。权力必须关在笼子里。因此，要使财政联邦制条件下的政府间资金配置模式稳定而有活力，需要构建一种由下至上的人事控制机制和由上至下的财政控制机制相结合的控制机制。发达国家普遍建立起这样一套上下结合的控制机制，即地方议会控制地方政府（人事），因而控制地方财政；上级政府控制主要财政收入，通过转移支付手段控制下级政府。① 这种政治分权模型和地方自治模型对多数发展中和转轨国家来说，似乎超出了其现有的政府治理能力。它们更多地依赖传统的高度中央集权的行政控制模型，这虽然有点僵硬，却是最直接有效的。对于中国来说，要建立和完善地方自治显然需要一个长期、渐进的过程。与中国文化相近，并完成了从中央集权的行政控制模型向地方自治模型转换的日本，其受控分权的经验值得我国借鉴。受控分权顾名思义，即有中央集权和中央的严密控制，也鼓励地方分权和自治，如在集权控制方面，实行有限的地方选举，人事上受中央调度，行政上受中央监督和指导，中央还用财政补贴、地方交付税以及法律手段来控制影响地方。同时亦发展地方选举与公民投票，建立地方税系等。② 经过半个世纪的发展，日本基本建立起地方自治，府际关系模式也顺利地从行政控制模式转型为地方自治模式。

**（三）以法治方式推进**

国内学者对政府间资金配置模式公共化拓展的研究围绕中央与地方的集权、分权激烈争论。其实，问题的关键并不在于是集权抑或分权及其程度，而是各级政府间责、权、利划分是否清晰、合理，这在相当程度上可以简化为一个技术问题，完全可以通过制定

---

① 张永生：《政府间事权与财权如何划分：国际经验及其对中国的启示》，载卢中原主编《财政转移支付和政府间事权财权关系研究》，中国财政经济出版社2007年版，第157～169页。

② 秋好健刚：《地方政府和总务省在受控分权中的合作关系》，载政府间财政关系课题组编译《政府间财政关系比较研究》，中国财政经济出版社2004年版，第49～64页。

周密科学的“游戏规则”来解决，即政治问题法律化。比如法国，同样是高度中央集权，并且像中国一样是五级政府，但这基本上不妨碍其政府（整体政府）向公民提供优质的、均等化的公共服务，虽然可能会有些效率损失。通过以法治的方式推进政府间资金配置模式的改革，加上深入的研究，并集中尽可能广泛的民意，尽可能协调凝聚社会利益，尽可能地对各级政府间资金配置的责、权、利规定具体化，使之具有可操作性，这就使得改革更具社会基础与权威性。应特别指出的是，中央政府要带头遵守自己制定的规则。只有自己模范遵守，才能立威有信，赋予制度的生命力。慢慢地，中央与地方之间才能建立互信，高效合作。对于中央与地方，以及各级地方政府之间关于财政问题的争议，应由中立的机构如法院裁决，而不是由上级（即权力）说了算，要打破中央和上级政府的特权思想，树立各级政府在法律面前一律平等的理念。

## 二、改革政府层级与财政层级

政府层级与财政层级有如人体之骨骼，构成了政府间资金配置模式的制度框架，政府间职能与支出责任划分、政府间收入划分及转移支付制度设计等，都是建立在政府层级与财政层级架构之上的。政府层级是根据宪法和法律对不同政府组织在职能、权力和行政辖区等方面的等级划分。作为一级政府，这意味着依法建立了完整的政府组织（西方如立法、司法、行政机关，中国如党、人大、政府、政协、法院、检察院等六大班子），拥有完整的政府职能及其权能，有确定的行政辖区，在财政、人事上有一定自主权等。财政层级是政府层级的重要组成部分，是不同政府的财政权力的等级划分，其要素一般包括一级政府，法律上独立的财政收入、支出、预算及相应的组织机构、职权与制度，简言之，“财政自治能否成为一个独立财政层级的标志”。[①] 从逻辑上讲，政府层级是财政层级的必要条件，而财政层级只是政府层级的充分条件。这就是说，政府层级与财政层级可以适度分离，做为一级政府，可能有，亦可能没有配备独立的财政层级，如当前实行“乡财县管乡用”之后的乡镇财政层级事实上被取消了，再如我国20世纪50年代实行统收统支财政体制时期，虽有多级政府，但只有中央这一级财政。搞清楚政府层级与财政层级之间的联系、区别和互动关系，有利于科学设计政府间资金配置模式公共化改革的策略与方案。

**（一）政府层级与财政层级改革需要考虑的因素**

就长期的历史来看，政府（财政）层级与一国总人口、国土面积、经济发展水平、历史传统有着密切联系，呈现出正相关关系。有学者对中国古代、世界109个国家和地区政府（财政）层级进行的分析表明，总人口和经济发展水平是影响一国政府（财政）层级的重要因素。进一步结合对美、英、日、法诸国的典型分析，发现历史传统亦为影响政府（财政）层级设置的主要因素之一。[②] 而就较短近的观察，官僚集团维护自身利益的无意识的集体行为，政府管理能力与经验（包括政府对国家的管理和对自身的管理）、政府职能范围大小以及技术条件（如交通、通信等）都对政府层级设置构成或正相关或负相关关系。[③] 因为管控能力越强，其管理幅度越大，从而可能减少管理层次，反之亦然。上述因素是设计政府（财政）层级制度改革时应充分考虑的变量。

**（二）财政层级的标准**

财政层级制度在根本上是一个公共行政问题。政治体制、政府层级制度、行政区划制度等都对财政层级制度形成结构性的影响。

---

① 周仕雅著：《财政层级制度研究——中国财政层级制度改革的互动论》，经济科学出版社2007年版，第230页。

② 陈庆海著：《中国地方政府财政层级研究》，经济科学出版社2009年版，第43~82页。

③ 陈庆海著：《中国地方政府财政层级研究》，经济科学出版社2009年版，第108~179页。

财政层级缺乏自主性，总是依附于某一具体政府层级之上，这种依附要么是平行依附，表现为一级政府一级财政，此时可称为一级财政；要么是上悬依附，表现为某级政府的派出财政，此时，因为职能与治理机制上的非独立性，它就不能称为一级独立的财政层级，可称为半级财政。

政府职能及其复杂性程度、公共治理的状况、财政资源多寡决定了独立的财政层级能否成立，这套三驾马车构成了财政层级成立的动力机制。这种动力机制是指财政职能是否完整，是否足够复杂而需要设立一级政府和一级财政以支持政府履行其职能；是否有一套功能完整、运行有效的政府治理机制，即对财政的横向制衡机制，使得当地公共组织能够对本级财政进行有效的管束和指导，并摆脱对来自上级政府或者主管部门的也几乎是唯一的制衡的依赖；是否有足够的财源，无论这种财源是从本地收取的财政收入还是上级转移支付的收入，它必须有一定规模的稳定流量，才具备设立独立机构进行管理的经济合理性与技术必要性。这三大动力源也可称之为财政层级的动态标准。

从静态来看，成为一级独立的财政层级的标准又是什么？我们不妨大致列举。功能方面，应该包括基本完整的政府职能及其权限、一定经济合理性的收入与支出规模、能够编制独立完整的预决算。结构方面，包括拥有征税权、决定财政收入支出、批准财政预决算的权力机关、权力机关的执行机关、具体的财政机构（财政厅/局/所）、专门的监督机构（审计机关以及司法机关等）、公民对财政决策及其执行的参与机制。这些构成了财政层级成立的具体技术标准。有关这些技术标准的法律规定构成了关于财政层级的法律体系，成为现实中的财政层级制度。我们不妨将上述标准称之为技术标准。可以看出，财政层级的技术标准其实反映了地方治理结构的完善程度。

**（三）政府（财政）层级的理论与实证**

财政联邦制是现代财政学关于政府间资金配置模式的基本观点，它认为，基于公共产品的层次性特征，全国性公共产品由中央政府提供更有效率，而地方性公共产品则适宜由地方政府承担。财政联邦制必然实行分税制，通过它将财政收入在各级政府之间分配，从而为各级政府构建相对独立的财力与财权。从理论和历史趋势来讲，绝大多数国家都在或多或少的程度上实行财政联邦制，中国也不例外。联邦制国家一般是三级财政，即联邦、州（成员国/邦）和地方三个层级，其特点是政府层级与财政层级一一对应。单一制国家的财政层级相对复杂，从两级到五级不等，其特点是政府层级与财政层级不一定对应，而有可能少于政府层级数。

中国历代政府层级与财政层级及其关系。自秦汉至今，包括乡这一级在内，中国政府层级在4—6级之间，大致是中央—省（州/郡）—市（州/府）—县—乡这种结构。乡作为一级政府不是很稳定。财政层级与政府层级设置不一致。秦汉至清末一直只有中央一级财政。清末开始出现地方财政，但100多年来变换频繁，多数时期少于政府层级，少数时期与政府层级对应。比如民国时期，政府层级分别实行过三级、四级和五级制，但财政层级却实行的是两级或三级财政（如中央—省或中央—省—县三级）。新中国政府层级实行的是四级或五级，但财政层级却实行过一级、三级、四级和五级，如中央单一层级、中央—省—县、中央—省—市—县—乡等。① 进一步考察民国和新中国财政史，我们发现，也仅仅是从改革开放以来才实现政府层级与财政层级的一一对应，更准确的时间点是在1984年前后，全国普遍废除人民公社，建立乡镇政府，在中国历史上第一次提出并实行一级政府，一级财政的原则目标。换言之，1984年前，我国财政层级往往少于政府层级，再回溯到清末前，则只有中央这一级财政层级，这就是我国财政层级的简史。根据财政联邦制理论，并结合对中外财政史特别是中国财政史的考察，我们得出如下结论：

---

① 周仕雅著：《财政层级制度研究——中国财政层级制度改革的互动论》，经济科学出版社2007年版，第83－155页。

1. 财政层级的设置及其与政府层级的对应性取决于政府治理结构

作为行政体制的一部分，财政层级受制于政府治理结构。中国从秦汉到清代实行的是单一制国家结构形式下的中央集权专制制度，这种体制下的政府治理机制是只唯上的体制，也就是只有中央对下级政府的纵向和内部制衡机制，没有下级对上级的制衡，更是基本上没有来自外部力量对中央和地方各级政府的横向制衡机制。在这种单一的纵向制衡机制中，可用的技术手段很有限，基本上就只有伦理道德、财政和人事三种手段。中国俗语“山高皇帝远”充分说明了在农耕文明时代中国这种广土众民的庞大帝国监控其官僚系统的巨大困难。为了确保分布在庞大疆土的各级官员对以皇帝为代表的中央政府的忠诚，必须使得地方政府在人事和财政上尽可能地缺乏独立性，即所谓强干弱枝。财政联邦制的本质其实就是分权分责，实行多级财政层级，即一级政府，一级财政。从理论上讲，这是任何较大型组织管理的必然趋势和要求。但在中央集权专制体制和缺乏横向制衡机制作为政府治理的替代机制情况下，是极难实行财政联邦制的，相反，只可能实行中央单一财政层级制度，地方政府被剥夺了财政自主性和独立性：所有税收必须分毫不差地上缴国库，所有开支都要由中央政府拨款，即财政管理上由中央统收统支。地方政府的职责是负责税粮的征收核算转运，财政收支决策权、管理权和监督权集中于皇帝，甚至连小事的决策都要皇帝亲自参与。这种中央单一财政层级背景下的公共治理导致的后果就是地方财政能力弱，效率低，反应慢，难以对基础设施进行大规模投入，难以及时有力地应对重大自然灾害和社会突发事件。

中国近代以来的财政史是中国财政现代化的历史，也是从单一中央财政向多级财政转型的历史：思想观念上，民主共和观念深入人心，公民意识的觉醒使得公民能够自觉担当起监督、制衡政府的责任；组织上，逐步建立起现代民主宪政式政府治理机制，这一点非常关键，它从能力上摆脱了对专制王权体制中来自中央的纵向制衡机制的依赖；政府职能上，出于国家建设中资源整合与动员需要，也由于现代化过程中地方政府职能急剧扩张和升级，其职能复杂性几乎呈现指数级扩张；技术上，现代化的深入和经济社会发展进步，使得地方有充沛的财源财力，从而需要并能支持设立一级财政来提供管理与动员任务，这些都为地方财政的出现提供了动力源泉，逐步扩大和巩固了它的独立性基础，地方财政也逐渐成为可能，并最终化为现实。作出这个判断的依据是，近代以来地方纷纷建立现代意义的地方政府并承担了完整的政府职能，民主法制建设的进展使得中央与地方财政支出责任与财力匹配有了大致的划分，地方政府拥有权力机关、执行机关、监督机关，有了一定的财力财源，设置了专门的财政机关。

2. 自有地方财政层级以来，市和乡作为一级财政层级是不稳定的

作为处于省与县之间的一个政府层级，市（州/府）应该说从魏晋南北朝时期就开始出现了，并存续至今，表现出很大的稳定性。它其实也是与中国疆域逐步扩大，变得广土众民紧密联系的。但是市作为独立的财政层级，却是20多年前才有的事，是随着一级政府，一级财政原则建立起来的，其历史非常短暂。从表6.2和表6.3可以看出，市作为独立一级政府层级是公务员认可度最低的，说明在官员政治心理中，市作为政府层级的地位也是脆弱的，这为未来的政府层级改革奠定了有利的心理基础。财政层级是依附于政府层级的。皮之不存，毛将焉附？如果作为政府层级地位的市是脆弱的，那么地市级财政层级亦将是不稳固的。

乡镇这一级的设置比市更不稳定。首先，从政府层级设置来说，我国历史上的乡的设置就时有时无，地位并不稳固，尤其是自北宋王安石变法至清末，乡作为政府层级被取消了800年，“皇权不下县”之说，即由此而来。其次，从财政层级设置来说，乡作为独立财政层级也跟市一样，是20多年前才有的事情，历史非常短暂。最后，近年来乡镇财政有被虚置化的趋势，这种趋势似乎是不可逆转的。乡镇财政被虚化的表现：其一是职能萎缩。乡镇原有的七站八所等机构逐步被撤销、合并或垂直管理，其职能大多上划或

撤销，乡镇政府职能急剧萎缩。其二是财源断流。分税制、税费改革和废除农业税后，乡镇财源枯竭，贫弱的财政资源无法支持其职能。其三，机构虚置。随着“乡财县管”和乡镇财政所人员实行垂管，以及转移支付成为乡镇政府运转的主要乃至唯一来源，乡镇财政形成对上级财政的事实性依附。在此情形下，很多乡镇政府将预决算也省略掉了，象征其独立性的最后标志也随之消亡了，乡镇财政最终名存实亡，成为县财政的派出机构。乡镇财政被虚置化产生了结构性影响，不仅使得乡镇财政本身的存在成为可疑之事，它对乡镇政府层级的影响也是致命性的，而且在很大程度上使得乡镇政府层级的设置也同步虚置化了。因此，目前的乡镇政府其实与过去的乡公所已无多大区别。

**（三）财政层级与政府层级的关系**

政府层级与财政层级是两个含义不同却又密切相关的概念。简单地说，财政层级制度是政府层级制度的重要组成部分，如省管县、市管县和乡财县管，就生动体现了二者之间你中有我，我中有你的密切关系，但它们毕竟是两回事。财政层级与政府层级是可以分离的，① 这已经被历史和我们的问卷调查结果所佐证。我们现以问卷调查结果为基础来研究二者之间关系。从逻辑上讲，政府层级与财政层级不是同一概念，因而不能进行同类比较，但二者层级数的设置假设是一致的，加上财政层级对政府层级的内在同构性与依附性，财政层级数的设置都是以对应的政府层级为背景，故我们可以将人们对政府层级与财政层级改革上的认同与意向差异作一比较，研究政府层级与财政层级之间的关系。

通过对问卷调查统计数据的分析发现，公务员最认可的是四级政府模式二（中央—省—县—乡），而四级财政模式二（中央—省—县—乡）恰恰是财经官员认可度最低的方案。公务员最不认可的是五级政府模式（中央—省—市—县—乡），但五级财政模式（中

---

① 周仕雅著：《财政层级制度研究——中国财政层级制度改革的互动论》，经济科学出版社 2007 年版，第 48 ~ 49 页。

央—省—市—县—乡）却得到了财经官员第二高的支持。同时，财经官员最认可的是四级财政模式一（中央—省—市—县），但四级政府模式一（中央—省—市—县）仅仅得到公务员倒数第二的支持率。财经官员最不喜欢的四级财政模式二（中央—省—县—乡），恰恰是公务员最欣赏的。一句话，在政府层级上，人们更认可中央、省、县、乡四级，而财政层级上则更认可中央、省、市、县四级体制。同样是四级体制，内容却大不同，要害在于政府层级有“乡”无“市”，财政层级有“市”无“乡”。见表6.2、表6.3。

**表6.2 政府官员对我国政府层级设计的倾向①**

| 选　项 | 选择计数 | 百分比（%） |
|---|---|---|
| [1] 五级（中央—省—市—县—乡） | 130 | 10.4% |
| [2] 四级（中央—省—市—县） | 170 | 13.5% |
| [3] 三级（中央—省—县） | 451 | 35.9% |
| [4] 四级（中央—省—县—乡） | 504 | 40.2% |
| [5] 说不清 | 0 | 0 |
| 总计 | 1255 | 100% |

**表6.3 财经官员对我国财政层级设计的倾向②**

| 选　项 | 选择计数 | 百分比（%） |
|---|---|---|
| [1] 五级（中央—省—市—县—乡） | 24 | 31.2% |
| [2] 四级（中央—省—市—县） | 29 | 37.7% |
| [3] 三级（中央—省—县） | 19 | 24.7% |
| [4] 四级（中央—省—县—乡） | 2 | 2.6% |
| [5] 说不清 | 3 | 3.9% |
| 总计 | 77 | 100% |

① 石亚军主编：《中国行政管理体制现状问卷调查数据统计》，中国政法大学出版社2008年版，第19页。

② 石亚军主编：《中国行政管理体制专项问卷调查数据统计》，中国政法大学出版社2008年版，第40页。

这说明，非财经背景的公务员认为市这一级在政府层级设置是不重要的，但乡的设置显然还有其合理性，这体现的是公共管理视角。而在财经专业人士眼里，乡这一级设置财政并不重要，“乡财县管”的事实就是明证，这体现的是财政管理的视角。这充分证明了，政府层级与财政层级是可分离的。这个发现对政府层级、行政区划改革和财政体制尤其是财政层级制度改革具有较大的理论价值与现实意义。

**（四）政府（财政）层级改革的目标模式**

从长远来说，中央、省、县三级财政层级应该是我国财政层级改革的目标模式。在这种模式中，取消目前的地市级财政层级，市作为省的派出财政或者与县同级的财政层级。乡也作为县派出财政，类似现在的乡财县管。三级财政层级模式可简化财政关系，提高财政体制运行效率。由于将部分财政支出责任及相应财力转移到省和县，促进了各县财力与支出责任之间的平衡，避免在地州市管治下的各县之间发展失衡，以缩小各县之间的财政差距，有助于公共服务的均等化。

就具体的实施步骤来说，充分考虑我国国情，并参考国际经验，我国政府（财政）层级改革应该分为两个阶段。在近中期，应以四级政府模式二（中央—省—县—乡）为主；以保持稳定，因为渐进式改革和探索有一个试错、反复和定型的阶段。长期目标是：经过30年到50年左右的改革、调整、磨合，最终形成以中央—省—县三级政府（财政）为主，四级（中央—省—县—乡，中央—省—市（州）—县（区））、五级（中央—省—州—县—乡）政府（财政）为辅的层级格局。这将是一个比较简洁、高效，统一性与灵活性相结合的框架体系。

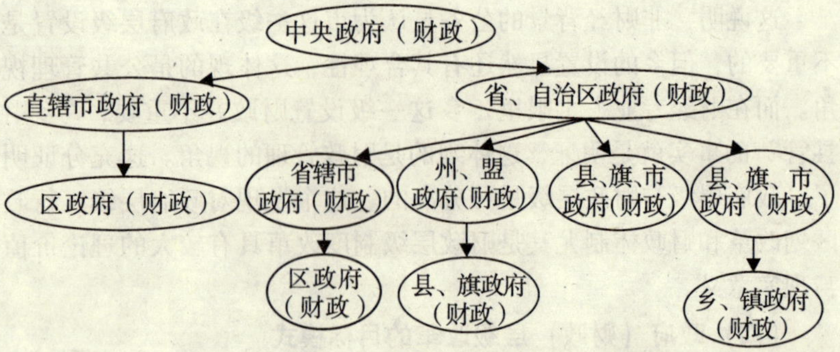


**图6.1　我国政府（财政）层级目标模式示意图**

根据调查问卷对各级政府官员和财经官员对政府层级和财政层级改革的意向分析，我们认为，财政层级改革或许能成为财政体制改革、政府层级与行政区划改革的一个效果较大而阻力较小的突破口。比如通过对地市级财政与乡级财政的虚置化，实现同级政府虚置化的效果，配合以行政区划调整，辅以对改革方案的充分宣传和解释，对分流或裁撤人员合法利益的充分考虑，政府层级改革应该能够成功。就改革的路径来说，首先是扩大和巩固省管县与乡财县管改革成果，并选择成熟时机，逐步进行行政区划调整（缩省、撤并县区和乡镇），最后是政府层级改革，实现政府层级与财政层级的大体对应。整个改革过程不宜大规模的运动式推进，而是成熟一个改一个，即个案式推进。

**（五）政府（财政）层级改革的策略**

1．省级改革策略

鉴于我国政府层级较多、省级行政区域很大、省级政府管理幅度较大的现实，有较多学者建议以美国等为参照系，将省级行政区划小，总共设50个左右省级政府。笔者认为，逐步增设一些省级行政区是合理的，但不可大规模地、短期内地集中调整，因为我国很多省份形成都有上千年的历史，形成了较具个性的地方文化传统，并且涉及政治、经济等诸方面因素，应慎之又慎，切不可盲动。可成熟一个设立一个，比如深圳、青岛、大连、宁波等可择机升格为省级直辖市，恢复西康省等。另外，不宜再行设立省级（亦包括地、县级）民族自治区，这不符合民族融合的历史大趋势。

2. 市级改革策略

这里所说的“市”是指设区的市或“地”改“市”后的市，与其同级的还有民族自治州和盟。对这些市级政府的改革策略是：保留现行行政级别，如正厅、副厅等，待时机成熟再行改革。在财政层级上，通过“省直管县”，将其降格为与县同级的财政层级，对于没有成规模财源的，其行政职能逐渐上收至省级政府或下放至县级政府，使其职能基本退回到行政公署这一派出机构状态。通过这种渐进的虚化策略，加上省级政府管理能力提升和县级政府自治能力完善，让这一级政府慢慢自行退出历史舞台。对于部分设区并有较雄厚财力的市，可保留其厅级、副厅级甚至副省级行政级别与财政层级，亦可保留其区级财政，其具体职能、支出责任与收入划分可另行规定之。

3. 县级改革策略

县是我国几千年行政区划沿革里最稳定的行政层级，应基本保持数量与行政区划的稳定，但对部分辖区过小、因某种原因拆分重组以及因城市化与经济布局需要设置的县进行微调、合并等。

4. 乡级改革策略

通过“乡财县管乡用”改革，可对乡级政府（财政）层级作如下几种安排：在近期，大部分乡镇财政取消，只保留政府层级，其发展方向是演变为县级政府的派出机构（乡公所）或实行乡镇自治，但实行自治后，仍会有或多或少的正式的政府机构常驻各个乡镇，这些机构（“七站八所”之类）仍然需要一个乡公所之类的协调机构，因此，所谓派出与自治机构实质上在职能、权限方面将趋同。对于少数财力雄厚、经济发达、人口众多的乡镇，可仍保留目前的治理模式，即一级政府，一级财政，其长远的发展，可继续保留现行模式，抑或向乡镇自治发展。对乡级改革可因时因地制宜，留出一定制度创新与实验的空间。

## 三、改革政府间的职能与支出责任配置

从理想的改革战略来说，政府间职能与支出责任配置的改革应先于政府收入的改革，并构成分税制改革的基础。但在实践上，多数国家是反其道而行之，我国亦不例外。因此，对于我国来说，推进政府间职能与支出责任配置的改革具有“补课”的性质，它也是政府间资金配置模式公共化，乃至整个政府理财模式公共化拓展的基础性工作。划分政府间职能与支出责任的理论依据是财政联邦制理论。根据公共产品的外部性即受益范围，信息对称性即效率考虑，中央政府适宜提供全国性公共产品，地方政府适宜提供地方性公共产品。因此，凡是直接与居民日常生活密切相关的事务，应尽量由居民身边的政府来承担，它无法承担的，才逐级上交给上级政府。

### （一）中央政府的职能与支出责任

中央政府职能方面包括中央政府的专属事务，即政治性或主权性职能，如国防、外交、货币、司法等；制定全国政治、经济、社会管理的基本法律、政策及标准等，进行宏观调控与全局性的指挥、管理与监督；组织建设全国性公共服务体系，如公共交通体系、社会保障体系等；承担事关国家生存、发展的重大或全局性事务，如重大基础科研、应对重大灾害等。总的来说，中央政府应主要致力于构建一个覆盖全国的公共服务体系及使其均等化，在当前，就是强化分配职能，重点解决区域、城乡公共服务均等化问题。根据上述职能定位，中央政府的主要支出责任包括军队、武警经费（消防除外，黄金、水电、交通等武警部队的经费亦可考虑下放地方或企业化），外交、外事、外援经费，中央行政管理经费，国家重大基础科研经费等。

### （二）省级政府职能与支出责任

省级政府在中央与基层之间起着承上启下的桥梁作用，故其职

能定位应是制定全国性法律政策在本地的实施办法，进行经济上的中观调控，建构全省性公共服务体系，如省内公共卫生体系；承担全省性重大事务的指挥、组织，如全省性洪灾处置等。在职能配置上，省级政府承担了部门专属职能（如特殊教育、高等教育等），但相形之下，其与中央与县共同承担的职能更成为其职能配置特点。

**（三）县级政府职能与支出责任**

在未来我国三级为主的政府层级架构中，县级政府是基层政府，是直接为国民提供公共服务的，是国民“身边”的政府。因此，举凡涉及民生的主要职能特别是社会职能应配置在县级政府，如治安、消防、公园、街道、垃圾处理、市政设施、户籍登记、各种公共设施（图书馆、文化馆、美术馆等），以及执行中央、省级政府委托事务（如兵役动员），中央、省级、县级政府共同负担事务如义务教育等。相应地，其支出经费就应包括执行以上职能所需的开支。须特别指出的是，县级政府不应承担经济发展职能，应以社会职能为主，经济发展职能只宜赋予中央、省级及部分较大的市（设区的、中心城市性）政府。

**（四）中央、省、县共同承担的职能与支出责任**

由于我国是中央集权的单一制国家，各级政府共同承担政治、经济、社会事务是必然的。在各类事务中，明确、合理地划分各级政府间具体职责、权限及经费保障十分必要。一般来说，中央政府主要负责制定基本法律、政策，省级政府负责制定相应的实施办法，进行规划、协调、指导、监督以及信息的汇总，上传下达等，基层的县政府主要负责各类法律、政策的具体执行。下面以义务教育为例，说明中央、省、县三级政府的主要职能与支出责任划分的构想。

**表 6.4　各级政府义务教育职能与支出责任划分构想**

| 内容 | | 中央政府 | 省级政府 | 县级政府 |
|---|---|---|---|---|
| 职能 | | 保障国民受教育的权利；<br>保障教育机会均等；<br>提供无偿的义务教育；<br>教育水平的维持与提高 | 实施县难以处理，有必要跨县解决的教育事务 | 实施义务教育 |
| 学校 | 设立 | 制定义务教育的设立标准 | 设立特殊教育（聋、哑、盲、残疾人、老人）学校 | 设立中小学、学前教育学校 |
| 学校 | 设立 | 负担义务教育校舍建设、维护及相关经费 1/2 | 负担义务教育校舍建设、维护及相关经费 1/2 | |
| 学校 | 编班 | 制定班级编制及教职员人数标准 | 制定教职员人数条例；<br>制定各县班级编制标准 | |
| 学校 | 教学大纲 | 编写、审定教学大纲 | 编写、审定乡土教材之教学大纲 | 执行中央教学大纲和省乡土教材教学大纲，进行教学 |
| 学校 | 教材 | 审定、无偿提供教科书 | 无偿提供乡土教材；<br>汇总并上报各县所选定的教材数据 | 选定教科书，并上报省级政府 |
| 教师 | 资格 | 制定教师、职员资格标准 | 根据资格获得省的申请授予证书并登记 | |
| 教师 | 任免考核 | | 制定任免、考核义务教育、特殊教育教职员的条例办法；<br>任免、考核特殊教育教职员 | 任免、考核中小学校、学前教育教职员 |
| 教师 | 工资 | 负担中小学教职员工资 1/2；<br>制定义务教育教职员工资水平优势标准，防止人才流失 | 负担中小学教职员工资 1/2；<br>负担全部特殊教育教职员工资 | |

续 表

| 内容 | | 中央政府 | 省级政府 | 县级政府 |
|---|---|---|---|---|
| 管理 | 规划 | 制定全国义务教育发展、方针、规划 | 制定省级义务教育发展规划 | 执行上级规划；制定并执行县级义务教育发展规划 |
| | 布局 | | 制定义务教育布局的标准与实施规划；负担义务教育布局调整的全部相关经费 | 制定本县义务教育布局调整实施方案，并组织实施 |
| | 运营 | | 制定中小学特殊教育学校日常管理制度；领导和管理特殊教育学校的日常运行 | 领导和管理本县中小学教学工作；维护学校治安、安全和正常教学秩序 |
| | 督导 | | 对全省义务教育的督导；组织开展对口支援助学；负责控制本省义务教育阶段学生辍学工作 | |

## 四、完善政府间的财力匹配

### （一）坚持分税制改革方向

1994年启动的分税制改革取得了巨大成就，但由于很多相关改革如政府间职能与支出责任划分改革，财政转移支付制度改革，特别是省以下政府间资金配置模式改革的滞后，使得分税制改革的预期效果不尽如人意，还存在运转不良的情况，基层财政困难就是较突出的一个问题。由于这些改革和前进中出现的问题，部分人士对分税制改革的大方向发生了怀疑，如认为对省以下政府间资金配置模式不宜一刀切采取分税制，可实行分级财政体制。[①] 笔者认为应坚持分税制改革方向不动摇，理由如下：一是分税制作为市场经济下政府间资金配置模式一般模式，代表共同规律和趋势。我国已建立了公共理财模式的分税制，不应另起炉灶，增加制度协调成本以及将来的转换成本；二是由于县级政府不宜承担经济发展职能，不能有太多营利导向，应以公共服务为主，因此，所谓基层政府征税激励问题——养懒汉之说就成无稽之谈；三是财政困难县，或多数县本来就经济落后，税源有限，所谓“激励”或“税收挖潜”只是鼓励或强迫县级政府去从当地百姓身上提取更多财政资源，这不仅不符合公共化要求，而且是逆公共化的，因为这些人群（县级政府服务对象多是农民，贫困县更是以未脱贫的农民为主），他们本就是财政帮扶的对象，不应在他们身上打主意。因此，应坚定不移地推行规范的分税制和财政转移支付制度。

### （二）各级政府间收入划分

各级政府间收入划分应遵循公平与效率平衡原则。所谓公平是指各级收入或财力匹配是以职能与支出责任为依据，目标是实现纵向与横向的财力平衡，达成政府间收入分配的机制应是公开、公正、公平的。所谓效率是制度设计追求制度运行成本最低，对社会的经济、社会效益的产出最高。因此，在收入划分中应克服中央特权思想和地方山头主义，消除各级政府的机会主义惯性。

#### 1. 中央政府收入

中央收入应该包括两大块：履行中央自身职能所需的收入和用于平衡地方财政的收入，即中央集中的用于财政转移支付的收入。按照这个设计，中央集中相当部分财权、财力是完全必要的。按照目前的比重，上升 10～20 个百分点是合理的。因为我国作为人口、国土的超大国家，又处于现代化、市场化、全球化的转型时期，国

---

① 刘京焕，陈志勇：《建立分级财政管理体制模式的构建》，载《第十六次全国财政理论讨论会文选》，中国财政经济出版社 2006 年版，第 296 页，转引自蔡红英著《中国地方政府间财政关系研究》，中国财政经济出版社 2007 年版，第 383～384 页。

家建设和风险防范的压力巨大，城乡、地区差距大，发展不平衡，地方自治与民主政治建设又远未完成，所有这些都需要一个强有力的中央政府以保持国家稳定，推进改革和现代化。根据税收经济学原理，税基流动性大，税收经济规模效应明显，对保持全国平衡性作用大的税种，如关税、消费税、社会保障税（费改税后）、证券交易税、环保税（费改税改革后）等宜设为中央税。

2. 省级政府收入

省级政府居于中观位置。我国省级行政区域、人口以及经济规模都较大，堪比世界上很多中等国家，故省级政府也应适当集中部分财政收入，在省内平衡各地财政收入、支出差异。可将营业税继续作为省级专有收入。为开辟财源，省和县应编制国有资本经营预算，将国有资本收益纳入预算。还可适当赋予省级政府一定的税权和发债权。关于税权问题，可考虑由中央控制立法权，省级可就部分税种及其税目、税率减免及是否开征拥有一定幅度的自由裁量权，当然，这是在受中央严格监控下的有限权力，即受控分权。发债权同样应慎之又慎，应按照“开前门，堵旁门”的思路，赋予省级政府一定发债权，要求省级公债只能用于建设性支出，即基础设施投资，不得用于弥补赤字、发工资、奖金、盖楼堂馆所；参照地方财政收入占 GDP 比重、债务占财政收入比重等指标设置发债“门槛”与风险控制指标；举债须经人大及国务院批准，加强监管；在中央设立偿债准备金，由各发债地方政府缴纳，中央投入部分财政资金于其中。

3. 县级政府收入

在近期，将土地出让金纳入县级政府预算，加强监督，并将其主要收入划归中央与省级政府分享，以减少其通过卖地获取财政收入的冲动，从根本上抑制房价上升。在中期，将土地出让金改为物业税开征后，全部归县级政府收入。财产税（经调整归并）、车船税（车船使用税与车船牌照使用税等合并）、契税、土地增值税都列为县级专有收入，为县级政府履行职能提供财力支持。

4. 共享收入

资源税改革（扩大征收范围，实行从价计征，提高税率等）后列为中央与省共享税。增值税目前维持为中央与省共享税，取消其与市、县的分享，改为消费型增值税后划为中央专有税收。就目前的技术条件而言，个人所得税和企业所得税宜作为中央与省共享税，将来技术条件具备后，企业所得税和个人所得税划为中央税。这些税种应以中央占大头为主，县级不参与分享，其支出由中央及省级转移支付承担，目的在于中央宏观调控作用有效发挥，也便于征收管理。中央、省、县共享税：燃油税开征后列为三级共享税，其中，中央分成60%，省级分成30%，县级分成10%左右，以利于宏观调控。

**（三）改革财政转移支付制度**

1. 树立正确的目标

由于各地经济社会发展水平不同，由人口、国土、自然等决定的公共支出需求不同、资源禀赋各异，分税分收入之后，各级、各地政府财力与其职能与支出（以标准支出计算）之间肯定有差异，这就是财政失衡。作为政府间资金配置模式的核心制度，完善的财政转移支付制度应有利于实现以下诸目标："弥补地方财政缺口，实现上下级政府间的财力分配纵向均衡和地区间财力分配的横向均衡；矫正辖区间的公共服务利益的外溢；促进资源合理流动和国内统一市场有效率的运转。"① 此外，还要兼顾国家政治目标如国家的团结、统一和稳定，促进全国的协调、均衡发展。

2. 健全管理机构

财政转移支付制度及其运行应按照决策、执行、监督相互分离和制衡的思想进行设计。首先，设立政府间财政委员会或拨款委员会，负责政府间财政转移支付的决策和分配。该机构可设在全国人大或国务院。就短期和我国实际来说，设在国务院可能较易操作。

---

① 蔡红英著：《中国地方政府财政关系研究》，中国财政经济出版社2007年版，第391～392页。

该委员会由国务院总理或常务副总理任主任，财政部长和预算部部长为副主任和召集人，委员由财政部、预算与人事部、发改委、人民银行，各省、自治区、直辖市、计划单列市行政首长组成。其决策实行多数票决制。其职责是确定转移支付的方针、重点、原则、计算方法、评估与监督机制，每年或每隔数年审定转移支付政策与分配方案，其决策具有法律效力。其次，确定财政部为财政转移支付的执行机构。逐步取消各部委提供直接公共服务的支出责任，将各部委掌管的绝大部分专项转移支付项目及其资金归并、划转至财政部统一管理，以强化其政策规划与指导，进一步理顺财政部预算执行的职能定位。最后，在行政层面上，由预算部负责财政转移支付的监督。此外，归人大领导的审计署以及纪检监察、新闻媒体以及司法机关、社会公众也以各种方式对转移支付起着立体的监督作用。各级政府也应按上述思路构建一个健全高效的财政转移支付的管理机构及其运行模式。

3. 健全运行机制

在结构上，我国财政转移支付应尽快、逐步取消税收返还和原体制补助，减少现行转移支付中的不公平、不合理成分。清理归并、压缩专项转移支付，并将保留下来的少数项目归并财政部统管。此外，各级政府还应大力压缩生产建设性支出，开源节流，壮大财政实力。通过上述几道“加减法”，可大幅提高一般性转移支付的规模和比例，从而有财力用于弥补纵向、横向财政失衡。就运行模式上，我国宜以纵向转移支付为主骨架，积极发挥目前以对口支援为形式的非强制性横向转移支付模式的作用。在计算方法上，应综合运用因素计分法、因素回归法和系数调整法，反复研究、比较和总结，设计出一套比较符合我国国情的转移支付操作方案。

# 结 论

## 一、政府理财模式公共化拓展的理论基础与时空坐标

通过前文各章节的系统梳理与研究，本书认为政府理财公共化命题具有丰富的理论支撑，如社会主义民主理论、公共财政理论、新公共行政理论、治理理论、府际关系理论等。与此同时，国外特别是一些发达国家政府理财模式公共化的经验与规律可作为我国政府理财模式公共化拓展的有益借鉴。

我国经济体制改革其实是以政府理财模式改革为突破口和主要内容的，这一点，无论过去、现在和将来都没有也不会改变。因为政府本身就是经济、社会生活主要的资源配置机制，政府理财模式的公共化改革在事实上构成了政治、行政、经济改革的轴心。过去30年的经济体制改革或者说政府理财模式的公共化改革为中国摆脱“文革”后期经济崩溃危险以至成为今天世界第三大经济体，为提高人民生活水平，壮大国家综合国力作出了突出贡献。

在肯定成绩的同时，我们还应清醒地认识到，我国政府理财模式公共化的历史任务还远未完成，改革正在攻坚。在政府治理模式方面，政府理财理念、政府职能和政府治理结构还存在较多问题：如意识形态上“左”与右的干扰；政府职能的“缺位”、“越位”和“错位”；政府治理结构的利益表达、利益综合及利益实现机能偏弱，还存在较多的不公平、不公开、不规范现象，无法充分、客观、准确地反映公民偏好；政府资金筹集、运用环节亦存在较多不足，如政府收入与支出对社会公平的调控力度不足，在抑制趋于加

大的贫富、城乡、地区三大差距中作为不够；在政府间资金配置方面，亦存在各级政府间职能与支出责任划分不清，财力与职责不匹配，转移支付的财政平衡作用偏弱，导致基层财政困难，公共服务能力不足，最终导致公共产品的短缺，表现为住房难、看病难、上学难等社会问题。之所以还存在这些问题，既有理论认知的偏差，也有路径依赖的原因。

## 二、政府理财模式公共化拓展的目标模式及进路

针对我国政府理财模式公共化中存在的问题及其原因，以社会主义民主理论、公共财政理论和治理理论等为指导，结合我国国情，充分借鉴国际经验，本书提出，我国政府理财模式公共化拓展的总体目标是建设公共型理财模式，它体现为民主财政、绩效财政、非营利财政、公平财政、公益财政和法治财政。要实现这一目标，我们需要长期系统的努力，在政府治理模式方面，应树立服务型政府理念，民主、法治、公开的理念和公平优先、兼顾效率的理念。通过党、人大、政协及公民社会的改革与发展，健全政治体系的利益表达、利益综合与利益实现的功能，推进财政公共政策的民主性、透明性与公平性。改革财经机构及其与职能部门的责、权、利关系，构建决策、执行、监督相互制衡，分工合作的运作机制，提高政府理财的公平性与效率性；在政府资金筹集模式方面，应通过税收与非税收入两方面的改革，强化税收制度对社会公平的调控作用，增强政府收入的规范性；政府资金运用模式的改革是下一步政府理财公共化拓展改革的重点，应深化预算决策、执行和监督各个环节的公共化改革，如部门预算、预算审批、国库管理、政府采购的改革，构建包含立法监督、行政监督和社会监督在内的预算监督体系。在政府间资金配置模式方面，以构建科学合理的政府层级与财政层级模式为基础，对各级政府间职能与支出责任进行公平、科学、合理的划分，并据此配置相应的财力，即划分各级政府收入，对那些收入不足以支持其职能支出需求的，中央或上级政府通

过财政转移支付予以弥补。

总之，我国政府理财模式公共化拓展纷繁复杂，任重道远，但前途远大，大有可为。

需要说明的是，由于“政府理财模式公共化”内容恢弘，博大精深，其中任何一个问题都是洋洋几十万言的专著也难以言尽的，本书因篇幅和学力所限，对大多数问题都只能蜻蜓点水式地触及，因而难以深度展开。如财政法治化、财政信息化为政府理财模式公共化拓展提供不可或缺的、作用越来越明显的助力，因而也是政府理财模式公共化拓展研究的重要内容，限于篇幅未展开论述。这些缺憾只能留待日后的研究去完成了。

# 参考文献

## 一、著作类

[1]《马克思恩格斯全集》，人民出版社 1972 年版。

[2]《马克思恩格斯全集》，人民出版社 1995 年版。

[3]《马克思恩格斯选集》，人民出版社 1957 年版。

[4]《马克思恩格斯选集》，人民出版社 1974 年版。

[5]《马克思恩格斯选集》，人民出版社 1982 年版。

[6]《列宁选集》，人民出版社 1995 年版。

[7]《毛泽东著作选读》，人民出版社 1986 年版。

[8] 中华人民共和国财政部编:《中国财政基本情况（2008)》，经济科学出版社 2009 年版。

[9] 中华人民共和国财政部编:《党和国家领导人论财政》，经济科学出版社 2002 年版。

[10] 中华人民共和国财政部编:《2008 年政府收支分类科目》，中国财政经济出版社 2007 年版。

[11] 中央文献研究室编:《建国以来重要文献选编（第一至十七册)》，中央文献出版社 1992/1997 年版。

[12] 中央文献研究室编:《三中全会以来重要文献选编》，人民出版社 1982 年版。

[13] 中央文献研究室编:《十四大以来重要文献选编》，人民出版社 1996 年版。

[14] 中央文献研究室编:《十六大以来重要文献选编》，中央文献出版社 2005 年版。

[15] 中央党史研究室编:《中国共产党历史大事记》，中共党

史出版社 2006 年版。

[16] 安秀梅著：《公共治理与中国政府预算管理改革》，中国财政经济出版社 2005 年版。

[17] 安秀梅主编：《中央与地方政府间责任划分与支出分配研究》，中国财政经济出版社 2007 年版。

[18] 薄贵利著：《集权分权与国家兴衰》，经济科学出版社 2001 年版。

[19] 财政部财政制度国际比较课题组著：《俄罗斯联邦财政制度》，中国财经出版社 1998 年版。

[20] 财政部财政制度国际比较课题组著：《美国财政制度》，中国财政经济出版社 1998 年版。

[21] 财政部财政制度国际比较课题组著：《日本财政制度》，中国财政经济出版社 1998 年版。

[22] 财政部财政制度国际比较课题组著：《印度财政制度》，中国财政经济出版社 1998 年版。

[23] 财政部财政制度国际比较课题组著：《英国财政制度》，中国财政经济出版社 1998 年版。

[24] 财政部财政制度国际比较课题组著：《埃及财政制度》，中国财经出版社 1999 年版。

[25] 财政部财政制度国际比较课题组著：《德国财政制度》，中国财经出版社 1999 年版。

[26] 财政部财政制度国际比较课题组著：《新加坡财政制度》，中国财经出版社 1999 年版。

[27] 财政部财政制度国际比较课题组著：《马来西亚财政制度》，中国财经出版社 2000 年版。

[28] 财政部会计准则委员会编：《政府绩效评价与政府会计》，大连出版社 2005 年版。

[29] 陈瑞华著：《刑事审判原理论》，北京大学出版社 1997 年版。

[30] 陈共编著：《财政学》（第四版），中国人民大学出版社

2004 年版。

[31] 陈昌盛，蔡跃洲编著：《中国政府公共服务：体制变迁与地区综合评估》，中国社会科学出版社 2007 年版。

[32] 陈庆海著：《中国地方政府财政层级研究》，经济科学出版社 2009 年版。

[33] 程瑜著：《政府预算契约论——一种委托—代理理论的研究视角》，经济科学出版社 2008 年版。

[34] 崔联会著：《中国财政制度》，经济科学出版社 2004 年版。

[35] 蔡红英著：《中国地方政府间财政关系研究》，中国财政经济出版社 2007 年版。

[36] 丁元竹著：《中国社会建设战略思路与基本对策》，北京大学出版社 2008 年版。

[37] 方福前著：《公共选择理论——政治的经济学》，中国人民大学出版社 2000 年版。

[38] 冯俏彬著：《私人产权与公共财政》，中国财政经济出版社 2005 年版。

[39] 傅光明著：《中国财政法制史》，经济科学出版社 2002 年版。

[40] 高培勇主编：《为中国公共财政建设勾画"路线图"》，中国财政经济出版社 2007 年版。

[41] 高培勇等著：《财政体制改革攻坚》，中国水利水电出版社 2005 年版。

[42] 高培勇主编：《实行全口径预算管理》，中国财政经济出版社 2009 年版。

[43] 国际货币基金组织著：《财政透明度》，人民出版社 2001 年版。

[44] 郭庆旺，赵志耘著：《财政学》，中国人民大学出版社 2002 年版。

[45] 何振一，阎坤著：《中国财政支出结构改革》，社会科学

文献出版社 2000 年版。

[46] 郝书辰，曲顺兰著：《新一轮税制改革：对地方财政的影响研究》，经济科学出版社 2007 年版。

[47] 何帆著：《为市场经济立宪——当代中国的财政问题》，今日中国出版社 1998 年版。

[48] 胡书东著：《经济发展中的中央与地方关系——中国财政制度变迁研究》，上海人民出版社 2001 年版。

[49] 胡鞍钢著：《中国政治经济史论》，清华大学出版社 2007 年版。

[50] 贾康主持：《地方财政问题研究》，经济科学出版社 2004 年版。

[51] 贾康，赵全厚著：《中国经济改革 30 年·财政税收卷》，重庆大学出版社 2008 年版。

[52] 经济合作与发展组织编著：《比较预算》，人民出版社 2001 年版。

[53] 金太军等著：《政府职能梳理与重构》，广东人民出版社 2002 年版。

[54] 李凡主编：《中国基层民主发展报告》（2005），知识产权出版社 2006 年版。

[55] 李凡主编：《中国基层民主发展报告》（2006），知识产权出版社 2007 年版。

[56] 李凡主编：《中国基层民主发展报告》（2007），知识产权出版社 2008 年版。

[57] 李凡主编：《中国基层民主发展报告》（2008），知识产权出版社 2009 年版。

[58] 李积斌主编：《我国财政体制改革研究》，中国民主法制出版社 2008 年版。

[59] 李萍著：《中国政府间财政关系图解》，中国财经出版社 2006 年版。

[60] 李齐云著：《分级财政体制研究》，经济科学出版社 2003

年版。

[61] 刘长琨著:《荷兰王国财政制度》, 中国财经出版社 1999 年版。

[62] 刘长琨著:《匈牙利财政制度》, 中国财经出版社 1998 年版。

[63] 刘剑文主编:《财税法学研究述评》, 高等教育出版社 2004 年版。

[64] 刘剑文主编:《财税法学》, 高等教育出版社 2004 年版。

[65] 刘剑文主编:《民主视野下的财政法治》, 北京大学出版社 2006 年版。

[66] 刘剑文等著:《中央与地方财政分权法律问题研究》, 人民出版社 2009 年版。

[67] 刘丽著:《税权的宪法控制》, 法律出版社 2006 年版。

[68] 刘军宁等编:《自由与社群》, 生活·读书·新知三联书店 1998 年版。

[69] 刘明慧主编:《外国财政制度》, 东北财经大学出版社 2008 年版。

[70] 刘云龙著:《民主机制与民主财政——政府间财政分工及分工方式》, 中国城市出版社 2001 年版。

[71] 卢中原主编:《财政转移支付和政府间事权财权关系研究》, 中国财政经济出版社 2007 年版。

[72] 陆贾:《新语·无为》。

[73] 陆贾:《新语·至德》。

[74] 梁尚敏等主编:《现代政府理财学》, 中国财政经济出版社 1998 年版。

[75] 鲁昕, 阎伟主编:《政府理财理论与实践》, 辽宁人民出版社 2001 年版。

[76] 林尚立著:《国内政府间关系》, 浙江人民出版社 1998 年版。

[77] 马克垚著:《中西封建社会比较研究》, 上海, 学林出版

社 1997 年版。

[78] 马俊著:《中国公共预算改革——理性化与民主化》，中央编译出版社 2005 年版。

[79] 马啸原著:《西方政治制度史》，高等教育出版社 2000 年版。

[80] 毛程连著:《西方财政思想史》，经济科学出版社 2003 年版。

[81] 牟发兵著:《发展中国家财政政策比较研究》，湖北人民出版社 2006 年版。

[82] 平新乔著:《财政原理与比较财政制度》，上海三联出版社，上海人民出版社 1997 年版。

[83] 沙安文，乔宝云著:《政府间财政关系：国际经验评述》，人民出版社 2006 年版。

[84] 沙安文，沈春丽著:《财政联邦制与财政管理：中外专家论政府间财政体制》，中信出版社 2005 年版。

[85] 孙开著:《财政体制改革问题研究》，经济科学出版社 2004 年版。

[86] 孙开，彭健著:《财政管理体制创新研究》，中国社会科学出版社 2004 年版。

[87] 孙建波著:《财税改革的理想与现实：宪政视角》，经济科学出版社 2008 年版。

[88] 上海财经大学公共政策研究中心著:《2009 中国财政透明度报告——省级财政信息公开状况评估》，上海财经大学出版社 2009 年版。

[89] 上海财经大学公共政策研究中心著:《2006 中国财政发展报告》，上海财经大学出版社 2006 年版。

[90] 上海财经大学公共政策研究中心著:《2008 年中国财政发展报告》，上海财经大学出版社 2008 年版。

[91] 桑玉成等著:《政府角色论》，上海社会科学院出版社 2000 年版。

［92］童适平著：《战后日本财政和财政政策研究》，上海财经大学出版社 2002 年版。

［93］石亚军主编：《中国行政管理体制现状问卷调查数据统计》，中国政法大学出版社 2008 年版。

［94］石亚军主编：《中国行政管理体制专项问卷调查数据统计》，中国政法大学出版社 2008 年版。

［95］唐娟著：《政府治理论》，中国社会科学出版社 2006 年版。

［96］唐兴霖编著：《公共行政学：历史与思想》，中山大学出版社 2000 年版。

［97］王朝才编译：《日本财政法》，经济科学出版社 2007 年版。

［98］王德祥主编：《现代外国财政制度》，武汉大学出版社 2005 年版

［99］王人博著：《宪政的中国之道》，山东人民出版社 2003 年版。

［100］王焱著：《宪政主义与现代国家》，三联书店 2003 年版。

［101］王泽彩著：《财政均富论》，经济科学出版社 2008 年版。

［102］王兴成，秦麟征主编：《全球学研究与展望》，社会科学文献出版社 1988 年版。

［103］王浦劬主编：《政治学基础》，北京大学出版社 1995 年版。

［104］王志荣著：《税收管理公共化研究：基于新公共管理视角》，中国财政经济出版社 2008 年版。

［105］汪晖，陈燕谷主编：《文化与公共性》，北京三联书店 1998 年版。

［106］吴云飞著：《我国个人收入分配税收调控研究》，复旦大学出版社 2001 年版。

[107] 项中新著：《均等化：基础、理论与制度安排》，中国财经出版社1999年版。

[108] 项怀诚主编，贾康，赵全厚编著：《中国财政通史·当代卷》，中国财政经济出版社2006年版。

[109] 谢庆奎主编：《当代中国政府与政治》，高等教育出版社2003年版。

[110] 谢安奎编：《公共性二十讲》，天津人民出版社2008年版。

[111] 谢旭人主编：《中国财政改革三十年》，中国财政经济出版社2008年版。

[112] 熊文钊著：《大国地方——中国中央与地方关系宪政研究》，北京大学出版社2005年版。

[113] 阎坤著：《中国县乡财政体制研究》，经济科学出版社2006年版。

[114] 闫伟著：《地方政府理财论》，经济科学出版社2005年版。

[115] 杨之刚著：《财政分权理论与基层公共财政改革》，经济科学出版社2006年版。

[116] 杨志勇，杨之刚著：《中国财政制度改革30年》，格致出版社，上海人民出版社2008年版。

[117] 杨斌著：《中国税改论辩：文化差异对财税制度设计及其运行效果的影响》，中国财政经济出版社2007年版。

[118] 叶振鹏，张馨著：《公共财政论》，经济科学出版社1999年版。

[119] 俞可平主编：《治理与善治》，社会科学文献出版社2000年版。

[120] 詹世友著：《公义与公器——正义论视域中的公共伦理学》，人民出版社2006年版。

[121] 张国华主编：《中国社会主义法制建设的理论与实践》，鹭江出版社1987年版。

[122] 张千帆著：《西方宪政体系》，中国政法大学出版社2000年版。

[123] 张馨等著：《当代财政与财政学主流》，东北财经大学出版社2000年版。

[124] 张馨主编：《财政学》，科学出版社2006年版。

[125] 张馨著：《公共财政论纲》，经济科学出版社1999年版。

[126] 张馨著：《财政公共化改革：理论创新、制度变革、理念更新》，中国财政经济出版社2004年版。

[127] 张馨主编：《比较财政学教程》，北京，中国人民大学出版社1997年版。

[128] 赵文洪著：《私人财产权利体系的发展》，中国社会科学出版社1998年版。

[129] 赵云旗著：《中国分税制财政体制研究》，经济科学出版社2005年版。

[130] 赵兴罗著：《促进收入公平分配的财政制度研究》，经济科学出版社2009年版。

[131] 政府间财政关系课题组编译：《政府间财政关系比较研究》，中国财政经济出版社2004年版。

[132] 周刚志著：《论公共财政与宪政国家》，北京大学出版社2005年版。

[133] 周天勇等著：《中国行政体制改革30年》，格致出版社，上海人民出版社2008年版。

[134] 周天勇，王长江，王安岭主编：《攻坚：十七大后中国政治体制改革研究报告》，新疆生产建设兵团出版社2007年版。

[135] 周士雅著：《财政层级制度研究——中国财政层级制度改革的互动论》，经济科学出版社2007年版。

[136] 周振超著：《当代中国政府“条块关系”研究》，天津人民出版社2009年版。

[137] 中国（海南）改革发展研究院编：《强国之路：中国改

革步入30年》，中国经济出版社2008年版。

[138] 中国（海南）改革发展研究院编：《中国公共服务体制：中央与地方》，中国经济出版社2006年版。

[139] 中国社会科学院财贸研究所主编：《走向“共赢”的中国多级财政》，中国财政经济出版社2005年版。

[140] 朱春奎，侯一麟，马俊主编：《复旦公共行政评论第四辑·公共财政与政府改革》，世纪出版集团上海人民出版社2008年版。

[141] 朱秋霞著：《中国财政制度——以国际比较为角度》，立信会计出版社2007年版。

[142] 朱志刚著：《美国联邦政府预算管理：2001年财政年度》，经济科学出版社2001年版。

[143] 朱孔武著：《财政立宪主义研究》，法律出版社2006年版。

[144] 朱光磊主编：《现代政府理论》，高等教育出版社2006年版。

[145] 邹党著：《二十世纪中国政治》，牛津大学出版社（香港）1994年版。

[146] [法] 托克维尔著：《论美国的民主》，商务印书馆1986年版。

[147] [美] 阿尔伯特·C. 海迪著：《公共预算经典（第二卷）——现代预算之路》（第3版），上海财经大学出版社2006年版。

[148] [美] 阿伦·威尔达夫斯基等著：《预算过程中的新政治学》（第4版），上海财经大学出版社2006年版。

[149] [美] 阿伦特著：《人的条件》，上海人民出版社1999年版。

[150] [美] 阿瑟·奥肯著：《平等与抉择》，华夏出版社1987年版

[151] [美] 爱伦·鲁宾著：《公共预算中的政治》（第四

版)，中国人民大学出版社 2001 年版。

［152］［美］埃莉诺·奥斯特罗姆著：《公共事物的治理之道》，上海三联书店 2000 年版。

［153］［美］布坎南著：《财产与自由》，中国社会科学出版社 2002 年版。

［154］［美］布坎南著：《公共财政》，中国财政经济出版社 1991 年版。

［155］［美］布伦南，布坎南著，《宪政经济学》，中国社会科学出版社 2004 年版。

［156］［美］戴维·罗森布鲁姆著：《公共行政学：管理、政治和法律的途径》（第四版），中国人民大学出版社 2002 年版。

［157］［美］戴维·伊斯顿著：《政治生活的系统分析》，华夏出版社 1999 年版。

［158］［美］丹尼斯·C. 穆勒著：《公共选择理论》，中国社会科学出版社 1999 年版。

［159］［美］E. S. 萨瓦斯著：《民营化与公私部门的伙伴关系》，中国人民大学出版社 2002 年版。

［160］［美］菲利浦·T. 霍夫曼，凯瑟琳·诺伯格编：《财政危机、自由和代议制（1450—1789）》，格致出版社，上海人民出版社 2008 年版。

［161］［美］古德诺著：《政治与行政》，华夏出版社 1987 年版。

［162］［美］哈维·S. 罗森著：《财政学》（第四版），中国人民大学出版社 2000 年版。

［163］［美］亨利著：《公共行政与公共事务》，中国人民大学出版社，2002 年版。

［164］［美］黄仁宇著：《资本主义与二十一世纪》，生活·读书·新知三联书店 1997 年版。

［165］［美］理查德·A. 马斯格雷夫，佩吉·B. 马斯格雷夫著：《财政理论与实践》，中国财政经济出版社 2003 年版。

[166]［美］理查德·A. 马斯格雷夫著：《比较财政制度》，上海三联书店1996年版。

[167]［美］罗伯特·D. 李等著：《公共预算系统》（第6版），清华大学出版社2002年版。

[168]［美］乔治·弗雷德里克森著：《公共行政的精神》，中国人民大学出版社2003年版。

[169]［美］乔·萨托利著：《民主新论》，东方出版社1998年版。

[170]［美］斯科特·戈登著：《控制国家——西方宪政的历史》，江苏人民出版社2001年版。

[171]［美］维托·坦齐，［德］卢德格尔·舒克内希特著：《20世纪的公共支出：全球视野》，商务印书馆2005年版。

[172]［美］文森特·奥斯特罗姆著：《美国公共行政中的思想危机》，上海三联书店1999年版。

[173]［美］詹姆斯·M. 布坎南，理查德·A. 马斯格雷夫著：《公共财政与公共选择》，中国财政经济出版社2000年版。

[174]［美］詹姆斯·M. 布坎南著：《民主财政论》，商务印书馆1993年版。

[175]［美］曾小萍著：《州县官的银两》，中国人民大学出版社2005年版。

[176]［日］阿部贤一著：《财政学史》，商务印书馆民国二十五年四月年版。

[177]［日］坂入长太郎著：《欧美财政思想史》，中国财政经济出版社1987年版。

[178]［日］松村岐夫著：《地方自治》，经济日报出版社1989年版。

[179]［日］小林丑三郎著：《各国财政史》，神州国光社民国十九年版。

[180]［匈］雅诺什·科尔奈著：《社会主义体制》，中央编译出版社2007年版。

[181] [匈] 玛利亚·乔纳蒂著:《自我耗竭式演进》, 中央编译出版社 2008 年版。

[182] [希腊] 亚里士多德著:《政治学》, 商务印书馆 1996 年版。

[183] [英] 戴维·赫尔德著:《民主的模式》, 中央编译出版社 2008 年版。

[184] [英] 霍布斯著:《利维坦》, 商务印书馆 1962 年版。

[185] [英] 洛克著:《政府论》, 商务印书馆 1962 年版。

[186] [英] 亚当·斯密著:《国民财富的性质和原因的研究》, 商务印书馆 1974 年版。

[187] [英] 约翰·密尔著: 《论自由》, 商务印书馆 1959 年版。

[188] Jon M. Shepard: Sociology (7th ed.), Wadsworth Publishing Company, 1999.

[189] Mark. H. Moore: Creating Public Values: Strategic Management in Government, 清华大学出版社, 2003 年版。

[190] Waldo, D. The Study of Public Administration. [J]. Doubleday, New York, 1955

## 二、论文及报告类

[1] 邴志刚: 《纳税人的"知情权"与"阳光财政"》, 载《财政研究》2006 年第 11 期。

[2] 邴志刚:《推进依法理财　建设法治财政》, 载《地方财政研究》2005 年第 1 期。

[3] 曹瑄玮, 席酉民, 陈雪莲: 《路径依赖研究综述》, 载《经济社会体制比较研究》2008 年第 3 期。

[4] 财政部:《关于 2007 年中央和地方预算执行情况与 2008 年中央和地方预算草案的报告》, http://www.mof.gov.cn/news/20080306 3564 31932. htm。

[5] 陈东, 綦建红:《浅析经济体制与政府主导理财原则的选

择》，载《烟台大学学报》（哲学社会科学版）2001 年 1 月，总第 14 卷第 1 期。

［6］陈志武：《我们的政府有多大?》，载《经济观察报》2008 年 2 月 23 日。

［7］丁一：《科学发展观和中国财政法治建设》，载中国法学网，http://www.iolaw.org.cn/showarticle.asp? id=1434

［8］董继华：《略论我国公共财政理财模式的建立》，载《财政监察》2002 年第 4 期。

［9］方小桃：《政府理财也应讲求质量》，载《审计与理财》2005 年第 5 期。

［10］郭庆旺，郭玉清：《现代公共支出管理与依法理财》，载《财政研究》2006 年第 12 期。

［11］郭小聪，程鹏：《政府预算的民主性：历史与现实》，载《东南学术》2005 年第 1 期。

［12］高培勇：《市场经济体制与公共财政框架》，载《税务研究》2000 年第 3 期。

［13］何建华：《"政治—经济"的结构变异：缘起和后果》，载《中共中央党校学报》2002 年第 24 期。

［14］贺卫方：《人大审查财政预算的意义》，载《南方周末》2003 年 1 月 16 日。

［15］华生，张学军，罗小朋：《中国改革十年：回顾、反思和前景》，载《经济研究》1988 年第 9 期。

［16］何念民：《土地制度的选择》，中国乡村发现网，http://www.zgxcfx.com/Article_ Show.asp? ArticleID=9557

［17］贾康，白景明：《中国地方财政体制安排的基本思考》，载《财政研究》，2003 年第 8 期。

［18］贾康，刘军民：《非税收入规范化管理研究》，载《公共经济学评论》2003 年第 2 期，http://www.frc.com.cn/sp/pe/2003.12/2003.2.doc。

［19］贾康：《公共财政导向与预算管理改革》，载《上海财

税》2001 年第 1 期。

[20] 焦建国：《财政公共化改革的三个基本任务》，载《公共管理学报》第 1 卷第 3 期。

[21] 姜维壮：《适应社会主义市场经济要求　树立新的理财观念》，载《财政研究》1994 年第 12 期。

[22] 寇铁军：《完善我国政府间转移支付制度的若干思考》，载《财贸经济》2004 年第 5 期。

[23] 寇铁军、彭健：《我国预算监督机制改革问题研究》，载《财政监督》2006 年第 6 期。

[24] 寇红：《从财政支出膨胀看税收收入增长》，载《中国税务报》2007 年 8 月 15 日。

[25] 罗春梅：《政府预算假设：公共部门科学理财的前提》，载《山东财政学院学报（双月刊)》，2005 年第 6 期。

[26] 刘剑文：《宪政与中国民主》，载《税务研究》2008 年第 4 期。

[27] 刘熙瑞：《理念·职能·方式——我国地方行政机构改革面临的三个转变》，载《人民论坛》2000 年第 7 期。

[28] 刘晓凤，吴胜泽：《美、日、法财政监督制度变迁及启示》，载中国财政部网站，http://www.mof.gov.cn/mof/zhengwuxinxi/diaochayanjiu/200808/t20080827_67774.html。

[29] 刘小川等：《塑立政府发展理财观，开拓财政改革创新路》，载《财政研究》2008 年第 1 期。

[30] 刘铭达：《政府理财要坚持公共性原则》，载《中国财经报》2007 年 7 月 10 日第 7 版。

[31] 李昕：《公共服务理念下现代行政的特征》，载北大法律信息网，http://article.chinalawinfo.com/Article_Detail.asp?ArticleID=39919&Type=mod。

[32] 李燕，刘淼：《论政府理财方式转变与公用事业体制改革》，载《现代财经》2006 年第 8 期。

[33] 李仕权：《政府采购规模去年首次突破 4000 亿元》，载

《人民日报》2008年3月25日。

［34］吕炜，管永昊：《公共财政构建中的路径依赖与体制创新》，载《财经科学》2008年第4期。

［35］聂月：《开拓进取 政府采购改革成就凸现》，载中国政府采购网，http：//www. ccgp. gov. cn/llsj/llts/671204. shtml

［36］平新乔：《中国地方政府支出规模的膨胀趋势》，载《经济社会体制比较》2007年第1期。

［37］秦晖：《缺福利少自由成就中国经济奇迹》，载秦晖的博客专栏，http：//www. blogchina. com/20090719762843. html

［38］邱慈孙：《欠发达地区理财治税面临的诸多矛盾》，载《扬州大学税务学院学报》2001年第3期。

［39］钱海燕：《公共财政制度下理财思想的选择：量出为入》，载《安徽农业大学学报》（社会科学版），2001年6月，总第10卷第2期。

［40］施政文：《法治政府建议中的公共财政体制改革》，载《国家行政学院学报》2008年第2期。

［41］施本植，梁柯：《西方国家税制结构的演变及启示》，载《经济视角（中国纳税人）》，2007年第11期。

［42］石亚军，施正文：《探索推行大部制改革的几点思考》，载《中国行政管理》2008年第2期。

［43］孙柏瑛：《公共性：政府财政活动的价值基础》，载《中国行政管理》2001年第1期。

［44］孙笑侠：《法治国家及其政治构造》，载《中国法学》1998年第1期。

［45］孙翠雯：《美国国会的预算监督制度》，载《学习时报》，http：//www. china. com. cn/xxsb/txt/2008－03/03/content_ 11461373. htm。

［46］孙勇：《我国转移支付年均增长26.9%》，载《经济日报》2007年12月16日。

［47］宋凤轩，宋超：《西方国家国库管理制度特点及借鉴》，

载《经济研究参考》2003 年第 90 期。

[48] 邵秉仁：《明确四个目标，办好五件实事》，http：//news. xinhuanet. com/newmedia/2006 - 01/16/content_ 4058151. htm。

[49] 唐东生：《以公共财政改革为切入点，推动新一轮政府改革》，载《上海行政学院学报》2008 年第 1 期。

[50] 王富军：《公共财政与财政管理的公共化》，载《科技经济市场,》2007 年第 6 期。

[51] 王章辉：《圈地运动的研究近况及资料》，载《世界史研究动态》1984 年第 5 期。

[52] 王乐夫，陈干全：《公共管理的公共性及其与社会性之异同析》，载《中国行政管理》2002 年第 6 期。

[53] 王乐夫，陈干全：《公共性：公共管理研究的基础与核心》，载《社会科学》2003 年第 4 期。

[54] 王满仓，赵守国：《财政透明化背景下的政府治理变革》，载《经济学家》2005 年第 4 期。

[55] 王伟：《关于加强我国财政民主建设的探讨》，载《中国党政干部论坛》2006 年第 8 期。

[56] 王怡：《国家赋税与宪政转型》，载《二十一世纪》2002 年 10 月号总第 73 期.

[57] 王雍君：《全球视野中的财政透明度：中国的差距与努力方向》，载《国际经济评论》2003 年第 7 - 8 期。

[58] 王满仓，赵守国：《财政透明化背景下的政府治理变革》，载《经济学家》2005 年第 4 期

[59] 王强，叶姗：《政府理财观的抉择："量入为出"与"以支定收"》，载《法学杂志》2006 年第 2 期。

[60] 王振宇，钱莲琳：《辽宁县乡财政经济现状问卷调查》，载《中国财政》2008 年第 8 期。

[61] 翁礼华：《政府理财记要》，载《决策咨询》2004 年第 4 期。

[62] 吴敬琏：《中国改革顺利转型秘密》，http：//economist.

icxo. com/htmlnews/2004/10/10/395602. htm。

［63］吴志成：《西方治理理论述评》，载《教学与研究》2004年第6期。

［64］谢军：《中国农村地权立法之缺失与漏洞》，载《经济师》2006年第7期。

［65］徐阳光：《预算国家：财政法治的理想——源自美国的经验与启示》，载《环球法律评论》2009年第3期。

［66］徐瑞娥：《世界各国财政监督制度情况介绍》，载《经济研究参考》2002年第63期。

［67］小月：《政府采购制度比较研究》（下），载中国政府采购网，http：//www. ccgp. gov. cn/llsj/llts/682835. shtml。

［68］肖鹏：《公益事业财政科技投入模式研究》，载《中央财经大学学报》2005年第12期。

［69］杨宏山：《论府际关系的多中心合作趋势》，载《政治改革与政府转型》2003年。

［70］杨之刚，马栓友：《政府间财政转移支付的国际比较》，载《中南财经大学学报》1996第1期。

［71］杨灿明：《漫谈现代政府理财思想》，载《湖北财税》1998年第1期。

［72］袁玉立：《公共性：走进我们生活的哲学范畴》，载《学术界》2005年第5期。

［73］佚名：《加拿大政府预算管理》，载财政部网站，http：//www. mof. gov. cn/yusuansi/zhengwuxinxi/guojijiejian/200909/t20090929_ 214438. html

［74］佚名：《瑞典预算编制、审批和执行》，载财政部网站，http：//www. mof. gov. cn/yusuansi/zhengwuxinxi/guojijiejian/200810/t20081009_ 80966. html

［75］佚名：《荷兰中央政府预算周期》，载财政部网站，http：//www. mof. gov. cn/yusuansi/zhengwuxinxi/guojijiejian/200810/t20081010_ 81242. html。

[76] 严丽梅:《上海财政局称预算属国家秘密不能公开》,载《金羊网-羊城晚报》2009年10月24日13:31?,转引自 http://news.sina.com.cn/c/2009-10-24/133118899746.shtml

[77] 张守文:《财政危机中的宪政问题》,载《法学》2003年第9期。

[78] 张成福:《论公共行政的"公共精神"》,载《中国行政管理》1995年第5期。

[79] 张康之,王喜明:《公共性、公共物品和自利性的概念辨析》,载《行政论坛》2003年第4期。

[80] 张咸龙:《略论财政公开》,载《三江论坛》2005年第3期。

[81] 张亚:《农奴制是古代社会历史发展的主线》,载《天津师范大学学报(社会科学版)》,2000年 第5期。

[82] 张卫平:《民事诉讼基本模式:转换和选择根据》,载《现代法学》1996年第6期。

[83] 张美玲:《财政支出结构的国际比较对我国的启示》,载《北京工商大学学报》(社会科学版)2005年第5期。

[84] 张木生:《民主理财的公共财政和廉价又廉政的政府》,载《税务研究》2001年第4期。

[85] 赵国旭,郑雪平:《公共财政的民主机制》,载《辽宁公安司法管理干部学院学报》2004年第4期。

[86] 郑戈:《多元社会中的法律与宗教——以韦伯社会理论为分析视角》,载《太平洋学报》2007年第5期。

[87] 朱兆华:《西方政党制度的基本特征及其启示》,载《攀登》2004年第6期。

[88] 周天勇:《与官方结论不同 专家:我国实际宏观税负达31%》,载《北京晨报》2007年3月14日。

[89] [美] 康特妮,马克·霍哲,张梦中:《新公共行政:寻求社会公平与民主价值》,载《中国行政管理》,2001年第2期。

[90] [美] 罗依·伯尔:《关于中国财政分权的七点意见》,

载吴敬琏主编：《比较》第5期，中信出版社2003年版。

[91] Abraham Lincoln：The Gettysburg Address, November 19, 1863, http://www.historyplace.com/speeches/gettysburg.htm。

## 三、学位论文类

[1] 安玉海：《我国各级政府间事权划分问题研究》，硕士学位论文，吉林大学，2007年版。

[2] 段于民：《论普通法传统对英国宪政的影响》，硕士学位论文，华东政法学院，2003年。

[3] 付旋：《公共政策的公共性：丧失与补救》，硕士学位论文，浙江大学，2002年。

[4] 郭清：《公共价值管理：管理的一种新视角》，硕士学位论文，浙江大学，2007年。

[5] 吕煜进：《市场经济体制下政府市场监管职能研究》，MPA学位论文，兰州大学，2007年。

[6] 邱慈孙：《欠发达地区税费改革及理财治税策略论》，博士学位论文，厦门大学，2001年。

[7] 徐红：《财权掌控与财政民主——英美议会财政权的政治学分析》，博士学位论文，复旦大学，2006年。

[8] 杨昀：《公共性的哲学反思》，硕士学位论文，安徽师范大学，2007年。

[9] 张海燕：《以绩效为导向的政府理财研究》，博士学位论文，中国人民大学，2006年。

# 后 记

本书在本人博士论文基础上修改而成。论文的出版象征着博士学习阶段的结束。走过长长的一段路，我们总习惯回望那路上经历过的风风雨雨、酸甜苦辣，还有路上遇到的来来往往的人们。对很多人来说，后记只是对写作背景的一些交代，而于我，却是对十年寒窗的再回首。这一路走来，我得到过很多人的帮助，一直想找一个机会表达对他们的感激之情。因此，写作后记俨然笔者一次盛大隆重的感恩之旅——虽然它只是无声的文字，甚至我要感恩的那些人都不一定能看到这些文字。

首先想到的是导师石亚军教授的提携厚爱。求学期间，有很多受老师耳提面命的机会，无论是为人处世还是求学，都获益匪浅。论文选题源于导师主持的国家社会科学基金重大课题“中国行政管理体制现状调查与改革研究”。虽然较早就确定了大方向，但具体题目却经历了多次痛苦的改动，随之而来的是论文结构的几番“大拆大建”，甚至是重起炉灶。这么多回合的“折腾”，导师都要劳心费神，付出了诸多心血。正是他的悉心指导和耐心打磨，使得论文从最初的一闪之念，逐渐成形，最终成为这本洋洋二十余万字的书稿。这些年来的师生相处让我感受到，师恩恰似浓浓的父爱，装满了亲情、牵挂和期许，也不乏宽容甚至溺爱，当然也有恨铁不成钢的责备。从今往后，无论人在何处，也不管世事变迁，师恩就像那穿过茫茫人海始终追寻着我的那道目光，在慈祥和坚定里透着温暖，让我只想融化在这暖暖的目光里，让我即使在寂寥冬天里也不再感到寒冷和孤单。

感谢刘俊生、潘小娟、马建川、鲁照旺、施政文、薛刚凌、魏娜、孙柏瑛诸位教授在我博士学习期间，特别是论文开题、写作和答辩等方面所给予我的帮助与指导。学院研究生办公室的吴意芬、施春梅、杨梅等老师为我博士阶段的学习提供了诸多帮助，让我心存感激。

感谢硕士学习期间的恩师张昌山教授和彭多意教授。自从我远离家乡来到这座陌生的城市，无论学习、工作还是生活中几乎每一件重大的事情都得其提携关爱，得到他们的帮助和指导，让我铭感一生。

与耿云相识多年，得其助多矣，或有尤为关键者，借此谢过。

感谢于定明、何植敏、甘立群、单红霞、夏卿、李小红、徐长春和雷衍华等同学，其真诚无私的帮助是我完成学业的巨大支持，这份感激永存心中。

诸多博士同学给予我帮助和鼓励良多，如李严昌、张军强、罗朝慧、贺利云等为我代办各种手续和点评论文，其余恕不一一列名，因为已将他们记在心中。祝福他们心想事成，幸福美满。

感谢国家审计署和云南省财政厅不愿署名的领导和专家对论文所给予的专业性点评与修改意见，这些来自实务界的真知灼见非常有助于论文的完善。

感谢同门师弟师妹们，特别是寇林、孙璐、于江、赵鹏给予我的帮助与支持，让我感受到师门的融融亲情。

我原先工作单位的领导和同事们为我提供了宽松的学习条件，并承担了很多本由我承担的工作，衷心感谢他们这些年来对我的关爱、帮助和宽容。

特别感谢赵晓闻在论文写作阶段对我督促和鞭策，让我克服了写作中的慵懒，抖擞精神或忍着困苦写作，帮助我少走了不少弯路，按时完成论文写作任务。

特别感谢那些给过我爱和关心的人，未提及其名并不代表忘记，因为很多时候，对他们所给予的帮助与关爱，除了记在心里，往往找不到恰当的方式甚至就没有机会表达，更不用说回报了。

生我者父母。父母是我最需要感谢的人。古语云，父母在，不远游。我却因为种种原因，近十年来不仅未能侍奉父母身旁，甚至多年未回家看看。父母挣不到多少钱，却总想着省吃俭用为我分担哪怕是一点点的经济压力。生为人子，未能亲养奉孝已为过矣，如此让父母家人牵累经年，更让我心中至为愧疚。皋鱼对孔子说："吾失之三矣，少而学，游诸侯，以后吾亲，失之一也；高尚吾志，闲吾事君，失之二也。与友厚而少绝之，失之三也；树欲静而风不止，子欲养而亲不待也。往而不可追者，年也；去而不可得见者，亲也。"人的生命总是那么短暂匆促，想起皋鱼的话，再想起渐渐老去的双亲，想象着父亲日益佝偻的身躯和母亲满头的白发，心中便多了许多的惆怅和焦躁。然而，亲在外，子欲孝而不能。现在，所幸这多年的求索终于要画上一个句号，我也可以回归正常的生活轨道，补偿那份欠了很多年的人伦之孝。感谢爱妻在工作、生活和研究中给予我的理解与支持，她是我真正的贤内助。还要特别感谢我岳父对书稿出版的敦促、鞭策，让我提高了书稿修改的效率。我将首先把这本书献给我的父母和家人！

特别感谢云大出版社杨临宏老师、蔡红华老师的热忱帮助，特别是责任编辑石可老师的高效工作，使得本书能较快与读者见面。

最后，要衷心感谢政府理财研究的国内外专家学者，他们的研究成果使得我能站在前人的肩膀上，对政府理财模式公共化的研究能做一点添砖加瓦的工作。由于学识水平和各方面条件的制约，本书在论述、引用等方面难免有错讹、缺漏或不当之处，敬请各位专家及读者批评指正！

本书成稿于一年前。这一年多时间里，政府理财的实践及其研究都有很多进展。因精力和条件所限，这些最新的研究成果和相关数据未能更新、补充进书稿，这是一个不大不小的遗憾，特此说明。

唐东生

2011 年 3 月于春城